J. Gasc

Les noms des cantons cités
sont extraits du Recueil des Actes Administratifs
de la Préfecture de Seine-et-Marne 1983.

HISTOIRE D'EAU
en
Seine-et-Marne

Hélène FATOUX

HISTOIRE D'EAU en Seine-et-Marne

— Tome 1 —

Les Sources, Rivières, Canaux, Etangs, Abreuvoirs, l'Eau Potable, Puits briards, Réservoirs, Fontaines, Lessive au village, Lavandières, Lavoirs.

Préface de Paul DELOUVRIER

Editions AMATTEIS
77350 LE MÉE-SUR-SEINE
1987

Cet ouvrage est dédié à
toutes les lavandières,
humble corps d'état
de notre passé...

Avant-propos

Quelle découverte merveilleuse de notre département de Seine-et-Marne fut, pour moi, la composition de cet ouvrage ! Ses richesses architecturales tellement variées, souvent cachées dans le creux des vallons, font partie de notre patrimoine culturel et sont inépuisables. Et l'eau ! Elle est source de vie, elle coule de toutes parts. Librement, serpentant discrètement le long des champs qu'elle délimite souvent ; glougloutant joyeusement sur la pente caillouteuse qu'elle dévale avant de se retrouver dans son lit ; calme, entourée et comme caressée par les ombrages qui se mirent sur sa surface claire et tranquille en été. Ou bien encore, domptée, canalisée et résignée dans son lit rectiligne, il lui arrive encore de faire des siennes ! Elle jaillit et disparaît, se jouant de ses caprices, mais suivant immuablement sa course vers le confluent d'une rivière, se fondant dans les eaux de la grande sœur à jamais... vers un autre confluent tout aussi inexorable qui la mènera, enfin, vers la mer... profonde et mystérieuse !

Nuages noirs, pluie torrentielle ou fine, discrète, qui s'enfonce dans notre terre, soleil qui absorbe et boit à grands traits l'eau de la terre... cycle immuable, jusqu'à la fin des temps, depuis sa création ! Comment ne pas s'émerveiller et vouloir conter un peu de cette diversité ? Oh ! bien sûr, cela paraîtra à certains bien imparfait, bien incomplet, insuffisant quant à la technique architecturale ou scientifique... J'ai voulu faire revivre quelques aspects de l'utilisation de l'eau dans la vie quotidienne, simple et humble de nos ancêtres : les lavandières, blanchisseuses et laveuses. Celles dont on ne parle pas, que l'on a oubliées ou dédaignées, mais dont, à une certaine époque, on pouvait difficilement se passer ! Elles étaient du "menu peuple" ; on se servait d'elles, mais prenait-on le temps d'admirer leur ouvrage ? Quand, encore au siècle dernier, elles passaient leur nuit à repasser ; fines chemises, dentelles, petits plis et broderies des dames "de la haute" ou des belles bourgeoises, qui, après une nuit ou une journée, ou même une matinée, les rejetaient à terre froissés ! et tout était à recommencer !

Quant aux lieux de lavage, n'ont-ils pas été, eux aussi, bien dédaignés et oubliés ces trente dernières années ? N'ont-ils pas été détrônés par la "sacro-sainte" machine à laver ? Bien évidemment elle apporta aux femmes une amélioration très nette dans leur vie domestique ; loin de moi la pensée de la rejeter ; mais peut-être de l'apprécier doublement, sachant les longues heures qu'elles passèrent à faire la lessive, persuadées qu'elles étaient de bien faire. Souvenons-nous de ce passé culturel et social, qui fait partie intégrante, au même titre que les autres, de notre patrimoine.

Les lavoirs et bateaux-lavoirs, aujourd'hui disparus pour la plupart d'entre eux, furent les témoins muets de tant de scènes, de tant de confidences et de tant de joyeux propos, de dur labeur, qu'ils ont droit à notre considération. Quel est le village qui n'avait pas au moins deux ou trois lavoirs ? Il n'y en a pas. Du plus petit au plus important, ils existaient et faisaient partie de la vie quotidienne.

Nous avons donc, mon époux et moi-même, sillonné les routes du département... recherche patiente, souvent décevante, quand il n'y avait plus trace de lavoir, ni de bateau-lavoir ; mais aussi joie et enthousiasme, lorsque nous en découvrions un, bien caché sur la berge, le toit moussu, les planches vermoulues, envahies par les herbes folles ; ou bien propre et net, bien entretenu par la municipalité ; ou bien encore, transformé en salle de réunion municipale, ou en entrepôt, ou en terrain des jeux favoris des gamins du village. Là aussi, grande fut la diversité...

Aucun choix ni a priori, n'a présidé à la photographie ou à l'acquisition des cartes postales anciennes contenues dans cet ouvrage. Ce fut plutôt le hasard de la découverte, la rencontre d'un collectionneur de cartes postales, qui, pendant des heures, cherchait à répondre à ma demande. Les lavoirs et bateaux-lavoirs dont je parle ici ne sont pas ceux que j'ai "préférés" et leur liste n'est pas exhaustive, loin de là. Les communes que je ne cite pas, ne sont pas les "pauvres" oubliées, car elles nous ont transmis soit une légende, soit une ou plusieurs sources, une fontaine, des puits privés et communaux, un ou des lavoirs et bateaux-lavoirs, mais, la carte postale ancienne, point de départ de l'ouvrage, a manqué.

Il n'est pas question dans cet ouvrage de faire une étude technique approfondie mais, plus simplement, de rappeler quelques notions de géologie et d'hydrologie découvertes et appliquées autrefois dans notre région. Celles-ci permettront à chacun de mieux comprendre pourquoi il y a toujours eu beaucoup d'eau en surface et sous terre, et comment elle fut captée, canalisée et adaptée aux besoins des temps anciens.

Il est bien évident que les techniques modernes de captage des sources, assèchement des marais, d'étude des nappes aquifères, lutte contre les débordements intensifs de nos rivières et leur pollution, alimentation en eau potable des grandes villes du département et de Paris, ne sont pas ici étudiées. Tout au plus seront-elles citées ou évoquées de-ci de-là au cours de notre promenade à travers le passé. Nos anciens ont eu le grand mérite d'ouvrir la voie du progrès technique. Leurs réalisations furent durables et sont toujours présentes et admirables.

Cet ouvrage veut dire aux jeunes et moins jeunes que l'avancée du progrès ne peut plus être arrêtée, qu'elle ira toujours plus loin et que c'est normal. Il faut "marcher" avec son temps sans oublier ce qui a fait notre richesse actuelle ; s'adapter à tous les changements qui interviennent dans notre vie sans pour cela ignorer notre passé, le dur travail de nos anciens, du plus élevé dans l'échelle sociale au plus humble, au plus modeste. Ils sont nos racines, notre raison d'être ce que nous sommes, notre base culturelle et notre fierté.

Remerciements

Je tiens à remercier tout particulièrement les personnes connues ou inconnues, rencontrées lors de mes recherches. Elles m'ont aidée au cours des mois écoulés, soit en me prêtant quelques unes de leurs cartes postales anciennes, soit en me permettant d'accéder aux archives municipales de leur commune et de les consulter, soit en me renseignant sur place, par correspondance ou par téléphone. Elles sont si nombreuses qu'il ne m'est pas possible de toutes les citer nominativement. Sans elles, ces deux ouvrages n'auraient pu être réalisés. Leur amabilité, leur écoute patiente, leur souci d'être vraies, de donner des renseignements authentiques, me furent précieux. Je leur en témoigne ici toute ma gratitude.

Parmi elles, je citerai en particulier :
Mlle Lussiez, Conservateur du Musée de Melun ; Mme Bouquet de Moret-sur-Loing ; Melle Mayeur, ancien maire de Saacy-sur-Marne ; Mmes Pesneau de Saint-Sauveur-sur-Ecole ; Lacour-Frontigny de Chambry ; Thioux de Varreddes, Lavardin d'Achères-la-Forêt ; MM. Bongard, maire de Barcy, Président du Syndicat des Eaux du Bassin de la Thérouanne ; Bontillot de Montereau Fault-Yonne, Archiviste ; Bretonnet de Moret-sur-Loing ; Eblé, service information, mairie de Noisiel ; Eberhart, Conservateur du Musée de Lagny ; Gérard, ancien maire de Savigny-le-Temple, Inspecteur général de la Cie E.D.F. ; Heldt, Ingénieur TPE, section des Dérivations et Canaux, circonscription du canal de l'Ourcq à Meaux ; Hotereau, maire de Hondevilliers ; Maître Margaim, Historien, Président du Syndicat d'Initiative de Coulommiers ; Nauguet, Historien de la commune d'Egreville ; Pierre, Ingénieur TPE, subdivisionnaire de la Navigation à Meaux ; Scherrer, de Bray-sur-Seine, Historien, Société Histoire et Archéologie de Provins ; Vincienne, maire adjoint de Lizy-sur-Ourcq, Cain, Président de la Société Littéraire et Historique de la Brie ; Maillet, maire de Reuil-en-Brie ; Barrès, maire de Sablonnières.

sans oublier les maires des communes citées dans les deux ouvrages et plus particulièrement ceux qui m'ont permis de consulter leurs archives : Coulommiers, Crégy-lès-Meaux, La Ferté-sous-Jouarre, Lizy-sur-Ourcq, Lagny, Meaux, Melun ; ainsi que les services du recensement de la population, préfecture de Seine-et-Marne à Melun,

et pour leur prêt de cartes postales anciennes : Mmes Chevalier (Chambry) ; Chopineau (Fontenay-Trésigny) ; Ganet (Boissise-la-Bertrand) ; Lauxerrois (Coulommiers) ; Lussiez (Melun) ; MM. Bailly (Nanteuil-lès-Meaux) ; Chèvremont (Quincy-Voisins) ; Daudu (Varreddes) ; Eblé (Noisiel) ; Endrès (Meaux) ; Logre (Noisiel) ; Picault (Bagneaux-sur-Loing) ; R. Martin (Coutevroult) ; Guibert (Saint-Cyr-sur-Morin) ; Chevallier (Chelles) ; Pesneau (Saint-Sauveur-sur-Ecole).

1. ***La Chênaie***, *hameau de la commune de* ***Sablonnières*** *(canton de Rebais) est une région de la Brie très humide. Au pied d'un vieux saule, à proximité de la grande ferme dont la construction date du XVᵉ siècle, sourd une source fraîche. Une lavandière, à genoux dans sa "lavette", va laver ses draps dans le petit bassin où coule l'eau de la source. C'est le début du printemps, la "petite laine" est nécessaire sur les épaules.* (Coll. Amatteis)

2. *Le vieux puits de* ***Tancrou*** *(canton de Lizy-sur-Ourcq) est un puits que l'on peut classer dans la catégorie des puits ouverts. Les deux montants, très hauts, en forme de mitre d'évêque, sont communs au nord de la Seine-et-Marne. La margelle est à fleur du sol ; une traverse en bois, à laquelle est accrochée la poulie, relie les deux montants. La chaîne qui roule sur la poulie a la même profondeur que le puits. On y attache le seau afin d'y puiser l'eau.* (Photo Patrick Loison)

CHAPITRE 1

Naissance d'un village

Avant de découvrir les "rescapés " d'un passé révolu, mais encore présents à la mémoire de nos anciens, il est intéressant de retrouver les raisons de l'implantation de nos vieux villages. En effet, ceux-ci ne sont pas nés au hasard.

Vers les premiers siècles de notre ère, le village avait des bases utilitaires, dues à la découverte d'un point d'eau : d'une source, d'une rivière, d'un étang. Quelquefois, en levant les pierres de son champ pour construire sa maison, le paysan trouvait de l'eau. Celle-ci devenait une mare qui lui servait à abreuver ses bêtes, à laver son linge.

Non loin de la source, le paysan creusait alors un puits.

Toujours aux premiers siècles de notre ère, les puissants de la Gaule vivaient dans leurs maisons isolées, entourés de leurs serviteurs et de leurs guerriers. Ils se livraient à l'élevage des troupeaux, à la chasse, à la culture du sol et à la préparation de la guerre.

Les Romains, au contraire, aimaient les grandes agglomérations et les villes. C'est aux mœurs latines, importées par eux en Gaule, ainsi qu'aux besoins nouveau-nés d'une prospérité s'accentuant tous les jours, que les "Villes-Neuves" semblent s'être intimement liées sur notre sol à la création des "Hôtises". Les "Hôtes" étaient les nouveaux habitants des forêts défrichées. Plusieurs Hôtes ensemble formaient une Hôtise (à charge de cens : huit arpents de terre labourable et d'un arpent "Hergagum", c'est-à-dire un arpent pour la maison, la cour, les bâtiments, le jardin et les dépendances immédiates). Ces Hôtises semblaient être le complément indispensable de ces villes-nouvelles, dans les cantons récemment défrichés.

Plusieurs siècles passent et l'on trouve encore un habitat isolé dans la campagne en Brie. Au XIIe siècle, les fermes de plus ou moins grande importance étaient généralement bâties à la lisière des bois en cours de défrichement et sur le bord des rivières et des fleuves qui servaient de voies de communication. Pendant toute la période du moyen âge, les villages se constituèrent autour des églises, construites sur les ruines des anciennes chapelles. Cette époque de grande croyance religieuse favorisa la floraison d'églises sous l'impulsion et les motivations spirituelles. Elles furent multiples : une pierre mystique, l'étape d'un saint, la halte sur un chemin fréquenté par les pèlerinages... D'autres fois encore : une croisée de chemins gaulois, des voies romaines ou bien le commerce et les grandes foires...

Nous allons en découvrir quelques aspects plus concrètement dans les chapitres suivants. Mais auparavant, voyons l'importance de l'eau dans notre région : qu'elle tombe du ciel, qu'elle soit superficielle ou souterraine, elle est partout présente dans notre département de Seine-et-Marne.

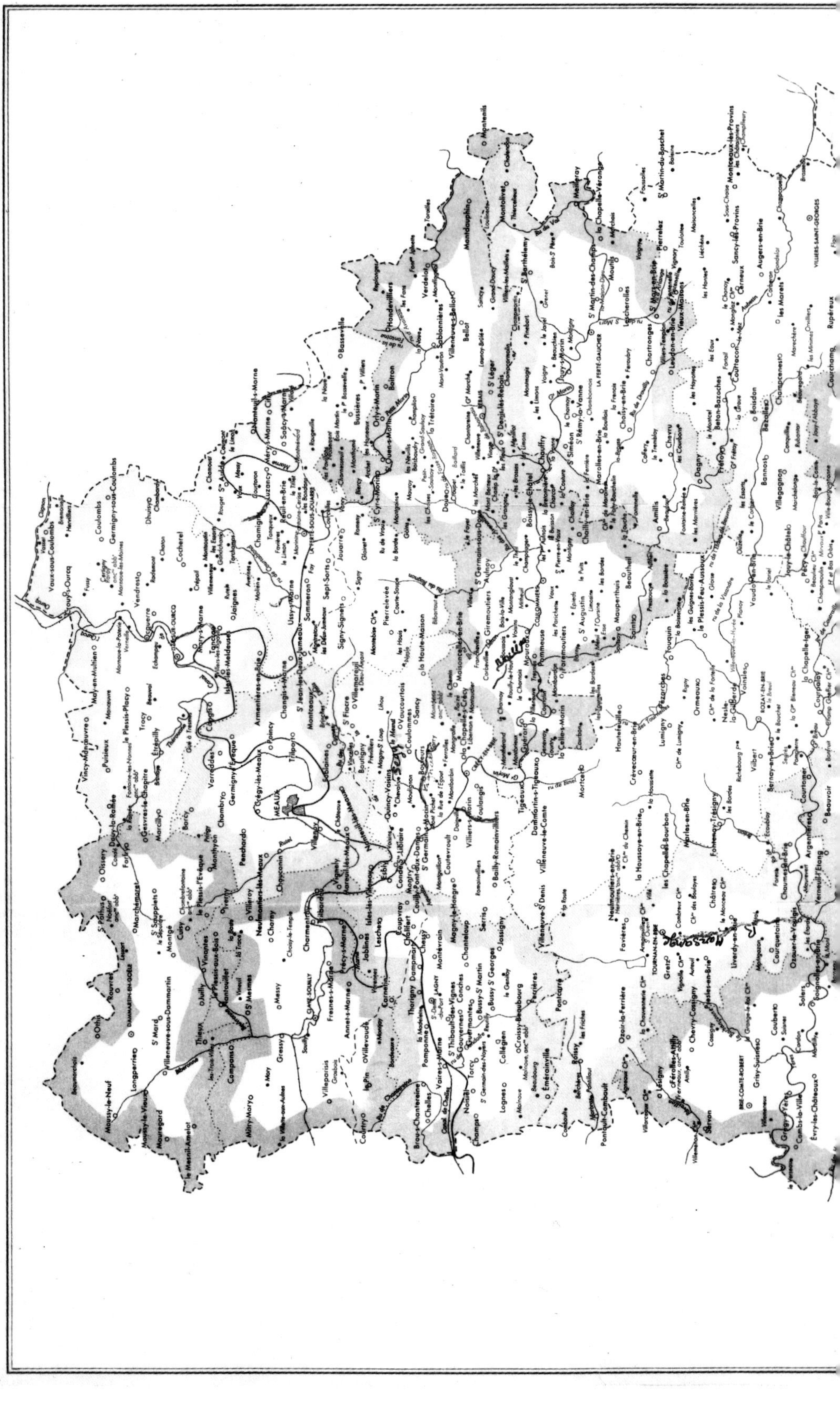
MEAUX
LA FERTÉ-SOUS-JOUARRE
LA FERTÉ-GAUCHER
COULOMMIERS
REBAIS
LIZY-SUR-OURCQ
DAMMARTIN-EN-GOËLE
CLAYE-SOUILLY
LAGNY
ROZAY-EN-BRIE
TOURNAN-EN-BRIE
BRIE-COMTE-ROBERT
VILLIERS-SAINT-GEORGES

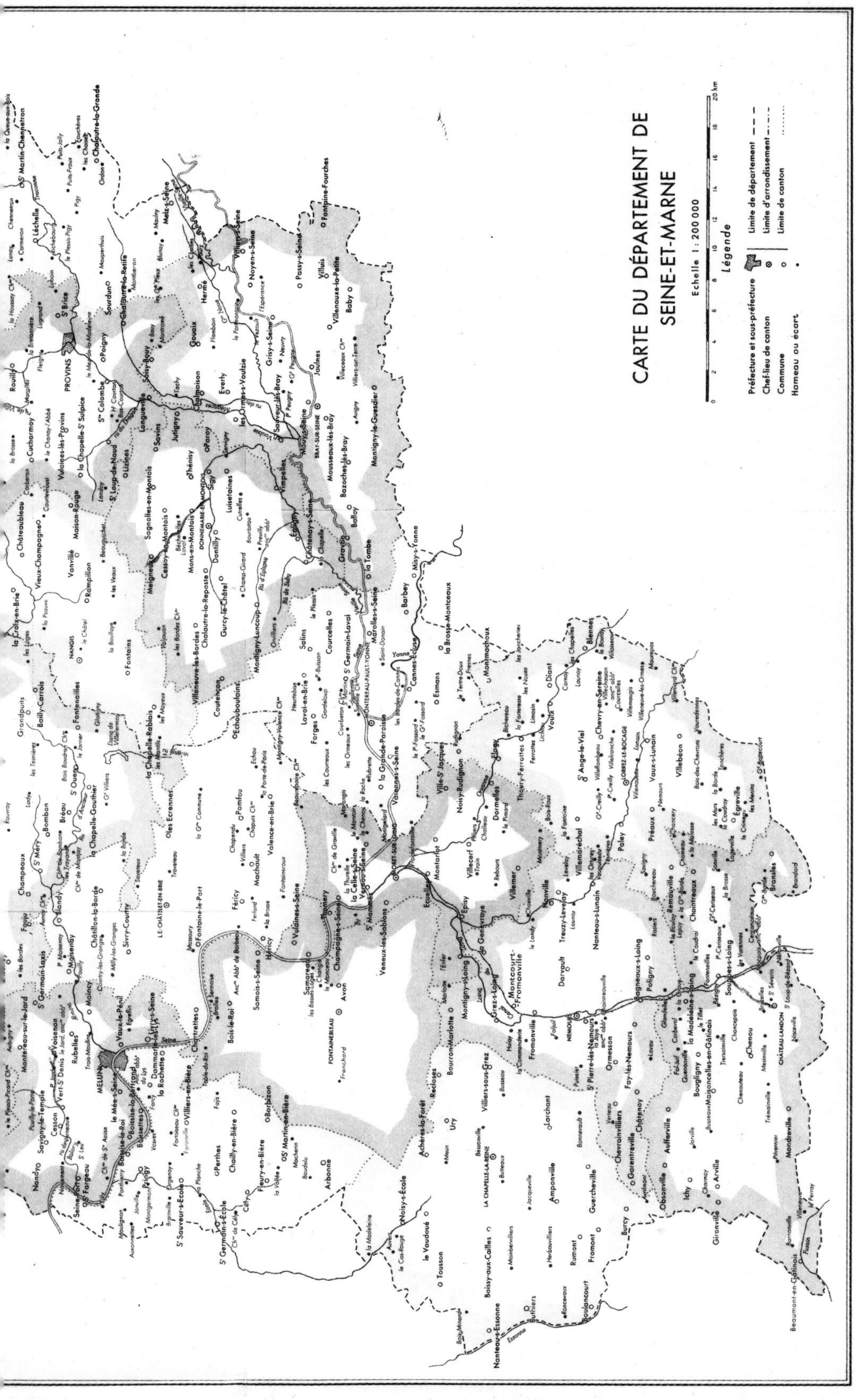
CARTE DU DÉPARTEMENT DE
SEINE-ET-MARNE
Echelle 1 : 200 000
0 2 4 6 8 10 12 14 16 18 20 km
Légende
Préfecture et sous-préfecture
Chef-lieu de canton
Commune
Hameau ou écart
Limite de département
Limite d'arrondissement
Limite de canton
MELUN
PROVINS
FONTAINEBLEAU
NEMOURS
MONTEREAU-FAULT-YONNE

3. *Non loin de* ***Crégy-les-Meaux,*** *près du canal de l'Ourcq, à flanc du coteau rocheux, perdue dans un ravin envahi par les lianes, une folle végétation croît au milieu de l'eau qui sourd de toutes parts. Dans le flanc de la roche couverte par cette végétation, une vague construction de pierre à ouverture étroite laisse deviner l'intérieur de la grotte. L'eau glougloutte sur des pierres couvertes d'une couche pierreuse aux formes bizarres brillant sous l'eau.* (Coll. Amatteis)

CHAPITRE 2

Fleuves, rivières et canaux

"Et les nombreux torrents, qui tombent des gouttières,
Grossissant les ruisseaux, en ont fait des rivières..."
Boileau

Le régime des fleuves, que ce soit la Seine et ses affluents, la Marne, le Grand Morin, et l'Yonne, au sud du département, est en rapport étroit avec le mode de répartition des pluies dans leur bassin. Ce sont les pluies d'automne et de printemps ou la neige en hiver qui modifient leur débit.

L'eau accomplit un gigantesque délayage du sol et cause des crues soudaines dont les débordements, dans les siècles passés, firent et font encore, de nos jours, de grands dommages. C'est une évidence que de dire que la pluie déplace les moindres parcelles et donne lieu au ruissellement qui balaye les pentes, entraîne les parties meubles du sol, mais il est peut-être bon de le rappeler.

Les cours d'eau tranquilles — et il y en a tout de même dans notre département — approfondissent lentement leur vallée et, par le déplacement de leurs méandres (la Marne à Meaux en est un exemple précis), arrivent à remanier périodiquement toute la surface de leurs alluvions. Ce qui explique la disproportion qui existe entre le début d'un fleuve et l'ampleur de sa vallée.

Par ailleurs, la répartition des terrains perméables et imperméables qui reçoivent ces pluies provoque un ruissellement des eaux souterraines qui, s'infiltrant dans les terrains, agrandit encore leurs fissures naturelles, fore les grottes et les cavernes, dissout les roches calcaires et dépose le produit de cette corrosion sous forme de stalactites.

"Le rocher de Crégy était remarquable par les grottes et pétrifications qu'il renfermait", écrit M. Carro, dans son *"Histoire de Meaux"*.

Cette roche fut en partie détruite pour faciliter le passage du canal de l'Ourcq. Il reste tout de même la grotte principale, contre le flanc de la colline, que j'ai eu l'occasion de découvrir à mon tour, une après-midi de novembre 1984.

Un écrit retrouvé, du couvent des carmes déchaussés, nous vante les propriétés remarquables de ces eaux de la fontaine de Crégy. Ce couvent fut construit en 1662 sur le promontoire de Crégy-lès-Meaux. De la muraille ceinturant le promontoire, il reste une tour à échauguette récemment restaurée et le bâtiment central du couvent. Le terrain fut en partie vendu à une société immobilière qui construisit des petits pavillons. La grotte se trouve à quelques centaines de mètres de là, en contrebas du rocher.

Dans la monographie de **Verdelot**, canton de Rebais, l'auteur nous raconte qu'à une source située dans le bois dit "de la Fontaine-aux-Fièvres" l'eau est tellement chargée de carbonate de chaux que les objets que l'on dépose dans le ruisseau se couvrent d'un dépôt calcaire au bout de quelques jours.

Depuis le XIXe siècle, la Seine et la Marne ont été l'objet d'importantes améliorations. Des travaux au lit des rivières, des constructions de barrages, des aménagements d'écluses, des constructions de canaux de dérivation, ont permis de réduire leurs débordements et de les rendre navigables sur une partie importante de leur cours.

Les fleuves et les rivières du département sont présentés par des cartes postales qui suivent les différents points importants de leur parcours dans le département. Ce seront :

• **des barrages :** constructions solides établies en travers d'un cours d'eau, dans le but de faciliter la navigation en augmentant la profondeur d'eau, que l'on appelle les **barrages mobiles.** Il en existe un certain nombre de ce type :

- le barrage-pertuis à ouverture que l'on pratique à une digue pour laisser passer les bateaux,
- le barrage à base tournante,
- le barrage à aiguillon ou à fermettes,
- le barrage à hausses [1],
- le barrage à planchettes.

Ces barrages sont mobiles afin de pouvoir, en cas d'inondation ou de crues subites, abaisser le plan d'eau dans le bief supérieur tout en l'élevant de la différence dans le bief aval.

• **des canaux :** un canal est une voie artificielle établie pour l'écoulement de l'eau, creusée à main d'homme.
Nous serons amenés à en rencontrer trois sortes :

– le canal latéral, qui est un canal de navigation longeant la rivière, divisé en un certain nombre de biefs possédant des écluses qui les séparent les uns des autres. Ces écluses fermées à leurs deux extrémités par de massives portes de bois ou de fer, ouvertes et fermées soit à la main, soit à l'aide d'appareils hydrauliques, permettent aux chalands montant ou descendant le fleuve de passer d'un bief dans l'autre en franchissant la chute que représente la différence des niveaux des biefs d'amont et d'aval.

– le canal de dérivation sert à régulariser le débit des fleuves et des rivières ainsi que celui des canaux à l'époque des crues. Nous en verrons plusieurs exemples.

– le canal d'amenée a pour but d'amener, souvent de très loin, les eaux potables dans une ville ; ils sont de deux types : à l'air libre ou couverts. Nous en parlerons également dans cet ouvrage.

Ce fut sous le premier Empire que le Conseil d'État prit des décisions importantes concernant l'entretien et l'amélioration des cours d'eau de notre pays. Le rapport de M. l'Ingénieur en chef des Services Hydrauliques sous le second Empire entérine ces décisions et les étend à tous les cours d'eau de Seine-et-Marne ; en voici la teneur :

Service Hydraulique
Rapport de l'Ingénieur en chef

"La loi du 14 floréal an XI pourvoit à l'entretien et à l'amélioration de ce qui existe.
La loi du 16 septembre 1807 pourvoit à ce qu'il est nécessaire de créer :
L'entretien des cours d'eau consiste dans un curage périodique, à vif fond et à vieux bords, qui peut être exécuté avec la même facilité et la même régularité que l'entretien des chemins vicinaux par voie de prestation. Ce curage est l'opération la plus utile et en même temps la plus négligée dans la Seine-et-Marne, celle qui réclame les premiers soins de l'administration, parce qu'elle suffira généralement pour donner satisfaction aux besoins les plus pressants.
L'amélioration des cours d'eau consiste dans les approfondissements et les redressements qui ne peuvent être exécutés qu'en vertu d'un règlement d'administration publique, s'il y a des résistances.

1) *"Hausse" : c'est un vantail en bois ou en fer, que l'on hausse ou baisse entre des coulisses de façon à lâcher ou à retenir les eaux d'une écluse.*

Enfin, la création d'un système d'évacuateurs artificiels constitue le dessèchement proprement dit, réglé par la loi du 16 septembre 1807, tandis que l'entretien et l'amélioration des cours d'eau naturels n'ont pour but que des assainissements auxquels il est pourvu par la loi du 14 floréal an XI. J'ajoute que les obstacles à l'écoulement des eaux dans les évacuateurs peuvent être divisés en obstacles permanents et obstacles accidentels.

1°) Les obstacles permanents sont encore susceptibles d'être divisés en deux classes :

– les obstacles naturels, tels que les coudes brusques du lit, les roches qui en rétrécissent la largeur... et dont les redressements et la suppression exigent des projets particuliers, des travaux et des ressources d'une nature spéciale,

– les obstacles de main d'homme, tels que les barrages.

Tout barrage non autorisé devra être immédiatement détruit, s'il est nuisible, ou faire l'objet d'un règlement rendu dans les formes prescrites.

Chaque barrage devra être établi dans des conditions telles qu'il ne puisse en résulter aucune altération du régime des eaux, ce qui s'obtiendra :

– en ménageant dans le barrage une surface de clair au moins égale à la section moyenne du cours d'eau, si le barrage est fixe,

– en accompagnant ce barrage d'un déversoir arasé, ainsi que les vannes de décharge, au niveau du plan d'eau et dont la longueur soit au moins égale à la largeur moyenne du cours d'eau au niveau du barrage.

Ces conditions sont les garanties nécessaires et suffisantes à prendre contre les barrages fixes.

2°) Les obstacles accidentels sont ceux qui résultent de l'obstruction du lit par les amas de vase, de pierres..., par les grandes herbes, les accrues sur les berges... Tels sont les obstacles que les faucardements et les curages périodiques ont pour but de faire disparaître. Mais, depuis longtemps, les curages ont été négligés sur la plupart des cours d'eau du département. Il faut poser en principe que le curage des cours d'eau non navigables incombe exclusivement aux propriétaires riverains, chacun au droit de soi et aux propriétaires de barrages, dans toute l'étendue du remous, et assimiler aussi complètement que possible les voies d'eau aux voies de terre et considérer, en conséquence, les riverains comme de véritables prestataires en fait de curage.

Un article du bail d'entretien établi portera que le premier lundi de septembre, par exemple, les propriétaires de barrage ayant fait eaux basses, dès cinq heures du matin, chaque propriétaire riverain ou prestataire aura les journées du lundi, du mardi et du mercredi pour user de la faculté qui lui est réservée par la loi du 14 floréal an XI, d'exécuter lui-même le curage, sur la moitié du cours d'eau au droit de sa propriété, et en se réglant exactement sur les profils fixateurs. Le jeudi matin, un agent des ponts et chaussées, en présence du maire, de l'entrepreneur et des riverains intéressés, procédera à la réception des curages exécutés. Si le curage exécuté par un riverain est complet, ce riverain sera déchargé de la totalité de sa cote ; si le curage n'est fait qu'au tiers, à moitié..., le riverain ne sera déchargé que du tiers, de la moitié de sa cote. En même temps, un procès-verbal sera dressé pour faire prendre en compte, par l'entrepreneur, les curages exécutés, le tout comme en matière de prestation sur les chemins vicinaux. Puis, ces formalités remplies, l'entrepreneur procédera immédiatement à l'achèvement du curage et sera remboursé de son travail au fur et à mesure que le percepteur aura recouvré les cotes dues par les riverains.

Tel est le système le plus simple et le seul praticable, peut-être, que l'on puisse adopter, si l'on veut soumettre tous les cours d'eau de Seine-et-Marne à un régime régulier permanent...»

(Extrait de l'Annuaire de Seine-et-Marne, année 1853)

La Seine

La Seine est caractérisée par la régularité de son débit et la lenteur de son cours. Elle draine une partie du bassin parisien ; son cours est long de 776 km. Née dans le département de l'Aube, sur le plateau de Langres, à 471 m d'altitude, elle traverse la Champagne humide, puis la Champagne pouilleuse. Elle entre dans le département de Seine-et-Marne à Melz-sur-Seine, puis dans le département de l'Aube, rejoint celui de Seine-et-Marne à Villiers-sur-Seine, traverse celui-ci sur toute sa longueur après avoir reçu l'Yonne à Montereau, puis le Loing à Saint-Mammès, longe la forêt de Fontainebleau, traverse Melun, longe la côte d'Ile-de-France et, à Nandy, entre dans le département de Seine-et-Marne. Elle reçoit en amont de Paris son affluent le plus long, la Marne, sur la rive droite. Elle décrit alors de grands méandres, coulant sur une pente très douce, après Paris. Elle se grossit de l'Oise, de l'Epte, de l'Eure. Elle arrose Rouen et rejoint la Manche par un vaste estuaire sur lequel est établi Le Havre.

4. *Sur cette carte postale, voici la Seine à* **Mouy-sur-Seine.** *Son cours est large mais ses rives, encombrées d'herbages marécageux où nagent des cygnes, ne sont pas sans charme. Au premier plan, quatre lavandières dont deux portent un canotier sur la tête, sont ici témoins d'un passé révolu. A genoux dans leur protège-genoux, elles frottent et rincent leur lessive dans l'eau du fleuve. Trois jeunes enfants, souriants, sont assis sur la berge, c'est l'été.*
Bray-sur-Seine *est une commune d'origine mérovingienne dont l'église est dédiée à Sainte Geneviève. Nous apercevons la commune située sur la rive opposée au deuxième plan de la carte, dans une courbe du fleuve. Etymologiquement Brie ou Bray signifient "marais". La commune de Bray fut édifiée sur les rives de la Seine dans une région de marais où celle-ci se divise et se subdivise en coulées, dans de très larges prairies où son cours est extrêmement sinueux.*

Afin de la rendre navigable, divers aménagements furent apportés à son cours depuis Nogent-sur-Seine jusqu'à la Tombe :

– un premier canal fut établi à quelque distance de Nogent-sur-Seine, à Beaulieu, jusqu'à Villiers-sur-Seine ;

– un deuxième canal de dérivation fut creusé de Bray-sur-Seine à la Tombe, afin de pallier les nombreux méandres de ce parcours. (Coll. Amatteis)

Dans l'ensemble, le fleuve est régulier, avec de modestes écarts de débit qui en font une voie navigable de premier ordre, surtout de Paris à son embouchure.

Napoléon disait : *"Le Havre, Rouen et Paris sont une seule ville dont la Seine est la rue."*

Toutefois, des crues redoutables peuvent se produire par suite des pluies exceptionnelles sur les terrains de son bassin supérieur, gorgés d'eau et ne jouant plus le rôle de réservoirs.

Aujourd'hui, la réalisation "du Réservoir Seine" dans la Champagne humide, près de Troyes, à Morge, limite l'intensité des crues de la Seine.

5. *Le canal de Bray-sur-Seine à la Tombe.*
La Tombe*, canton de Bray, était un village inscrit aux rôles des fiefs en 1225, et se trouve situé à la pointe de cette région de marais et d'étangs qui couvre les rives de la Seine jusqu'à Montereau-Fault-Yonne.* (Coll. Fatoux)

6. ***Varennes-sur-Seine*** *(canton de Montereau-Fault-Yonne) où, sur la rive droite, on aperçoit la maison de l'éclusier en face. Une péniche s'approche, chargée de matériaux. Au milieu du barrage, sur la passerelle, un technicien vérifie les installations. Toujours sur la rive droite de la Seine, avant l'écluse, un grand lavoir en alignement.* (Coll. Fatoux)

7. *Dans une courbe de la Seine,* ***Saint-Mammès,*** *est lové entre le fleuve et le Loing qui va grossir la Seine un peu plus loin. Sur la carte postale, quelques lavandières sont au lavoir qui est également l'abreuvoir et le lieu où les barques viennent s'amarrer. A quai, une péniche au repos avec son mât dressé et ses cordages nécessaires au halage. Plus près du pont, un remorqueur ; on devine le bateau-lavoir près de la berge et du pont.* (Coll. Amatteis)

8. ***Samoreau****, dans le canton de Fontainebleau, où la pente douce de la berge a permis l'installation d'un lavoir. C'est un petit ponton dont les quatre pieds sont enfoncés dans l'eau. Les lavandières y posent dessus leur garde-genoux. Une planche à laver sur laquelle elles brossent, frottent, tapent de leur battoir leurs pièces qu'elles iront ensuite "couler" chez elles, dans la grande lessiveuse. Ce jour-là, elles ont une grande quantité de pièces à préparer…* (Coll. Amatteis)

9. *La Seine à **Bois-le-Roi**, dans le même canton, a parcouru plus calmement, entre ses deux barrages, les kilomètres qui la séparent de Bray. Les lavandières s'activent à leur lavage près du hameau de la Cave et de l'Ecluse. Elles sont nombreuses aujourd'hui ; il fait beau, un parapluie posé sur la berge peut, fiché en terre sur son long manche, abriter du grand soleil. Elles ont chacune un petit ponton individuel appelé "lavoir" où elles installent leur garde-genoux. Les brouettes, les baquets en bois cerclé, témoignent des premières années 1900.* (Coll. Amatteis)

10. *Sur la rive face à Bois-le-Roi, **Chartrettes,** canton du Châtelet-en-Brie, où une belle dame abritée sous son ombrelle, par une belle journée d'été, se promène avec sa petite fille. Toutes deux portent des toilettes élégantes. Elles sont l'oisiveté, tandis que, non loin de là, deux femmes accomplissent leur dur travail de laveuses, à genoux, les mains plongées sans cesse dans l'eau du fleuve. Autre opposition, le petit garçon qui, nonchalamment assis sur un "lavoir", contemple l'eau. Sur la berge, près de lui, d'autres "lavoirs" jetés sur l'herbe attendent, inutilisés...*

(Coll. Amatteis)

11. *La commune de* ***Saint-Fargeau,*** *canton de Perthes-en-Gâtinais est à 7 km de Melun ; le cours du fleuve est calme. Sur la berge, une large encoche fut creusée il y a bien longtemps et un lavoir installé. Là aussi, chaque lavandière a son "lavoir", mais un peu différent ; la planche à laver repose sur quatre pieds qui s'enfoncent dans l'eau. L'endroit n'en est pas moins humide ; la plus jeune des lavandières a son garçon près d'elle, souriant, en tablier d'écolier, mais elle, pierre de savon de Marseille et brosse de chiendent en main, doit continuer son travail.* (Coll. Amatteis)

Parmi les aménagements apportés pour régulariser le cours de la Seine, on peut noter six barrages établis entre Melz-sur-Seine et Saint-Fargeau. Ces écluses rendent le fleuve navigable avec une profondeur minimum de deux mètres.

La Marne

La Marne, d'un parcours géographique de 494 kilomètres, prend naissance dans la source de la Fontaine de *Marnotte,*[2] située dans la côte de Belesmes, canton de Langres, par 381 mètres d'altitude, à 5 kilomètres au sud-est de la ville de Langres, dans le liais de son plateau (composé d'une pierre calcaire très dure, au grain très fin - *mot emprunté au Gaulois*).

Son cours comprend la rivière elle-même à laquelle s'ajoutent les canaux et dérivations d'une longueur de 242 kilomètres, car elle fut en partie canalisée afin d'être navigable.

La Marne traverse dans toute sa longueur le département de la Haute-Marne. A Saint-Dizier, elle entre dans le département de la Marne et à Crouttes-sur-Marne dans celui de la Seine-et-Marne ; elle se jette dans la Seine à Charenton-le-Pont.

2) La Fontaine de Marnotte est dominée par une grotte immense qui servit de refuge, selon la légende, à Eponine, héroïne gauloise, épouse de Savinius, chef gaulois qui tenta un moment de rendre à la Gaule son indépendance, voulant l'affranchir de Rome. Ils furent livrés à Vespasien, empereur romain (69-79) et exécutés. Eponine mourut subissant le même sort que son époux.

12. **Méry-sur-Marne**, *canton de la Ferté-sous-Jouarre : le barrage est situé près de cette commune, à quelques kilomètres de Nanteuil-sur-Marne dont nous apercevons dans le lointain le pont de chemin de fer. Ce barrage fut commencé en 1861 ainsi que ceux de Mont-Saint-Père, Azy, Charly, Courtaron, Saint-Jean-les-Deux-Jumeaux, Isles-les-Meldeuses et les Basses-Fermes. Tous avaient les mêmes points communs : une écluse, un pertuis et un déversoir. Ils furent terminés en 1865.*
(Coll. Amatteis)

Elle serpente autour d'une ligne moyenne dirigée du nord-est au nord-ouest. Les terrains meubles qu'elle traverse et qu'elle entraîne souvent dans sa course ont longtemps fait supposer, par leur aspect limoneux, que ses eaux étaient moins pures qu'elles ne l'étaient en réalité. Au cours des années 1827 et 1831, l'eau de Marne fut analysée par MM. Vauquelin, Bouchardat, Boutron et Henry, chimistes de renom, et ceci à plusieurs reprises et dans des circonstances différentes. Cette eau était très bonne et très salubre. Il était bien sûr nécessaire de la laisser reposer : elle abandonnait ainsi, au fond du récipient, un petit dépôt grisâtre de nature argileuse, facile à séparer par le filtre.

Dans son état naturel, la Marne opposait à la navigation de sérieuses difficultés par la présence de nombreux moulins dont les retenues étaient autant d'obstacles à franchir.

En 1836, on envisagea pour la première fois un programme d'ensemble pour l'amélioration des conditions de navigation. La mise à exécution des travaux durera jusqu'en 1846. treize écluses et barrages furent répartis sur toute l'étendue de la rivière, avec un mouillage de 1,60 m par élévation du plan d'eau. Afin d'éviter que les moulins ne soient noyés, en 1847 on établit un aménagement de bras secondaire qui prolongea le bras de Saint-Maur jusqu'à Charenton par le canal de Saint-Maurice. Entre 1848 et 1858, on établit deux autres barrages entre Saint-Dizier et Vitry-le-François. Deux portions de la Marne sont restées impraticables de Dizy à Meaux et en amont du canal de Saint-Maur à Charenton, soit un total de 160 km. Puis le canal de la Marne au Rhin fut mis en service deux fois en 1851 et en 1853.

13. *Le barrage de Meaux.* (Photo Fatoux)

Mais les portions non navigables de la rivière causaient du tort au transport des marchandises, aussi la construction de nouveaux barrages fut-elle reprise à partir de 1860, soit 19 barrages fixes ou mobiles ; les chutes seraient franchies au moyen d'écluses à sas. L'étude de tous ces barrages, canaux, dérivations fut très laborieuse au point de vue de la théorie et de la pratique en général. Aussi pouvons-nous dire que grâce aux travaux de M. Louiche-Desfontaines, Ingénieur en chef de la navigation de la Marne, ceux-ci purent être menés à bien.

En 1880, on envisagea de porter le mouillage à 2,20 m, "les hausses des déversoirs" – système Louiche-Desfontaines – furent surmontées de surhausses mobiles. On éleva les déversoirs ; le résultat fut une augmentation de 60 % du trafic de 1889 à 1897. Jusqu'en 1910 deux barrages furent reconstruits, ceux de Damery et d'Isles-les-Meldeuses.

Le barrage de Meaux, situé en aval de la ville, avant le canal de Cornillon, fut terminé en 1939.

La Marne fut mise en chômage en septembre 1985, afin de pourvoir au remplacement d'une béquille au barrage de Meaux et à la réfection du barrage de Noisiel, ainsi qu'aux déversoirs de Méry-sur-Marne et de Saint-Jean-les-Deux-Jumeaux, où, sur les 33 hausses que comporte le déversoir, 17 ont été remplacées. Ces travaux ont été réalisés en même temps que l'opération "Marne-propre", ce qui fut une heureuse collaboration entre les Pouvoirs Publics et les associations bénévoles.

En conclusion, malgré l'importance des perfectionnements apportés aux canalisations et barrages de la Marne, celle-ci est restée une des rivières les moins fréquentées du bassin de la Seine.

14. *Nous sommes ici au début du XXe siècle, à l'extrémité de la belle promenade des Trinitaires à* ***Meaux.*** *Elle longe la rivière jusqu'au barrage, en aval du pont du Marché.*
A la descente de l'abreuvoir, une lavandière se tient à côté de sa brouette chargée du cuveau rempli du linge à laver. On accédait au bateau-lavoir par l'escalier qui se trouve à sa droite. Celui-ci est très raide et fort malcommode. Les brouettes devaient rester en haut.
Une dame de la ville, dans ses beaux atours et un pêcheur posent ce jour-là pour la photographie. Trois autres meldois examinent la situation.
Seule, la promenade des Trinitaires subsiste aujourd'hui. La construction du nouveau pont routier a, de nos jours, transformé ce lieu. (Coll. Amatteis)

15. *La Marne à* ***Condé-Sainte-Libiaire*** *où elle vient de confluer avec le Grand Morin, au premier plan de la photographie. Celui-ci coule sous un pont à onze arches, passant sous le canal de Chalifert (branche alimentaire).* (Photo Fatoux)

16. *Le barrage sur la rivière Marne, à l'usine élévatoire de* ***Trilbardou****, est réputé comme très dangereux. En effet, il n'y a pas de passerelle pour le service de surveillance. Ce barrage comprend un pertuis et le déversoir.* (Photo Fatoux)

17. ***Précy-sur-Marne****, dans le canton de Claye-Souilly, est situé entre une boucle de la Marne et le canal de l'Ourcq. Dans un fouillis de végétation plein de charme, une jeune lavandière, à genoux dans son coffre, accomplit son humble tâche, un sourire pour le photographe... Tandis qu'émergent de ce bras de l'île, une barque et ses passagers qui, tout à loisir, se promènent, voguant sur la rivière.* (Coll. Amatteis)

18. *Autrefois, la Marne, agitée par ses moulins, coulait au bas de* **Lagny** *entre de belles prairies et sous les ombrages des saules et des peupliers dont le feuillage se reflétait dans ses eaux de teinte marneuse. Des îles de verdure s'échelonnaient au milieu et près des berges de la rivière. Nous en apercevons une à l'arrière-plan de la carte postale.*
Au premier plan, la rive de **Pomponne-Thorigny** *a ses lavandières très sommairement installées à leur lavoir.* (Coll. Amatteis)

19. *Le barrage de* **Noisiel** *fut construit en 1880 en remplacement de celui de Vaires qui devait être exhaussé, mais étant en mauvais état, celui-ci fut abandonné. Cette carte postale est postérieure à 1906 ; on voit en effet toute l'infrastructure des Etablissements Menier et la passerelle construite par Armand Considère, selon le principe du pont suspendu.* (Coll. Eblé)

20. ***Le canal de Chelles**, fut creusé par 50.000 ouvriers des Ateliers nationaux. Après la Révolution du 24 février 1848, le gouvernement fut obligé de créer les Ateliers nationaux pour procurer du travail aux nombreux ouvriers qui en étaient démunis. Ils étaient plusieurs milliers et ne répondaient pas vraiment aux normes, dirions-nous aujourd'hui, aussi furent-ils tout d'abord employés à creuser des tranchées, au Champ-de-Mars à Paris, qu'ils comblaient le lendemain. Le gouvernement incita alors messieurs les ingénieurs du Service de la Marne à employer ces hommes aux travaux qui devaient être entrepris sur le cours du fleuve.*

Les travaux de terrassement du creusement du canal de Chelles furent interrompus lors du licenciement des dits Ateliers, alors que le pays avait retrouvé le calme.

En 1862, une adjudication comprenant terrassements et travaux d'art eut lieu et la batellerie put enfin circuler sur le canal dès le 23 octobre 1865.

Le canal de Chelles est d'une longueur de 8,864 km[3].

3) D'après l'ouvrage de Gaspard Morot, "Histoire Contemporaine de la ville de Meaux", opus cité.

Les canaux

A partir des XVIe et XVIIe siècles, les routes ne suffisant plus à l'approvisionnement des villes, les rivières et les fleuves furent rendus navigables et l'on commença à voir la France équipée de canaux. L'importance de ceux-ci, tant au point de vue économique qu'aux progrès techniques que leur creusement entraîna, est indéniable. En effet, leur construction fut une aventure pour les techniciens qui durent maîtriser les phénomènes hydrauliques, franchir des collines, traverser des fleuves, réaliser des carrefours entre canaux... Ils furent mis en valeur dans les paysages environnants et leur décoration fit appel aux architectes. Ils furent à l'origine de la création de nouveaux métiers, tels que les éclusiers à terre et les mariniers sur l'eau, qui ont forgé leurs traditions aux cours des siècles. Ils furent encore, dans leur âge d'or, des "produits" d'exportation à l'étranger — le canal de Suez, puis, plus tard, celui de Panama —, avant de connaître de nos jours la lutte pour la survie... Nous allons découvrir dans notre département les canaux sillonnant nos paysages :

Le canal de Meaux à Chalifert, d'une longueur totale de 12,295 km, va de Meaux au sud-ouest de Lesches et au nord du village de Chalifert rejoindre la Marne, coupant ainsi trois grands méandres. L'adjudication des travaux dudit canal de Meaux à Chalifert et de la branche alimentaire de Saint-Germain-sur-Morin à Esbly date de 1838 mais la mise en eau n'eut lieu que le 6 septembre 1846.

Le village de Chalifert est à une altitude de 108 m et la Marne à 42 m, le canal est à une altitude quasi perpendiculaire au-dessus de la Marne, de 66 m. Ce qui explique la construction des trois écluses dont les chutes d'eau suffisent, tant à l'amont qu'à l'aval, à racheter cette différence de niveau qui existe entre ses eaux et celles de la Marne.

21. *L'entrée du **canal de Chalifert** à l'écluse de Meaux. Le canal de Meaux à Chalifert fait partie de la grande voie navigable de la Marne. Sa section normale au plafond est de 15 m et la longueur utile de chacune de ses écluses de 45 m.*
Le canal de Meaux à Chalifert rachète 29 km de longueur de rivière. Il eut pour objet d'épargner à la batellerie le parcours long et difficile de la Marne, entre Meaux et Chalifert[(3)].
Notons sur le quai, à droite, les chevaux de halage qui se dirigent, avec le batelier, vers la sortie de l'écluse. Egalement, le grand mât placé dans l'axe du chaland, à l'extrémité duquel sont placés les cordages nécessaires au halage. (Coll. Chèvremont)

La **branche alimentaire** du canal de Chalifert a son origine en aval de la commune de Saint-Germain-sur-Morin ; sa longueur est de 3,400 km.

C'est l'écluse de Couilly, placée en amont de cette branche, qui sert à alimenter et à régler (au moyen des eaux empruntées à la rivière du Grand Morin) la branche principale du canal de Meaux à Chalifert.

Sur cette branche alimentaire furent établis une écluse, 4 ponts et un aqueduc.

Le **canal de Cornillon** à Meaux[3] a une longueur de 425 mètres. Il servait à la navigation des barques au XVIIe siècle. Les fossés situés au pied des remparts de la ville de Meaux furent creusés et élargis à cette époque-là.

D'après les recherches approfondies de M. Gassies (dans son ouvrage "Histoire de Meaux"), au vu de plusieurs articles, l'ouverture du canal de Cornillon se situerait aux environs des années 1600. "Cette date", dit-il, "est précisée par un article du rapport sur les Ponts et Chaussées".

La navigation n'a eu régulièrement lieu par cette voie qu'à partir de 1661 et moyennant un péage.

Le canal de Cornillon ne fait pas partie de la grande voie navigable de la Marne, bien que ses deux extrémités tiennent à celle-ci. L'établissement des deux écluses, que nous pouvons encore voir de nos jours, remonte semble-t-il aux années 1780-1785. Le pont de pierre qui l'enjambe date de l'année 1822 et fut élargi en 1982. Les portes en bois des deux écluses furent remplacées, l'une en amont en 1862, les autres en aval en 1891[4].

3. *D'après Gaspard Morot, opus cité.*

4. *Antoine-Etienne Carro, opus cité.*

22. *A **Condé-Sainte-Libiaire**, le pont métallique enjambe la branche alimentaire du canal de Meaux à Chalifert. Je rapporte, ci-dessous, un entretien que j'eus en juillet 1985 avec M. Schmid, conseiller municipal de la commune de Condé-Sainte-Libiaire : "Le pont qui traverse la branche alimentaire du canal de Chalifert, construit sous le second Empire, est en fait une passerelle en fer, chaussée de gros madriers et que nous appelons ici. "Le Pont des Pâtures". Sur le bord de la Marne toute proche, il y avait, au siècle dernier encore, des pâturages où les agriculteurs menaient leurs bêtes. Lorsqu'en 1838 le canal fut creusé "à main d'homme", s'il vous plait, il n'y avait plus de possibilité de se rendre aux pâtures. A la suite des réclamations de la commune, un pont fut établi, vers 1850, afin que bêtes et gens puissent traverser le canal. Le Service de la Navigation le donna "en dation" à la commune, à charge d'entretien par elle. Beau cadeau ! N'est-ce pas ? On vous donne le pont, mais vous l'entretenez !"* (Coll. Fatoux)

Environs de Meaux — CONDÉ. - Pont sur le Canal de Chalifert

Le Grand Morin

Le **Grand Morin** prend sa source dans le département de la Marne, à Lachy-la-Rivière dans les bois de Mondement.

La rivière entre dans notre département sur le territoire de la commune de Meilleray et termine son cours en se jetant dans la Marne en deux endroits : à Condé-Sainte-Libiaire et au nord d'Esbly.

La longueur de son cours est de 120,773 km en Seine-et-Marne, dont 17,400 km sont navigables. Depuis l'établissement de la branche alimentaire du canal de Chalifert, son cours navigable s'est augmenté de 13 km.

La rivière coule dans une vallée pittoresque, boisée et profonde. C'est surtout la Brie qu'elle parcourt, souvent entre des rives escarpées, accidentées, au milieu des paysages dont l'aspect contraste étrangement avec les horizons plus tranquilles au milieu desquels elle achève son cours, nous dit M. G. Leroy, dans sa préface du livre écrit par M. A. Bazin "Etudes sur la rivière du Grand Morin".

L'imperméabilité des terrains que traverse le Grand Morin est la cause du très grand nombre de ruisseaux ou rus dont les eaux viennent s'y jeter. Il n'y a pas moins de 535 rus et ruisseaux entre Meilleray et Esbly, répertoriés dans son livre. Les sources y sont également en très grand nombre. Ajoutons que beaucoup d'entre ces rus sont à sec durant les périodes de l'été.

L'eau du Grand Morin est froide et un peu dure, elle renferme quelques traces d'iode. Elle était très appréciée encore au début du XXe siècle pour diverses industries implantées le long de son cours et qui ont prospéré depuis les temps les plus reculés sur ses rives : ce furent les tanneries, les mégisseries, la fabrication du papier, les draperies et les huileries. Plusieurs d'entre elles continuent d'exister : les papeteries du Marais sont restées justement célèbres.

399 Crécy-en-Brie — Les Tanneries

Phototypie A. Rep et Filliette, à Château-Thierry

24. *Le Grand Morin à l'entrée de* **Villiers-sur-Morin.** *D'où vient ce nom que l'on trouve écrit sous différentes formes ?*
Au IXe siècle, on l'écrivait Mogra, Muera, Moera, d'où le village de Mœurs, bâti presque à son origine, a probablement tiré son nom.
Puis, Muora (contraction de Mucara... mucre, en vieux français : humidité, et de "ar" latinisé ara, désinence d'un grand nombre de rivières) qui signifie, d'après David et Saint Georges : un lit profondément creusé[7], ou bien encore, autre explication donnée par M. Bailly de Nanteuil-lès-Meaux, membre de la Société Littéraire et Historique de la Brie à Meaux, le préfixe "mor" signifie : marais, eaux mortes. En effet, cette région comprenait, dans les temps anciens, de nombreux étangs qui furent asséchés après la Révolution. (Coll. Amatteis)

7. Dictionnaire topographique Stein, opus cité.

26. ***Archet-le-Pont****, hameau de Saint-Cyr-sur-Morin ; le pont à deux arches, vieux de plusieurs siècles, enjambe la rivière du Petit Morin, et se reflète sur l'eau claire...*
Au premier plan, trois lavandières, leur "manne" (corbeille en osier) posée derrière elles, sur le talus, terminent leur lessive. Un petit sourire au photographe ! (Coll. Amatteis)

☞

25. ***Condé-Sainte-Libiaire*** *(canton de Crécy-en-Brie) : le pont, avec ses onze arches, sous lequel passe le Grand Morin, par un tunnel creusé sous la branche alimentaire du canal de Chalifert. Il va se jeter dans la Marne à une vingtaine de mètres à gauche de la carte postale. Le pont et ses abords ont, depuis 1985, repris - les arbres en moins - presque le même aspect qu'ils présentaient dans les années 1900. Ce pont a fait partie du projet d'aménagement du Grand Morin qui, depuis 10 ans, préoccupe le Syndicat Intercommunal du Bassin du Grand Morin, dont le président est le colonel Marchal.* (Coll. Chevremont)
La première tranche des travaux, sur 17 kilomètres compris entre Dammartin-sur-Tigeaux et la confluence de Condé-Sainte-Libiaire, a été menée à bien depuis 1984.
– 3.500 arbres morts tombés dans l'eau ou sur le point de tomber, ont été éliminés,
– le lit de la rivière a été dégagé,
– A Condé-Sainte-Libiaire, les 11 arches ont été désemcombrées,
– A la confluence, ce sont plus de 10.000 m^3 de vases transportés par 200 camions qui ont été éliminés ; ces vases, provenant de la Marne pour 60 % ayant un effet de frein sur l'écoulement du Morin.

(Extrait du Journal "La Marne" du 24.10.1985, signé J.P. Husson)

Le Petit Morin

Le Petit Morin, dont la longueur est de 85 km, est tributaire de gauche de la Marne. Il naît à Morin-le-Petit, dans le département de la Marne, et coule dans une vallée profonde et resserrée. Il se jette dans la Marne à la Ferté-sous-Jouarre. On l'appelle ainsi, son cours étant moins long que celui du Grand Morin.

Il a creusé son lit dans le plateau de la Brie Champenoise, se faufile entre des coteaux aux versants escarpés. La grande culture occupe les plateaux ; les pentes sont boisées, les fonds des vallées verdoyants.

Colères du Morin...

Médéric Charot[8]

Un ruisseau, le Morin ? Vraiment chers convives,
C'est mal interpréter tant de plaintes si vives
Qui n'auraient pas lieu d'être, au sujet d'un ruisseau,
C'est confondre un serpent avec un vermisseau.
Il faut avoir des faits une vision saine,
Et, si vous habitez, l'un à Melun, sur la Seine,
L'autre, à Meaux, sur la Marne, il m'apparaît, je crois,
Que de l'eau peut couler ailleurs qu'en vos endroits...

Le Morin est terrible en ses jours de colère ;
A le voir si tranquille, avec son onde claire,
Où se mirent en riant, le ciel clément d'été,
Vous ne direz jamais que c'est un indompté,
Dont le calme apparent n'est que feinte traîtrise,
Tel le diable enfermé dans la boîte à surprise.
Je l'aime, cependant, foi de Martin Pêcheur,
De mon vrai nom Prudent, et goûte une fraîcheur
Plus qu'aucun du pays, je l'aime et sans envie,
A ses hauts peupliers bornant mon horizon
Dont au soleil couchant l'ombre atteint ma maison.
D'ailleurs il me distrait, me rit et me nourrit même,
Si bien que par moments, je crois quasi qu'il m'aime.

L'Ourcq

L'Ourcq, affluent de la Marne, naît dans la forêt de Ris, à 20 km au nord-est de Château-Thierry, dans le département de l'Aisne et entre dans le département de la Seine-et-Marne à l'embouchure du Clognon.

Cette rivière a creusé son lit dans le plateau de la Brie. Les versants de sa vallée sont souvent abrupts. Leur fond humide et tourbeux, établi sur les argiles, est partout planté de peupliers alignés en files régulières au milieu des prairies et des plantes de marais. C'est une vallée assez solitaire, autrefois animée par la circulation "des flûtes" sur le canal de l'Ourcq.

A partir de la Ferté-Millon, la rivière sinue en méandres très incurvés pour contourner les bancs de calcaire grossier du sous-sol briard qui résistent à l'érosion. Elle termine son cours en amont de la commune de Congis.

Le **canal de l'Ourcq** se détache de la rivière à Mareuil-sur-Ourcq. De Port-aux-Perches à Mareuil, la rivière fut rendue navigable, son lit redressé, élargi par des constructions et ouvrages de canalisation et de barrage. Léonard de Vinci aurait construit, sur l'Ourcq, la première écluse à sas.

8) Médéric Charot, homme de lettres, lauréat de l'Académie française, né à Chevru (canton de la Ferté-Gaucher), le 28 avril 1845. Il fut le poète briard de cette moitié du XIXe siècle. Extrait de la revue "Brie et Gâtinais", n° 7, juillet 1910.

27. *La rivière Ourcq arrose le territoire du village* **d'Ocquerre** *(canton de Lizy-sur-Ourcq) où se jette le ru de Chaton. Le canal de l'Ourcq fut creusé parallèlement à la rivière Ourcq.*
Sur cette carte postale, nous constatons que les rives sont assez encombrées. Pourtant, sur la berge un peu pentue, les trois lavandières sont installées à leur lavoir volant, sommairement pourvu de planches fichées en terre par des pieux. A genoux dans leur coffre, elles accomplissent leur tâche quotidienne : elles frottent de leur brosse de chiendent, tapent de leur battoir, rincent et essorent. L'une d'elles a amené sa petite fille qui, sagement assise sur la brouette, attend la fin de son travail. Sur le talus, un drap étalé reçoit les pièces rincées et essorées... (Coll. Fatoux)

Le canal suit tout d'abord la rivière puis les sinuosités de la vallée de la Marne. Il rejoint la Seine à Paris, au canal Saint-Martin, au bassin de la Villette. Sa longueur totale est de 108 km.

Retrouvons l'historique de ce canal et de sa création[10].

La rivière Ourcq était, dans son état primitif, incapable par elle-même, de servir à la navigation.

Au XVIe siècle, le prévôt des marchands et des échevins de Paris, sachant combien il était difficile de tirer des contrées éloignées les approvisionnements nécessaires pour une aussi grande cité, surtout pendant les guerres civiles et étrangères, si fréquentes à cette époque-là, usèrent des privilèges qui leur avaient été octroyés en 1415 par Charles VI, puis par François 1er, qui, le 27 mai 1520 leur accorda :

---

9) D'après Gaspard Morot, opus cité.

10) "Les canaux parisiens" et "Guide du plaisancier".

"De faire curer, nettoyer et rendre navigables, tant les dits rus et rivières de "Seyne, Vanne, Morin et Ourcq, qu'autres étangs, et desmolir tout Moulin qui "nuirait à la navigation, au-dessus et au-dessous de la dicte Ville, en ayant soin "de le faire estimer justement et loyalement, afin que son propriétaire "possesseur en soit satisfait".

Les prévôts des marchands et des échevins de Paris commencèrent par la rivière Ourcq, en vue de transporter vers la cité le bois de chauffage et de construction tiré de la forêt de Retz (aujourd'hui de Villers-Cotterêts) située dans le Duché de Valois, si fertile qu'il était considéré comme un des greniers de la France.

De 1529 à 1636, de Silly-la-Poterie à Meaux, les travaux consistèrent à redresser le lit de la rivière.

En 1661 : les privilèges et péages de la navigation de l'Ourcq sont attribués à perpétuité à Monsieur, frère du Roi Louis XIV, Philippe de France, Duc d'Orléans, de Valois et de Chartres, à charge pour lui de perfectionner la navigation sur la rivière – avec le droit de diminuer ou de changer le cours des eaux.

En 1676, Riquet Pierre Paul, l'illustre concessionnaire du canal du Languedoc, aidé de son gendre Jacques de Manse ainsi que de Bonrepos, tous deux ingénieurs, formèrent le projet de creuser un canal latéral de l'Ourcq jusqu'à Paris et d'en conduire les eaux au faubourg Saint-Antoine, au pied de l'Arc de Triomphe, qui est aujourd'hui la place de la Nation.

Ce canal devait permettre la distribution d'eau à la population et, de plus, alimenter un canal de ceinture longeant les remparts au nord de la ville. Il obtint les lettres patentes qui lui concédaient l'entreprise.

De Manse et Bonrepos commencèrent les travaux de Lizy-sur-Ourcq à Meaux mais ceux-ci furent interrompus par la mort de Riquet en 1680, suivie de celle de Colbert qui soutenait le projet, en 1683.

28. *C'est la rivière de l'Ourcq élargie, sur son cours de* ***Port-aux-Perches*** *à* ***Mareuil-sur-Ourcq****. Elle offre de nos jours un beau plan d'eau pour la navigation de plaisance et pour les pêcheurs.*
(Photo Fatoux)

depuis Mareuil et Lisy jusqu'à Paris.

Commencé en 1676 par M. de Manse. Continué par le même avec M. Riquet en 1677. Suspendu par la mort de ses deux premiers Auteurs et du Gd. Colbert. Arrêt du Conseil du Roi, rendu en 178- au profit de Sébastien Job, pour l'ouverture de ce même Canal, qui n'a point eu d'exécution. Décret de l'Assemblée Constituante, en 1790, pour le même objet, aussi sans exécution. Loi du Corps Législatif, en l'An 10, qui ordonne la reprise des travaux qui s'exécutent maintenant, sous la direction des Ingénieurs des Ponts et Chaussées, suivant divers arrêtés des Consuls. et Continué depuis 1802 suivant le Plan conçu et adopté sous Louis XVI. en 1787.

Réduite et Gravée d'après le Dessin de M.B.A.H. Artiste en cette partie, An 1802. par Bartholomé.

dont l'explication est plus amplement détaillée au 1er Vol. du Recueil Polytechnique Imprimé en 1802, et années suivante.

Echelle de 20.000 Mètres. (Echelle de 10.000 Toises.)

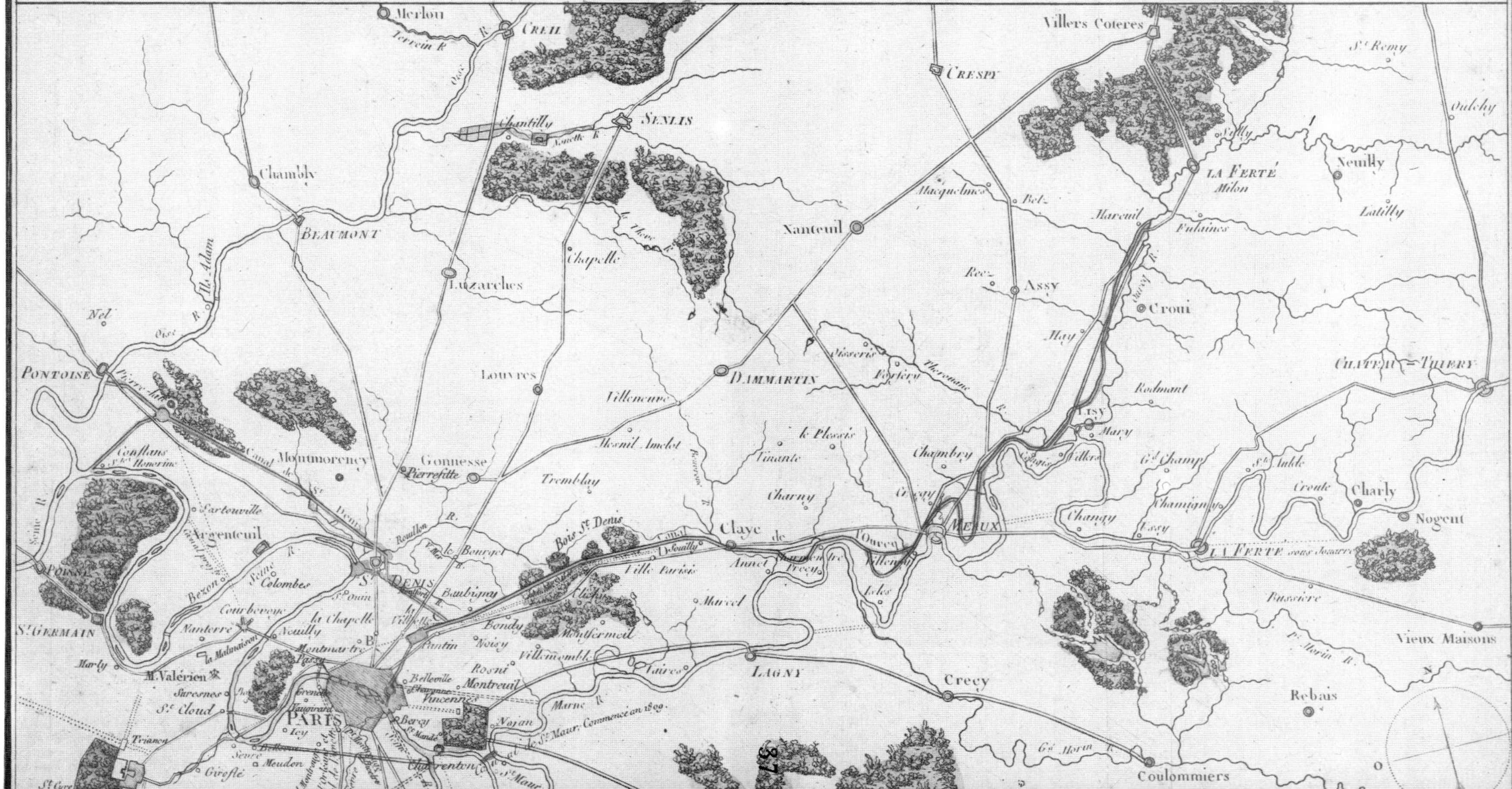

37

29. *A* ***Mareuil-sur-Ourcq****, la rivière Ourcq se sépare définitivement du canal.*
Au premier plan, nous voyons le bassin qui amorce le départ du canal et la vanne qui régularise le trop-plein et rend à la rivière une petite partie de ses eaux. (Photo Fatoux)

1785 : un nouveau projet est présenté devant l'Académie des Sciences par M. Bullée, ingénieur. Bien qu'adopté, ce projet ne verra pas le jour à cause de la Révolution.

1790 : M. Bullée présente un projet additionnel de liaison de la rivière Ourcq à son canal par une voie navigable. Les événements politiques empêcheront la réalisation du projet.

19 mai 1802 : à la suite d'une grande sécheresse où Paris connut un manque d'eau, et sur la proposition des Consuls, le Corps législatif rendit un décret qui ordonnait :

"l'ouverture d'un canal de dérivation de la rivière Ourcq,
"qui sera amenée à Paris à un bassin près de La Villette,
"l'ouverture d'un canal qui partira de la Seine au-dessous
"du bastion de l'Arsenal, se rendra dans les bassins de partage de la Villette
"et continuera par Saint-Denis, la vallée de Montmorency et aboutira à la rivière Oise, près de Pontoise..."

25 Thermidor an X : 13 août 1802, un arrêté du Premier Consul ordonne que les travaux de dérivation de l'Ourcq soient commencés le 23 septembre 1802 et que les fonds soient prélevés sur le produit de l'Octroi de Paris.

30. *Le canal à* ***Poincy*** *(Canton de Meaux) : un des "focardeurs" qui, régulièrement, nettoient les fonds afin d'éviter l'accumulation des herbes, des boues et des vases. Ce sont des barques trapues, dotées de roues à aubes, chargées de débroussailler les fonds. Un vigoureux coup de trompe annonce l'arrivée du focardeur ! Le canal fut creusé en forme de trapèze avec six mètres de base. De Mareuil-sur-Ourcq à Paris, il a une longueur de 96 km, avec une dénivelée de 15 m ; la vitesse de son courant est d'1,5 km/heure , ce qui est relativement fort pour un canal. Ceci explique qu'à la descente le halage des "flûtes" ou "demi-flûtes" n'était pas nécessaire. Ces petites péniches à fond plat étaient utilisées pour la navigation sur le canal, car sa profondeur est de 1,5 m en moyenne.*
(Photo Fatoux)

31. *L'écluse de* ***Varreddes*** *(canton de Meaux) : tout d'abord, il n'existait aucune écluse sur toute l'étendue du canal. La nécessité se faisant sentir d'établir des retenues d'eau, de distance en distance, de façon à faire gonfler les eaux pour faciliter la navigation, une convention fut passée le 1er février 1841, entre la Ville de Paris et la Compagnie, à propos de l'établissement desdites écluses. Ces derniers ouvrages, après leur achèvement, ne furent reconnus que le 26 septembre 1844. Quinze écluses furent établies entre La Ferté-Milon et Paris.*
Si le canal a connu une grande activité, de nos jours, seules les vedettes de plaisance en suivent nonchalamment le cours. Le canal fut complètement nettoyé en 1984. La découverte des ***"trésors"*** *qu'il gardait dans ses fonds fut assez révélatrice !* (Coll. Daudu)

Ce projet de construction du canal permettait de fournir un apport d'eau potable à Paris et de faire de cette grande ville une artère qui puisse vivre par l'eau. On pouvait réaliser un canal navigable et flottable jusqu'à Paris. Avec les eaux de l'Ourcq on pouvait aussi nettoyer les égouts et augmenter le nombre des fontaines d'eau potable de la capitale. Les travaux de recherche effectués par M. Legrand, ingénieur des Ponts et Chaussées, l'amenèrent à faire campagne pour le captage des sources dans le département de Seine-et-Marne en raison de la qualité des eaux dont 60 % alimentent Paris. Les fontaines des Innocents, de Saint-Michel et de la rue de Turenne furent alimentées par les eaux de la Beuvronne qui, à la hauteur de Claye-Souilly, se jettent dans le canal.

Trois ans de discussions furent tout de même nécessaires pour définir le tracé du nouveau canal :

17 mars 1805 : au cours d'un Conseil d'Etat en présence de l'Empereur, des ingénieurs, de Regnault, Saint-Jean d'Angély, Laplace, Monge et Prony, il fut décidé que le canal de l'Ourcq serait rendu navigable pour les bateaux de moyenne grandeur et que l'on introduirait les eaux des sources et des rivières, dont celles de la Beuvronne (le 15 août 1809).

La Ville fut autorisée, par un décret, à emprunter 7 millions de francs.

18 décembre 1812 : plan du tracé du canal dressé par M. Pierre Simon Girard, ingénieur en chef des Ponts et Chaussées, directeur du canal de l'Ourcq et des Eaux de Paris.

15 août 1813 : la navigation s'ouvrit entre Claye-Souilly et Paris. Les revers de la France suspendirent les travaux qui se ralentirent jusqu'en 1825, date de l'ouverture du canal de Saint-Martin à Paris. Les travaux furent en grande partie exécutés sous les ordres de M. Girard qui avait mené des études géologiques et hydrologiques approfondies.

Fin 1822 : Ouverture du canal de l'Ourcq de Mareuil à Paris.

32. ***Congis-sur-Thérouanne**, canton de Lizy-sur-Ourcq ; le canal de l'Ourcq est ici aqueduc sous lequel passe la rivière Thérouanne qui va se jeter dans la Marne toute proche.*
De jeunes garçons pêchent dans cette rivière qui était autrefois très poissonneuse. (Coll. Amatteis)

33. ***Déversoir sur la route de Congis.*** *Avant l'établissement des écluses, qui eut lieu entre 1855 et 1860, des petits barrages, fermés par des poutrelles placées horizontalement en travers du courant, furent installés aux endroits appelés "déversoirs". Ils servaient tant bien que mal à maintenir le tirant d'eau nécessaire à la circulation des bateaux qui fréquentaient le canal.*
Les déversoirs servent également à régulariser le niveau d'eau du canal ; ils sont au nombre de quatre, compris entre Mareuil-sur-Ourcq et Meaux. Celui situé sur la route de **Congis** *se déversait dans un lavoir au bassin rectangulaire cimenté, situé en contrebas de la route et dont les eaux se jetaient dans la Marne, peu éloignée.*
Il y a plus de 15 m de dénivelée entre le canal et le lavoir qui fut installé au bas du déversoir et que l'on appelait "le lavoir du déversoir". La route de Varreddes à Congis passe à mi-hauteur entre le canal et le lavoir, qui existe toujours. (Photo Fatoux)

Les stations de pompage du canton de Meaux

En 1855 et 1860 il y eut de très fortes sécheresses. Paris manqua d'eau et connut de ce fait de très gros problèmes quant à la distribution de ce précieux liquide. A la suite de plusieurs études, des actes préfectoraux autorisèrent la Ville de Paris à construire les deux usines de pompage situées dans le canton de Meaux : Trilbardou et Isles-les-Meldeuses. En 1865, M. le préfet Poubelle autorisa le pompage de l'eau de la Marne, qui serait refoulée dans le canal de l'Ourcq. Puis, un deuxième décret, en 1866, renforça cette autorisation.

Ces deux usines alimentent donc le canal de l'Ourcq en eau de Marne. Elles appartiennent au Service des Eaux de la Ville de Paris et sont un bel exemple de réalisations hydromécaniques telles qu'on les concevait au milieu du siècle dernier.

Le canal de l'Ourcq est alimenté, pour l'essentiel, à partir des sources naturelles situées sur son cours supérieur, de l'eau de la rivière Ourcq et de la Beuvronne. Mais, en été, ces apports se sont révélés insuffisants au cours des ans, d'où la nécessité de puiser dans la Marne que le canal côtoie de très près en ces deux communes. Mais une difficulté a surgi car le canal, à ces endroits-là, surplombe la Marne, ce qui explique la construction des stations de pompage.

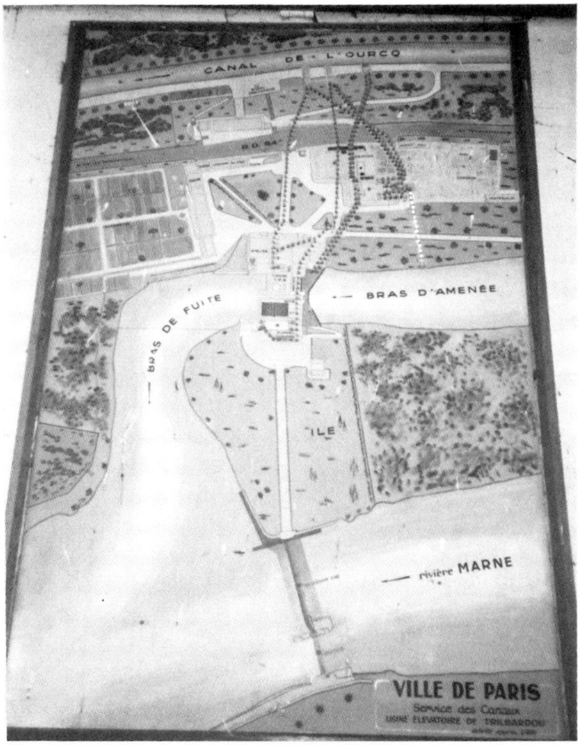

34. *L'usine élévatoire de* **Trilbardou,** *située en bordure du chemin départemental nº 54, à environ 700 m au nord-ouest du village de Trilbardou, fut construite en 1865, sur le bras d'amenée de la rivière et sur l'île, le barrage se trouvant sur la rivière parallèlement à l'usine.* (Photo Fatoux)

35. *Avant d'être actionnée par les pompes hydrauliques, l'eau du canal est en quelque sorte filtrée par un immense "peigne" et une grille. Ces bâtiments d'apparence fort anodine cachent aux yeux des profanes une roue hydraulique à pales en bois, qui est actuellement la seule existant en Europe !* (Coll. Amatteis)

LES CANAUX PARISIENS

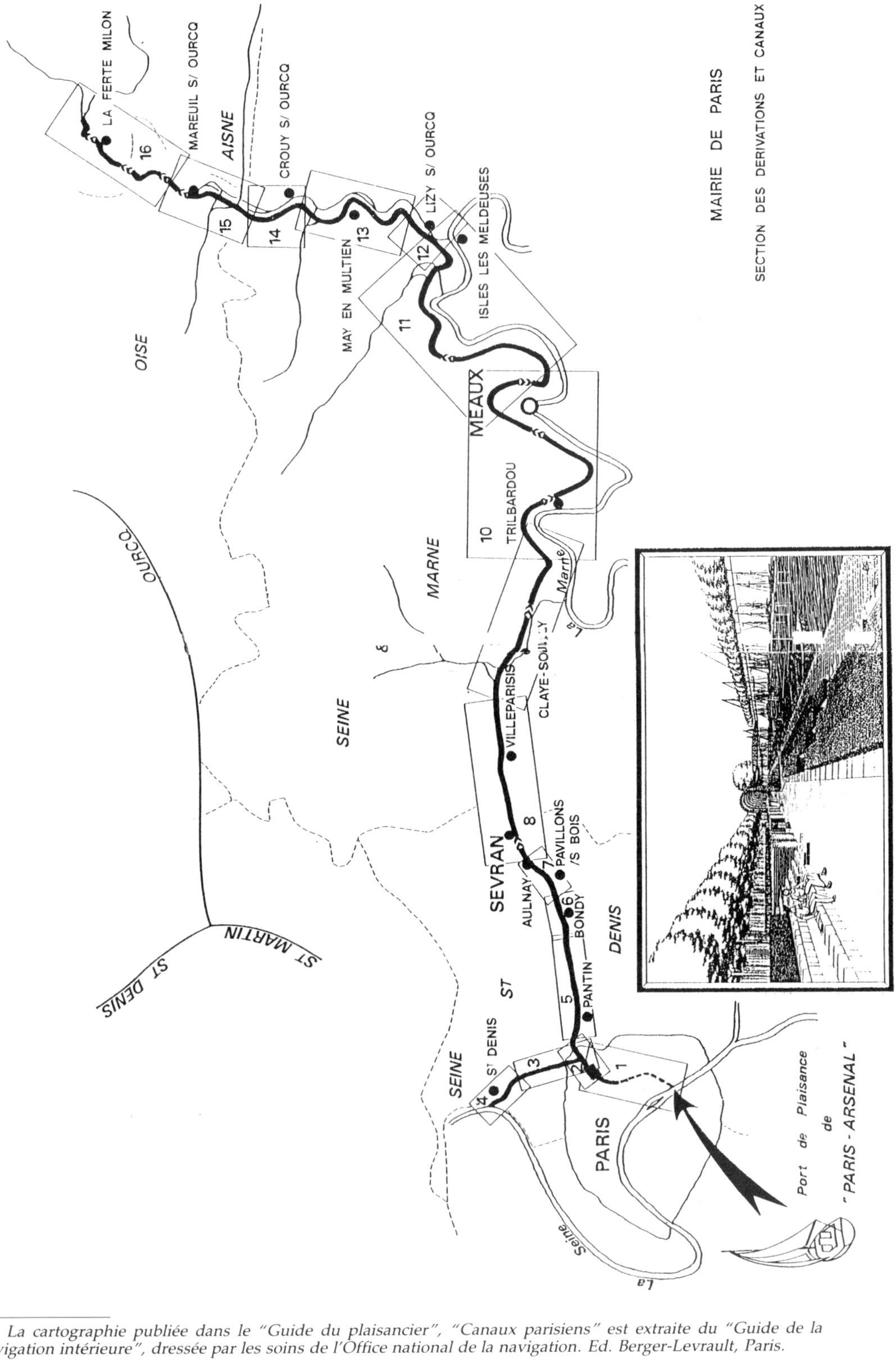

11) *La cartographie publiée dans le "Guide du plaisancier", "Canaux parisiens" est extraite du "Guide de la navigation intérieure", dressée par les soins de l'Office national de la navigation. Ed. Berger-Levrault, Paris.*

36. *En effet, la station de pompage comporte une roue hydraulique de 70 aubes "Sagebien" de 10 m de diamètre et de 6 m de large. Les pales représentent 1000 m³ de bois, l'ensemble pèse 83 tonnes. La roue exécute de 3 à 7 tours minute, d'une puissance de 350 chevaux et anime un groupe de pompage qui assure l'élévation de 3.500 m³ d'eau par jour.* (Photo Fatoux)

37. *Le groupe de pompage "Sagebien", constitué par quatre pompes à piston à double effet. La hauteur de la chute d'eau motrice n'est que d'environ 1 m, mais le débit est important. Le groupe de pompage assure seul l'élévation de l'eau de Marne sur une hauteur de 17 m : 2 m d'aspiration et 15 m de refoulement, le canal étant à 17 m de dénivellation de la Marne.*
Cette installation qui nécessitait des réparations fut arrêtée en 1974, en raison de la crise de l'énergie. Elle fut remise en service en septembre 1981.
La station de pompage fut équipée en 1920 d'une turbine hydraulique "Teisset", d'une capacité de 475 litres seconde, ainsi que d'une usine électrique d'une capacité de 3.000 litres seconde.
(Photo Fatoux)

38. *L'intitulé de cette carte postale est erroné ; il s'agit de l'usine élévatoire d'***Isles-les-Meldeuses.** *Les installations du barrage comprenant un déversoir, un pertuis et une écluse à sas, furent reconstruites entre 1897 et 1910.* (Coll. Amatteis)

L'usine élévatoire d'Isles-les-Meldeuses, située entre Isles-les-Meldeuses et Villers-lès-Rigault est constituée par un groupe de 4 pompes à double effet, actionnées par deux grandes roues hydrauliques métalliques de 10 mètres de diamètre. L'ensemble, abrité dans un seul bâtiment est d'un effet saisissant ; ses deux roues hydrauliques pompaient 32.000 m³ d'eau par jour. L'usine a fonctionné jusqu'en 1976 ; sa remise en marche après révision est à l'étude.

Ces deux usines défient le temps et les progrès techniques et sont jalousement entretenues et surveillées par un personnel hautement qualifié. Elles sont à juste titre objet de fierté de notre département.

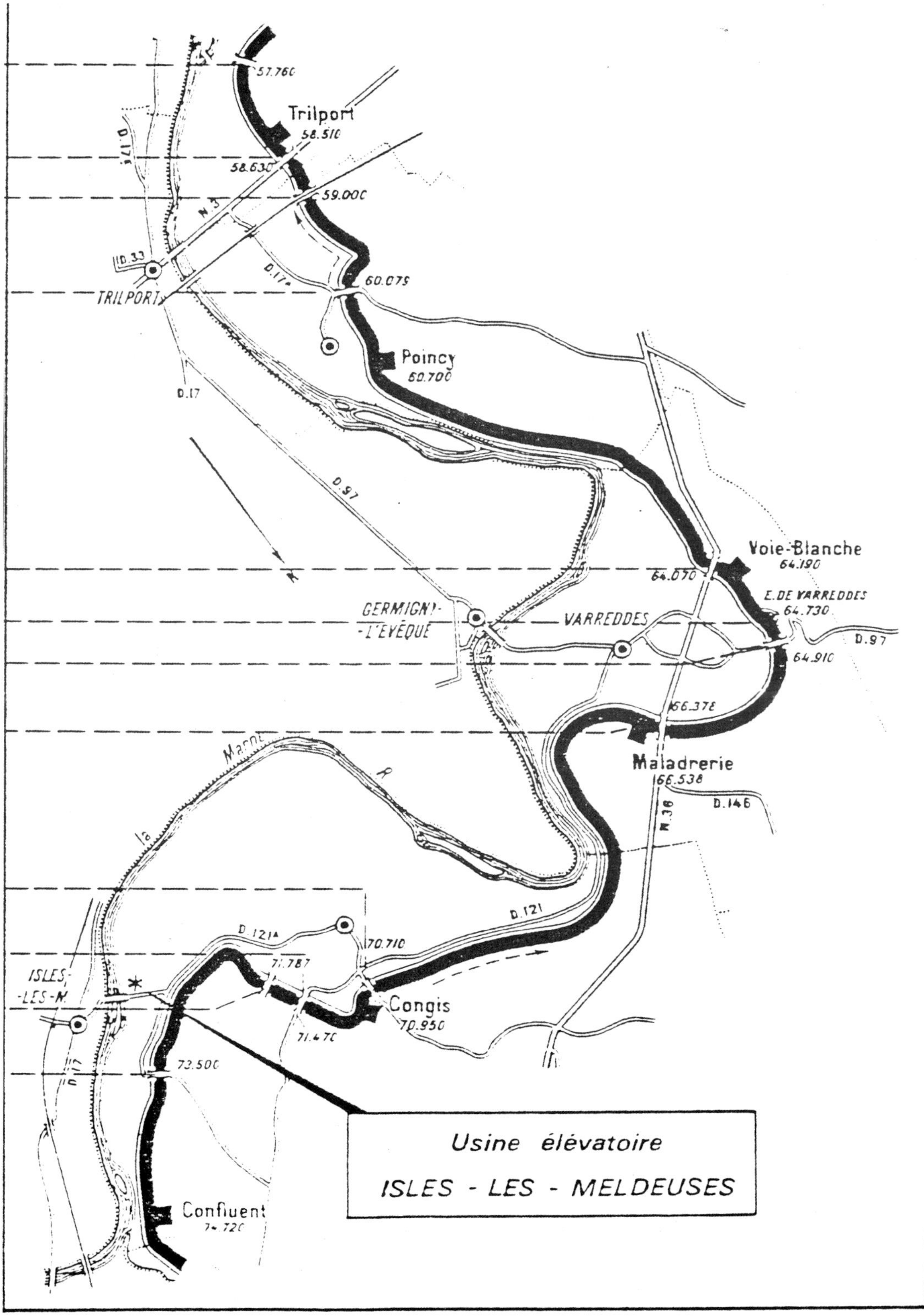

ECHELLE 1:50 000

OURCQ

Conditions juridiques des canaux

Celles-ci varient suivant qu'il s'agit de canaux de navigation ou de dérivation :

1 / Les canaux de navigation sont exécutés soit par l'Etat, soit par des compagnies particulières. Leur creusement doit être autorisé par une loi, précédée d'une enquête administrative. Mais il suffit d'un décret rendu par le Conseil d'Etat pour en autoriser le creusement.

Les canaux de navigation forment une dépendance du domaine public et, comme tels, ils sont imprescriptibles et inaliénables.

L'administration des Ponts et Chaussées est chargée de leur surveillance. Ils font partie de la grande voirie. Ils sont soumis à toutes les prescriptions de police relatives aux fleuves et rivières navigables ou flottables.

2 / Les canaux de dérivation, servant à procurer aux usines la chute qui leur est nécessaire, donnent lieu pour leur ouverture aux formalités exigées pour l'établissement desdites "usines".

39. ***Varreddes***, *canton de Meaux : à la sortie de la commune, sur la route de May-en-Multien vers la Ferté-Milon, vous passez le pont qui enjambe le canal de l'Ourcq. Sur la droite, vous apercevez "la gare d'eau" qui date de la fin du XIXe siècle, mais a partiellement brûlé en 1986.*
Les gares d'eau, sur le canal de l'Ourcq, servaient de gares de virage pour les bateaux (à gauche de la gare, vous voyez un coude assez important qui permettait aux flûtes de se garer). Elles permettaient également de décanter les boues du canal. (Coll. Chevalier)

Le **canal de Provins** : un projet de canal de dérivation, pour relier Provins à Paris, fut mis à l'étude au XVIIIe siècle. Mais la réalisation tarda beaucoup à se mettre en œuvre. Le creusement fut enfin décidé et voté en 1789, à la veille de la Révolution, mais celle-ci tua l'entreprise.

Le Loing

Affluent de la Seine, il prend sa source dans le département du Loiret, au milieu des collines argileuses de la Puisaye, emplit l'étang de Moutiers qui sert de réservoir au canal de Briare, et entre dans le département de Seine-et-Marne, à Bransles, au confluent du Bez.

Il est intéressant de noter qu'au XIe siècle, il était connu sous le nom de Lupa, en latin, qui signifie : louve. Puis, au XIIe siècle, sous le nom de Luca de Fluvium : le Fleuve des Louves.

Le Loing se jette dans la Seine à Saint-Mammès, qui se situe au confluent, entouré par le Loing et la Seine.

Les eaux de la rivière sont abondantes et régulières mais, comme toutes les rivières, elle a des caprices inexplicables. Son lit est arrivé à trouver équilibre sur la craie, après avoir entraîné les grès beaucerons, le grès de Fontainebleau, le calcaire briard et les durs silex roulés agglomérés en poudingues (conglomérat formé de cailloux ou de galets arrondis, réunis entre eux par un ciment naturel) au fond d'une tranchée profonde : le défilé de Bagneaux. Mais ce gros effort donné, après s'être épanoui dans une large vallée, le Loing n'a plus la force d'entamer le massif démantelé où s'est conservée la vallée de la Bièvre : la coulière fait un crochet au pied pour confluer à la Seine, plus à l'est. Le cours de la rivière est de 150 km.

Les crues de la rivière ont souvent été dévastatrices dans les siècles passés :

– en 1698, c'était déjà la deuxième crue connue et signalée dans les écrits, la rivière inonda la ville de Nemours.

– 1711 - 1770 - 1866 - 1910 furent les années majeures où les crues du Loing atteignirent la cote d'alerte et emportèrent le vieux pont de bois à Nemours.

Le site de Nemours a connu une occupation humaine pendant la période préhistorique. Nemours aurait une origine celtique. Selon certains érudits, une divinité des sources ou des fontaines, ou un lieu sacré, seraient liés à ces eaux.

40. *Les lavandières, sur la berge, sont à l'emplacement de l'ancien pont de bois qui enjambait la rivière à* ***Nemours****. Le lavoir, que l'on voit à gauche, est couvert. Au-dessus du bassin, deux toitures à quatres pentes protégeaient les lavandières. Il est de nos jours, solitaire et désormais inutile...*
(Coll. Amatteis)

En fait, ce sont les sources de "La Joye" et de "Chaintréauville" qui ont connu les premiers établissements humains. L'occupation romaine est controversée, ai-je lu dans l'ouvrage édité par le groupe municipal : "Nemours et sa région", en 1976.

La ville s'est construite au XIIe siècle autour du Château fort, très élevé, près d'un gué qui se situerait au niveau de l'ancien pont. Des remparts l'entouraient avec des fossés aujoud'hui appelés "Petits-Fossés" ou "Quai Victor-Hugo". Cette seigneurie deviendra duché-pairie et sa longue histoire, de 1404 à nos jours, verra le titre du duc de Nemours porté par son dernier héritier : Charles-Philippe (1905-1970).

Le canal de Briare est un canal de navigation d'une longueur totale de 56 km ; il fait communiquer la Loire et la Seine par l'intermédiaire du canal du Loing, depuis Briare jusqu'au nord d'Amilly (dans le Loiret) puisqu'il est rejoint à Montargis par le canal d'Orléans. Tous deux se fondent dans :

Le **canal du Loing** qui prend naissance à Buges (sud du Gâtinais), où il se raccorde avec les canaux de Briare et d'Orléans, ainsi que nous l'avons dit précédemment. Il accompagne la rivière du Loing, jusqu'à son confluent avec la Seine à Saint-Mammès. Son cours est long de 57 km.

Ce fut en 1719 que Louis XV accorda au fils de Philippe d'Orléans, nommé régent, la concession des travaux de creusement du canal du Loing qui commencèrent en 1722. Ils furent menés à bien et permirent au canal de s'ouvrir à la navigation en 1724.

Le canal du Loing fut approfondi à la fin du XIXe siècle, en application de la loi Freycinet de 1879.

41. *Le canal du Loing à* ***Souppes-sur-Loing*** *: une péniche est arrêtée aux "Grands Moulins", été 1985.* (Photo Fatoux)

42. ***Ecuelles,*** *faubourg de* ***Moret-sur-Loing*** *: il y a en ce début du XX*e *grande animation à l'écluse de Bourgogne !*
Le sas de l'écluse est à niveau, les badauds vont être obligés de bouger car les portes en amont vont bientôt s'ouvrir et la péniche pourra continuer de remonter le canal.
Au premier plan de la carte postale, une lavandière (peut-être la femme de l'éclusier ?) installée sur un lavoir volant, rince son linge dans l'eau du canal. (Coll. Amatteis)

43. *Le paysage environnant l'écluse de Bourgogne, à* ***Ecuelles****, s'est modifié au cours des années. En 1985, cette péniche vient de Saarbrück en Sarre. Le sas de l'écluse est à niveau, la péniche va glisser vers l'amont, remontant le canal jusqu'à la prochaine écluse. Plus de lavandière sur le bord du canal, mais un poste d'éclusier et un espace aménagé…* (Photo Fatoux)

44. *Le canal à* ***Nemours*** *: la péniche est dans le sas qui se remplit. Sur le chemin de halage, en amont du canal, les chevaux et le batelier attendent que les portes de l'écluse s'ouvrent afin de remonter vers l'amont.* (Coll. Fatoux)

45. **Le canal de Fontainebleau** *: traverse le parc du château dans toute sa longueur ; il est situé en contrebas, dans l'axe du parterre et des jets d'eau. Sa longueur est de 1,140 km, sa largeur de 39 m. Créé par Henri IV, il s'ornait autrefois de jets d'eau. Il est aujourd'hui utilisé comme plan d'eau et base de loisirs.* (Coll. Amatteis)

L'Yonne

Nous trouvons deux origines à son nom :

– le mot gaulois, *Acauna* : rivière pierreuse,

– le mot latin, *acus* : aiguille.

Issue du Morvan, rapide et coulant sur des terrains qui ne retiennent par les eaux, l'Yonne répond au nom gaulois *Acauna*.

Elle est un affluent de la Seine et prend sa source dans le département de la Nièvre. La rivière entre dans notre département à 2 km en amont de Misy-sur-Yonne et se termine à Montereau-Fault-Yonne après avoir, pendant 16 km, arrosé les territoires de plusieurs communes du département.

Elle coule, en amont, sur des terrains imperméables à forte pente, elle a des crues brutales, aussi est-elle considérée comme l'élément perturbateur du bassin de la Seine.

Ainsi que l'indique son nom archaïque, Montereau-Fault-Yonne est situé là où l'Yonne "fault" : tombe, dans la Seine. Nous retrouvons ici encore sa turbulence. A ce confluent, sur cette langue de terre comprise entre l'Yonne et la Seine, s'élevait, dès le XIe siècle, un château. Montereau fut toujours, de par sa situation, une place importante dont la longue histoire pourrait se conter le soir à la veillée…

Ce fut le 14 décembre 1802 que le conseil municipal de Montereau vota la somme de 3.000 F pour l'érection d'une statue qui serait située sur le pont de la ville, en l'honneur de Napoléon 1er.

Deux bas-reliefs en bronze retracent l'histoire d'une bataille célèbre. Ils furent sculptés par le fils du général Pajol qui figure sur l'un d'eux, culbutant l'ennemi (les Austro-Wurtembourgeois) avec sa cavalerie, dans un des derniers combats de Napoléon. Le deuxième bas-relief représente Napoléon devant le boulet qui manqua l'atteindre pendant cette bataille et qui lui fit dire : "Le boulet qui doit me tuer n'est pas encore fondu".

46. ***Misy-sur-Yonne**, dans le canton de Montereau-Fault-Yonne, est un village qui s'étire le long de la rivière et de ses méandres. Il est situé à une dizaine de kilomètres de Montereau ; l'Yonne a déjà accompli la plus grande partie de son parcours le plus accidenté ; elle est ici large, calme, assagie, bordée d'étangs et de marais, jusqu'à son confluent.*
Sur sa rive gauche, trois lavandières s'activent à leur lessive, près des barques amarrées à la berge. Le chemin de halage n'est guère fréquenté ce jour-là… (Coll. Amatteis)

47. *Cette carte postale date de 1899. Elle nous montre le confluent de la Seine et de l'Yonne. Un chaland passe au premier plan, probablement halé par deux chevaux sur le chemin de halage, remontant l'Yonne. Elle est à 46 m d'altitude quand elle arrive au confluent, juste en-dessous du pont où fut assassiné Jean-sans-Peur, duc de Bourgogne, en 1419.* (Coll. Fatoux)

48. *De nos jours, la langue de terre marquant la pointe du confluent est bétonnée. En son milieu, entre les deux ponts de Seine et d'Yonne, la statue de Napoléon 1er à cheval se dresse haut sur son piédestal.* (Photo Fatoux)

L'Yonne, à son confluent avec la Seine, se cogne littéralement à elle. En effet, cette rivière est deux fois plus forte que la Seine. D'une largeur de 80 à 100 m, son cours, d'une longueur de 293 km (bassin : 10.887 km^2, étiage : 17 m, débit : 75 m^3 d'eau par seconde), l'emporte sur la Seine dont le modulement ne serait que de 60 m^3 par seconde et l'étiage de 10 m. Mais ses eaux, sur des écoulements de terrains plus généralement imperméables, sont beaucoup moins transparentes que les eaux de la "séquanienne". Elle n'a que 16 km en Seine-et-Marne ; elle est navigable dans les mêmes conditions que la Seine, deux mètres de mouillage minimum pour des bateaux de 1,80 m de fond.

L'Yerres

L'Yerres ou Yères, est un affluent de la Seine.

Elle prend sa source à Grand-Fontaine, hameau, ancien fief de la commune de Touquin, dans le canton de Rozay-en-Brie. Elle arrose successivement les territoires des communes de Vaudoy, Rozay, Chaumes, Solers, Grégy, Combs-la-Ville.

49. *Image paisible de la vie quotidienne où, il y a bien longtemps, les lavandières venaient terminer leur lessive. Le jour de la photographie, une seule est là à son lavoir volant. A genoux dans son garde-genoux, sa planche à laver sommairement fichée en terre, munie de sa brosse de chiendent elle frotte sa pièce de couleur noire. De jolies touches de couleurs, le jaune de la planche à laver, le noir de la pièce à frottér, le rose du fichu sur la tête de la lavandière, les ramures des arbres dénudés qui se mirent sur l'eau claire de la rivière, en font un vrai tableau rustique. N'oublions pas le rameur solitaire dans sa barque à fond plat, et les petits lavoirs privés qui, eux aussi, font partie du décor.*
(Coll. Amatteis)

Elle sert de limite au département avant de pénétrer dans celui de l'Essonne. A Crosne, elle se jette dans la Seine après un cours de 72 km dans notre département.

Cette rivière coule au fond d'une vallée étroite et tortueuse où, dans un de ses méandres, est située Combs-la-Ville.

Notons au passage l'origine de Combs-la-Ville : de Cumba, vallée sèche généralement d'origine glaciaire ; autre origine proposée : Cumulis (en 1576), ablatif pluriel qui signifie : exploitation mais aussi villa du comte.

50. *Le pont de l'Yères que nous voyons à droite de cette carte postale est sur le trajet du hameau de* ***Bonfruit*** *à* ***Courtomer****, dans le canton de Mormant. On aperçoit, dans le lointain, la commune de Courtomer. Près de ce pont est située la ferme Paradis ; fort probablement, les lavandières, la paysanne avec sa charrette à foin vide tirée par un mulet, en font partie.*
Nous retrouvons le même lavoir volant, la "manne" remplie de linge, le baquet en bois, le grand parapluie, pour les protéger de la pluie ou du soleil et, sur le haut du talus, la brouette vide qui attend sa charge. (Coll. Amatteis)

51. *Cette paysanne a posé son panier chargé d'un fagot et, à genoux sur la berge, boit à même la main l'eau de la source.* (Coll. Amatteis)

52. ***Voulton**, petite commune du canton de Villiers-Saint-Georges, dont la carte postale ancienne nous offre un vrai tableau : deux lavandières, installées sur le bord d'une mare, lavent leur linge, un grand panier vide posé auprès de l'une d'elles. Cette mare est alimentée par un ru souterrain qui se jetait dans le ru de Barcq, à peu de distance de Voulton.*
Un villageois vient chercher de l'eau à la mare et remplir son tonneau, flanqué sur une charrette à bras. Derrière les laveuses, sur le talus, des barres à linge pour égoutter les pièces lavées. Une femme, sa coiffe blanche briarde sur la tête, donne à la petite fille une cruche remplie d'eau. La place est ombragée.
La mare fut comblée, il y a une vingtaine d'années, vers 1960, et le lavoir supprimé.
Au XIIIe siècle, Voulton était un prieuré. Il possède toujours sa vieille église pittoresque. (Coll. Amatteis)

CHAPITRE 3

Brève étude des terrains

Les terres végétales de Seine-et-Marne peuvent être classées comme suit :
1) Sols argileux siliceux : dominant dans la Seine-et-Marne et caractérisant la Brie.
2) Sols argilo-calcaires : sur le calcaire lacustre marneux : plateaux du Nord.
3) Sols sableux : couches sableuses de l'argile plastique.
4) Sols argileux : sur l'argile plastique pure et les glaises vertes.
5) Sols siliceux : sur les sables de Fontainebleau et les sables moyens.
6) Sols silico-calcaires : déposés sur les coteaux de craie et les plateaux siliceux : plateau du Gâtinais au sud du département.
7) Sols caillouteux : sur l'argile plastique mêlée de cailloux.
8) Sols d'alluvions : dans le fond des vallées.
9) Sols tourbeux : dans les localités où des filtrations abondantes ou de grandes sources limpides ont pu former des eaux stagnantes.

L'eau se trouve à cinq niveaux différents

1) A la surface des plaines, retenue par les glaises meulières inférieures.

2) A un niveau général très régulier des glaises vertes, où tous les ruisseaux prennent leur source.

3) Au niveau formé par l'argile plastique dans les marnes grossières qui forment passage au travertin inférieur, d'où jaillissent de nombreuses sources.

4-5) A deux niveaux différents dans les sables compris entre les couches argileuses.

Suivant les observations de M. de Senarmont, dans son étude présentée dans l'annuaire de Seine-et-Marne en 1845 : "Au nord du département, on remarque fréquemment, à la base du *travertin inférieur,* des *couches marneuses* ordinairement verdâtres, peu puissantes et qui *retiennent les eaux* ; elles produisent un niveau assez constant, d'où jaillissent *plusieurs sources abondantes.* Elles s'arrêtent probablement vers le sud et à peu près à la limite des sables moyens."

Certaines couches compactes forment, à la partie inférieure, des marnes de calcaire grossier, au niveau d'eau très régulier, dans la vallée de la Marne.

Beaucoup de sources sortent de l'argile plastique dont les affleurements, toujours humides, se dessinent sur le flanc des coteaux par une zone toujours marécageuse.

Mais quelle est la vraie origine des sources ?(1)

Les sources ne tirent pas leur origine de la mer. Par des conduites souterraines, ainsi que nous venons de le voir, certains terrains retiennent les eaux. Allons plus au fond du sujet : ce sont les pluies, les bruines, les brouillards, les rosées, les neiges, les grêles, les grésils et les givres qui fournissent à la terre toutes les eaux qu'elle rend sous forme de sources. Ces eaux pénètrent plus ou moins profondément dans la terre et en ressortent sous trois formes différentes :

- une partie de ces eaux s'élève en vapeurs,
- l'autre nourrit les plantes,
- la dernière forme et entretient les sources.

La profondeur à laquelle la terre est mouillée à chaque pluie est fort variable et cette variation dépend de la quantité de pluie qui tombe, de sa durée et de la porosité du terrain qui contribue beaucoup à laisser descendre les eaux pluviales plus ou moins profondément :

"Le voisinage des forêts exerce une très grande influence sur l'état de l'atmosphère, comme il en exerce une très grande sur les sources qui sont situées dans leurs sols. La destruction des forêts, en facilitant l'évaporation des eaux, suspend leur infiltration et détermine par la suite le dessèchement des sources", écrit M. Héricourt de Thury, au § 199 de son ouvrage "Considérations géologiques" (1830).

En voyant sourdre une source on ne doit pas, ainsi que le font un grand nombre de personnes, se la représenter comme formant sous terre un cours d'eau unique, horizontal et de même volume dans tout son parcours.

Toute source est le produit d'une infinité de veinules et de petits filets d'eau qui se sont jetés les uns dans les autres, se sont accrus à mesure qu'ils ont avancé et ont formé le cours d'eau que l'on voit se montrer à la surface du terrain.

Pour qu'un terrain soit favorable à la découverte des sources, il doit réunir deux conditions principales :

- en surface : une couche perméable de quelques mètres d'épaisseur,
- en-dessous : une couche imperméable convenablement inclinée.

Si cette disposition de terrain se répète plusieurs fois, une source coule sur chaque couche imperméable.

En conséquence, il arrive qu'en perforant un puits artésien ou en creusant profondément un puits ordinaire, on trouve souvent une source à chaque étage que l'on traverse en s'enfonçant dans la terre.

Comment se manifestent les sources ?(2)

Certaines sources ne se manifestent que par des suintements ; d'autres sourdent en abondantes cascades et donnent immédiatement naissance à des cours d'eau. Ce dernier cas est fréquent en pays calcaire où la rivière aérienne naît souvent d'une rivière souterraine : ces sources sont dites "vauclusiennes", parce que le type en est réalisé par la Fontaine de Vaucluse, qui s'échappe à la base d'escarpements calcaires.

Quant à la craie, elle est traversée dans toute sa marne par mille fissures en sens divers. L'eau chemine souterrainement dans toutes les directions et il n'y a aucune règle qui puisse guider dans la recherche de ces courants tout à fait accidentels.

En conclusion, nous pourrions dire que le sous-sol de Seine-et-Marne est composé de calcaires lacustres de *l'oligocène*, que l'on désigne sous le nom de *calcaires de Brie*.

---

1) D'après Abbé Paramelle "La vraie origine des sources", Paris, 1856.

2) Géologie, d'après l'annuaire de Seine-et-Marne, 1845, opus cité.

Ils forment une couche d'épaisseur variable et sont, la plupart du temps, transformés en une "meulière" presque identifiée à la meulière de Beauce.

Plus la transformation est complète, plus les meulières sont isolées dans une nappe d'argile et plus le sol est imperméable.

Sous la meulière s'étend uniformément une couche de marnes très argileuses : les marnes ou argiles vertes qui retiennent les eaux, ainsi que nous l'avons vu précédemment. Ces marnes reposent, au nord de la Seine-et-Marne, sur le gypse et, au sud et à l'est, sur les travertins qui recouvraient jadis toute cette formation : les sables de la forêt de Fontainebleau, souvent amoncelés en buttes. Enfin, les plateaux sont généralement couverts de limons auxquels la Brie doit sa remarquable fertilité(3).

Ce qui distingue la Brie de sa voisine la Beauce, ce sont les arbres. Elle a conservé ses grandes forêts sur son pourtour. Si elle a de vastes étendues de cultures, il est courant de voir l'horizon borné par des bouquets d'arbres qui sont également clairsemés dans les champs. Ceci est dû à l'importance de l'eau souterraine.

Comment trouver l'eau ?

En allant la chercher par des trous de sonde, jusque dans la formation d'argile, on est à peu près sûr de l'obtenir en abondance et avec un relèvement considérable. Celui-ci serait toutefois insuffisant pour la ramener à la surface du sol, excepté dans le fond des vallées.

Par exemple : dans la vallée de l'Yerres, à Champrosay où les eaux monteraient à 40 m au-dessus du niveau de la mer(4).

Ceci explique que le moindre trou se transformait bientôt en une mare, que les paysans utilisaient à des fins domestiques.

3) Le Gallois "Etude sur la région parisienne, 1908".
4) Ces estimations ont été faites aux alentours des années 1840.

53. *Le hameau de* ***Verteau*** *de la commune de Chevrainvilliers (canton de Nemours). La mare servait autrefois d'abreuvoir.*
C'est une mare au fond empierré, bordée de murs de soutien. Elle existe toujours en 1985.
La villageoise, jeune fille de la ferme, est venue se faire photographier ; derrière elle, un peu en retrait, le fermier et ses enfants, un berger appuyé sur son bâton, et les moutons qui reviennent des pâturages font partie de la scène. (Coll. Amatteis)

54. ***Noisiel**, dans le nouveau canton de Torcy. En ce début du XXe siècle, cette jeune femme en sabots, habillée d'une jupe large sous laquelle on aperçoit ses grands jupons, fait preuve d'une grande adresse en équilibre sur les pierres du ruisseau. C'est la fin de l'hiver, la petite laine est nécessaire sur les épaules. Le ru de Maubuée et non "le rut", longe la cité ouvrière Menier à Noisiel et se jette, non loin de là, dans la Marne.* *(Coll. Eblé)*

Quelques proverbes

"Il ne faut point puiser aux ruisseaux, quand on peut puiser à la source."
(Il faut toujours chercher à remonter à l'origine des choses pour mieux comprendre.)

"Les petits ruisseaux font les grandes rivières."
(De petites sommes progressivement amassées, finissent par composer une petite fortune.)

"Ne pas trouver d'eau à la rivière !

"Porter l'eau à la rivière !"

"L'eau va toujours à la rivière."

"De grand seigneur, grande rivière et grand chemin, fuis, si tu peux, d'être voisin."
(La tyrannie des hommes puissants n'est pas moins à craindre que les inondations et les voleurs).

"C'es un bain qui chauffe !"
(Se dit d'un nuage épais qui présage la pluie).

Les sourciers

De nos jours, les sourciers sont toujours en quelque sorte des devins de campagne ; ils sont habiles à découvrir les sources souterraines : l'eau, source de vie !

Au moyen de leur baguette de coudrier (bois de noisetier en forme de V, qu'ils tiennent à l'envers, chaque extrémité dans une main, ils marchent à travers la campagne. Ils avancent jusqu'à ce que, tout à coup, la baguette frémisse entre leurs mains. C'est toujours à un endroit où il y a de l'eau.

Mon cousin, charron de son métier, a toujours été très sollicité par des gens venus de très loin de son village (parfois même de départements voisins), tant sa renommée est grande, afin qu'il vienne leur trouver de l'eau. Je me souviens avoir écouté, pendant des heures, les récits qu'il me faisait, il y a une dizaine d'années. Il ne trouve pas seulement l'eau, mais aussi les chiens égarés, les chats ou les personnes...

Les sourciers ont été souvent critiqués et leur don mis en doute par les hommes de science. Mais le fait est là : ils trouvaient et trouvent encore l'eau, là où elle est, et leur instinct, leur approche et leur compréhension de la terre sont si profonds qu'ils savent...

*55. A **Montereau-Fault-Yonne**, sur la place au Blé, la statue de Rébecca qui, du haut de son socle, son amphore posée sur l'épaule, s'en va au rendez-vous à la source, m'a enchentée.*
D'après la Bible (genèse XXIV), Eliézer, chef des serviteurs et intendant d'Abraham le Patriarche, fut chargé, par ce dernier, d'aller avec une suite en Mésopotamie chercher une épouse pour son fils Isaac.
Parvenue au terme de son voyage, Eliézer rencontra, auprès d'une source, Rébecca, fille de Bathuel, et lui offrit des présents au nom de son maître. La jeune fille le conduisit auprès de son père et de Laban, son frère.
Eliézer, leur exposa sa mission et obtint d'eux la main de Rébecca pour le fils d'Abraham. Il repartit bientôt, emmenant avec lui la jeune fille ; elle le suivait avec ses richesses qui formaient sa dot.
A son arrivée auprès d'Abraham, Eliézer rendit compte du succès de sa mission et remit entre les mains d'Isaac, l'épouse que Dieu lui avait destinée. (Photo Fatoux)

56. ***Saint-Mesmes*** *(canton de Mitry-Mory) est situé près des étangs de la Beuvronne. L'étang, ici, est alimenté par la rivière ; le lavoir est à gauche de la carte postale ; son bassin, près duquel se tiennent quelques hommes du village, se diversifie en deux canaux dont les eaux sont réglées par des vannes. Ce sont les eaux de la Beuvronne et du petit ru qui se jettent à cet endroit-là. Le moulin qui se trouve à proximité est également alimenté par ces canaux qui sont, en fait, des dérivations de la rivière.* (Coll. Chèvremont)

57. ***Le Mesnil****, lieu-dit de la commune de* ***Gretz-Armainvilliers****, canton de Tournan-en-Brie : l'étang était situé au bas d'une propriété où il y avait un château et le ru de la Buronnerie qui la traversait. Le ru existe toujours mais l'étang fut asséché vers 1965-68. C'est actuellement la place des fêtes, toujours traversée à ciel ouvert par le ru.*
C'est une belle journée, les premiers rayons du printemps incitent à l'oisiveté, à ramer sur l'étang, à se promener... (Coll. Amatteis)

CHAPITRE 4

Etangs, Marais, Mares, Gués et Abreuvoirs

Sur les plateaux du Multien, de la Goële et de Brie, les couches marneuses qui retiennent les eaux ont donné des terrains humides et ont contribué à la stagnation de ces eaux sous forme d'étangs, de marais ou de mares.

Les drainages successifs entrepris depuis le XIXe siècle, ont contribué à l'amélioration des terres cultivables sur les plateaux et les ont partiellement asséchées.

Voici quelques exemples illustrés par des cartes postales du début du XXe siècle. De nos jours, les étangs subsistent pour la grande satisfaction des pêcheurs ou comme base de loisirs.

58. *L'étang d'***Armainvilliers***, est le plus grand des étangs de Seine-et-Marne. Il faisait partie, ainsi que le château, de la propriété de la famille Rothschild. En 1984, il fut vendu au roi Hassan II, m'a ranconté Madame la secrétaire générale de la mairie de Gretz au mois de septembre 1985. "Bien sûr", a-t-elle ajouté "on ne le visite pas, il est bien clos de toutes parts. Mais à l'occasion de la vente, j'ai eu l'occasion de voir l'étang qui est très beau et très vaste."* (Photo Mairie Gretz)

59. *Toujours dans le même canton,* ***Châtres*** *est sur un plateau entouré d'étangs et de ruisseaux. C'est une région très humide à cause de la couche d'argile à meulière.*
Ici, au ***Moulin du Boutet****, trois femmes lavent leur linge. Une planche, posée en plan incliné, leur sert de planche à laver. Chaussées de sabots, un châle noir sur les épaules, le battoir à la main, elles s'activent en cette journée d'hiver. La troisième lavandière, plus jeune, est au bord de l'étang et rince une pièce. Le moulin est sur pilotis, trois hommes et deux enfants se tiennent sur la passerelle de bois et regardent...* (Coll. Amatteis)

60. *Dans le même canton de Tournan-en-Brie, sur le territoire du bois de Villegenard et du* ***Château des Boulayes****, l'étang est devenu une base de loisirs et de pêche.* (Coll. Amatteis)

61. *Les étangs de* ***Villefermoy*** *font partie de la commune de* ***Fontenailles****, dans le canton de Mormant.*
Symétrique du massif de Fontainebleau par rapport à la Seine, le massif de Villefermoy, qui comprend 6.000 ha, est très différent : sol plus riche et plus humide. Le groupe des étangs de Villefermoy s'étend le long du bois de la Chapelle et de celui de la Meunière, non loin de l'ancienne abbaye et de la fontaine Sainte-Anne.
Il y a d'autres étangs de moins grande importance disséminés dans la forêt. Le massif de Villefermoy se compose de la forêt domaniale (2.300 ha) et du domaine privé pour le reste.
Les étangs sont un lieu de pêche privilégié et une base de loisirs très appréciée. (Coll. Fatoux)

62. *Les étangs d'****Isles-les-Meldeuses****, dans le canton de Lizy-sur-Ourcq, s'étendent sur plusieurs kilomètres et sont, de nos jours, un lieu propice à la pêche et au canotage. Ils sont nichés dans une boucle de la Marne, entourés de marais.* (Photo Fatoux)

Les Marais

Les marais de Lesches

Me reportant au livre de Jacques Jumeau "Histoire de Trilbardou", j'ai lu qu'il y a environ 3.000 ans avant Jésus-Christ, le Grand Morin se jetait dans la Marne entre Charmentray et Trilbardou. De cet ancien lit de la rivière, sont restés les marais de Lesches, qui furent asséchés, où l'on cultive maintenant blé, betteraves et maïs. Jacques Jumeau nous dit que ces étangs furent, de tout temps, un vivier naturel et l'objet de convoitises des seigneurs voisins. Il était en effet utilisé lors de nombreuses crues de la Marne, comme lieu de reproduction des brochets.

Ainsi du XIIe au XVIe siècle, époque à partir de laquelle commença l'assèchement des marais, puis au XVIIIe siècle, après la Révolution, une répartition partielle des propriétés des anciens marais fut enfin réalisée.

Ces anciens marais se situaient dans la grande boucle de la Marne, d'Esbly à Lesches, qui est maintenant coupée par le canal de Chalifert et le chemin de fer.

Actuellement, à Jablines, située près du village de Lesches, une base de loisirs, avec aménagements des marais subsistants, est fort appréciée.

63. *Les marais entre la Seine et la Vieille Seine : au hameau "**Les Chaises**" de la commune de Hermé (canton de Bray-sur-Seine), on rencontre la formation d'argiles plastiques, des couches de sable, d'où jaillissent sources et ruisseaux au milieu des marais.*
Sur cette carte postale, les femmes du hameau venaient rincer leur lessive au lavoir rudimentaire installé sur les bords du marais.
Le hameau est un ancien prieuré, portant le nom de "Beata Maria de Chesus" en 1157.
(Coll. Amatteis)

Les mares

La mare est un creux dans la terre d'au moins quelques mètres de large, quelques décimètres de profondeur et qui est destiné à conserver un amas d'eau pluviale. Ces sortes de bassins n'ont ni forme, ni capacité déterminées.

Les mares dites artificielles ne sont creusées que dans des terrains imperméables. Une mare doit toujours être placée au "thalweg" (ligne de plus grande pente d'une vallée, c'est-à-dire, la ligne plus ou moins sinueuse suivant laquelle se dirigeront les eaux) d'un pli de terrain, ou en bas et à côté d'un chemin creux, ou au bout d'un long fossé, afin qu'elle soit à portée de recueillir la plus grande quantité d'eau pluviale possible. On lui donne un diamètre et une profondeur proportionnés à la quantité d'eau dont on a besoin. Elle sera souvent alimentée par un ruisseau qui la traversera. On doit encore planter autour des mares des arbres à haute tige et très rapprochés, afin d'entretenir leurs eaux fraîches et de les préserver de l'évaporation qui d'ordinaire enlève, sur celles qui ne sont pas ombragées, beaucoup plus d'eau qu'on n'en consomme pour les divers usages.

L'eau des mares, quoique impropre aux besoins domestiques, est néanmoins d'une grande utilité pour abreuver les bestiaux, pour l'arrosage des jardins, pour les cas d'incendie.

Tout l'entretien des mares consiste à les curer de temps en temps, la vase qu'on en retire est mise à sécher et devient un excellent engrais[1].

---

1) *Abbé Paramelle, opus cité.*

64. *En forêt de* **Fontainebleau**, *la carapace de grès apparaît, ce sont les "platières" ou "landes", formées de plateaux rocheux couverts de bruyère et d'arbrisseaux et parsemés de mares. M. Henri Dalmon, dans son ouvrage "Antique forêt de Bière" nous dit : "si la table de grès n'est pas fissurée, on trouve une mare, plus ou moins pérenne en ses concavités. Ces mares sont de véritables citernes et portent de jolis noms anciens : mare aux Pigeons, aux Corneilles, aux Couleuvres, aux Sangliers, aux Fées, aux Biches.* (Photo Fatoux)

65. *"Sur les rochers, elles prennent le nom du lieu-dit : Aiven, Cassepot, Haute Bonne, Chauvet, Cornebiche, Bouligny. Chaque mare a sa physionomie particulière. Chez toutes, on trouve la clarté des eaux et l'originalité du mobilier. Elles ne ressemblent en rien à des bourbiers ou à ces "marchais" (grandes mares) recouverts d'un vert manteau de lentilles d'eau où se contemple une eau noirâtre et croupie, sans reflet... les mares de la forêt de Bière, sont des miroirs de Diane. Toute la sylve environnante vient s'y inscrire comme une glace..."* (Coll. Fatoux)

66. *Dans le canton de Torcy, la mare de la Jonchère, alimentée par le ru de Bussy en plus des eaux de pluie, permettait le lavage au lavoir. La mare existe toujours dans une propriété privée, la ferme de la Jonchère, appartenant à M. Dinneweth qui l'exploite ; le lavoir, lui, n'existe plus. La propriété fait partie du village de **Bussy-Saint-Georges.***
L'intitulé de la carte postale est erroné, ainsi que nous pouvons le constater. (Coll. Fatoux)

67. ***Jouy-le-Châtel***, *dans le canton de Nangis ; l'étang de Beaupré, qui fut ainsi pompeusement intitulé, est en réalité une mare faisant partie d'une propriété privée : la ferme de Beaupré.*
Cette carte postale est tout de même un très beau tableau champêtre, plein de vie : c'est l'été, les fermiers sont là pour la photographie, les arbres mirent leurs frondaisons sur l'eau claire de la mare où viennent s'abreuver les belles vaches. Le cheval vient aussi se rafraîchir, monté par un jeune homme. (Coll. Amatteis)

68. ***Le Ruth***, *un des hameaux d'Egreville où les lavandières venaient rincer leur lessive à la mare. Cette mare a toujours existé, alimentée par les ruissellements et les eaux de pluie. Elle est normalement assez profonde, 1,70 m-1,80 m, composée de deux bassins, reliés entre eux par un passage en dur que l'on voit lorsque le niveau de l'eau baisse. C'est actuellement le cas, à cause de la sécheresse de l'été, la mare est au plus bas. La commune en a profité pour y exécuter un mini-curage. Egreville et sa région sont entourés de mares. C'est un pays essentiellement agricole, aussi chaque ferme avait-elle une mare et un puits. A la mare, on menait les animaux pour les abreuver, les femmes y lavaient leur linge et l'eau des puits servait pour l'alimentation. De nos jours les mares continuent d'exister, plus ou moins profondes.*
(Entretien avec M. Nauguet, historien local et garde-champêtre d'Egreville). (Coll. Amatteis)

69. *Dans le sud du département à* **Egreville** *(canton de Lorrez-le-Bocage), en Gâtinais, ce vieux village mérovingien fortifié, dont le passé est chargé d'histoire, possède encore une très belle halle. Il y avait trois lavoirs au village. L'un deux établi à cette grande mare, ainsi que l'abreuvoir dont la descente en pente douce était empierrée. Ils étaient situés dans la rue des Fossés. Celle-ci, entre le XIIe et le XVIe siècle, porta tantôt le nom de rue des Fossés, tantôt celui de rue de Nemours. puis, elle changea encore de nom et devint la rue du Grand Marchais (qui en gâtinais signifie : la grande mare). Elle porte actuellement le nom d'un habitant d'Egreville : rue Edmond Hubert.*
Egreville n'ayant aucun point d'eau, pas de rivière sur son territoire, il est fort probable que cette mare fut creusée dans les temps les plus reculés.
Elle fut successivement alimentée par l'eau des fossés d'obstacles qui entouraient encore, sous Saint Louis, le village fortifié puis, par les ruissellements et les eaux de pluie.
Pour alimenter les habitants en eau potable, il y avait cinq puits dans la commune d'une profondeur de 20 à 22 m, jusqu'à la nappe phréatique. En effet, dans cette région du Gâtinais, la craie du sénonien (ère secondaire) contient une nappe aquifère circulant en réseaux de cavité, s'équilibrant avec les cours d'eau permanents qui constitue un véritable réservoir aquifère. La surface de cette craie, à 10 ou 30 m de profondeur, conditionne l'écoulement souterrain des eaux.

Les années passant et la commune étant assez aisée, en 1924, elle fut la première du canton à être équipée d'un château d'eau aérien, à 7 colonnes, de 17,50 m de hauteur, contenant 300 m³ d'eau sous pression. La distribution d'eau sur la commune se fit par des canalisations en fonte, matériau qu'elle continue à utiliser de nos jours, lorsqu'il y a des réparations à faire sur ses canalisations.
La mare, inutilisée depuis la deuxième guerre mondiale, fut partiellement comblée par les habitants eux-mêmes qui y jetaient ce qui les embarrassait. Elle fut complètement comblée entre 1950 et 1955 par les soins de la commune. Divers aménagements se firent dans les environs immédiats : le lavoir existe toujours, avec son toit de tuiles, mais il se trouve inclus dans une propriété privée et sert de remise. Il se situait à droite de la carte postale, son bassin était entouré d'un muret et muni d'une vanne qui se mouvait dans le sens vertical, entre deux coulisses, pour intercepter ou laisser libre accès à l'eau."
(Entretien avec M. Nauguet, garde-champêtre, historien local, novembre 1985.) (Coll. Fatoux)

Dans les anciennes coutumes du bailliage de Melun au XIIIe siècle, l'article CCIXXI nous révèle :

"Poisson estant en étang ou en fosse, est réservé immeuble mais quand il est en boutique ou réservoir, il est réputé meuble..."

("Ancien, non encore écrit")

Proverbes du Montois

"S'il pleut le jour de Saint-Georges, il n'y aura ni cerises, ni guignes."

" S'il pleut le jour de l'Ascension, on s'écrie : "telle cension, telle moisson."

"S'il pleut le jour de la Saint-Barthélemy, la vigne coulera jusqu'au panier."

"S'il pleut le jour de la Saint-Médard, les blés diminueront d'un quart."

"S'il pleut le jour de Saint-Cyr, il pleuvra 40 jours et 40 nuits !"

70. *La mare à* ***Larchant****, canton de La Chapelle-la-Reine était située sur le chemin qui mène à la Fontaine de Saint-Mathurin. Elle fut comblée il y a une vingtaine d'années, n'étant plus utilisée.*

(Coll. Fatoux)

71. *Dans le canton de Crécy-en-Brie, à* **Coulommes**, *la mare du Petit-Clos, lieu entouré de grandes palissades de bois au-dessus du mur de soutènement, le petit lavoir à droite, l'abreuvoir au premier plan était aussi le lieu où chacun aimait venir "tailler une bavette"...* (Coll. Amatteis)

72. *La mare de la* **ferme de Montgodefroy**, *hameau de la commune de* **Maisoncelles**, *canton de Coulommiers, se trouve située de l'autre côté de la route passant devant la ferme, dans un champ assez vaste ; c'est un grand trou naturel recevant les eaux de pluie et servant également d'abreuvoir pour les animaux de la ferme.*
La ferme est un grand bâtiment carré entouré de hauts murs qui la protégeaient des attaques fréquentes sur ce plateau où elle est isolée. Dans le rôle des fiefs, en 1249, on retrouve son origine "Mons Godefridi". (Photo Fatoux)

73. ***Gesvres-le-Chapitre****, canton de Dammartin-en-Goële, on trouve sa présence en 1005 sous le nom de Gevera, puis en 1249 dans le rôle des fiefs, Gyevre ; le village est resté isolé, retiré du bruit et de la circulation. La mare où les animaux venaient se désaltérer est abritée, sur un des côtés, par une plantation de saules qui, en été, lui donnent l'ombre propice à sa conservation et à sa fraîcheur.* (Photo Fatoux)

74. ***Emerainville****, canton de Torcy : l'intitulé de la carte postale est erroné car le château de la Malnoue est loin d'Emerainville et de la mare. Celle-ci fut asséchée et, depuis 10 ans, l'emplacement est occupé par un groupe scolaire qui fait partie, comme la mare Lambuche, du bourg d'Emerainville. La mare était autrefois utilisée par les laveuses et servait également d'abreuvoir pour les animaux... Elle était bien ombragée par les vieux saules qui la bordaient.* (Coll. Amatteis)

Hygiène et salubrité publiques

"Les mesures principales, destinées à protéger la salubrité publique, peuvent avoir pour objets :

1) Le nettoiement régulier de la voie publique et le soin d'éloigner des habitants les dépôts d'immondices et de boues, surtout quand elles sont en fermentation.

2) L'exécution des règlements concernant les sépultures et les ateliers classés comme insalubres.

3) La conservation de la pureté des eaux destinées à la consommation alimentaire.

4) Le soin de procurer l'écoulement nécessaire aux eaux stagnantes et de défendre que le rouissage du chanvre y soit pratiqué.

5) L'assainissement des maisons d'école.

6) Une surveillance habituelle tant sur la salubrité de toute espèce d'aliments et de boissons exposés en vente, que sur l'état de propreté des vases qui servent à leur préparation ou à leur conservation.

Ces mesures, confiées par la loi à la vigilance de MM. les maires, peuvent être l'objet d'arrêtés portant règlements permanents et qui doivent être, avant leur exécution, adressés, en double expédition, au sous-préfet de l'arrondissement."

(Extrait de l'Annuaire de Seine-et-Marne, année 1853.)

Une autre cause d'inquiétude des pouvoirs publics fut la santé et les épidémies :

Plusieurs communes du département ont été atteintes, en 1853, de fièvres typhoïdes, à un degré tel que la publication des principes d'hygiène et des règles sur la salubrité publique sont rendues opportunes :

l'impureté des eaux : il est prudent de faire analyser les eaux dont se servent les habitants et de faire repousser celles qui pourraient être nuisibles à leur santé.

Par ailleurs, les dépôts de débris d'animaux ou de végétaux, soit qu'ils restent au fond des petits cours d'eau, soit qu'ils s'étendent sur leurs bords et corrompent la pureté des eaux, les rendent impropres aux usages domestiques et imposent à l'administration locale le devoir, non seulement de prescrire les nettoiements convenables, mais d'interdire les abus d'où naissent ces causes d'insalubrité.

(D'après l'Annuaire de Seine-et-Marne, année 1854).

Ces mesures d'hygiène furent effectivement mises en application dans les communes. En effet, consultant les archives municipales de plusieurs villes de notre département, j'ai souvent eu l'occasion de lire des "Extraits de délibérations municipales", rapportant des décisions prises sur ces divers points.

75. *Les deux gués sur l'Yerres, qui existent encore de nos jours, sont annoncés par un panneau de signalisation routière comme "route inondable". Ils relient les villages de* **Barneau** *et* **Soignolles** *et remontent à la nuit des temps, laissant notre imagination vagabonder au fil de l'eau claire et chantante de l'Yerres.*
La rivière est empierrée, formant une chaussée carrossable ; même de nos jours, les voitures empruntent ces deux gués peu éloignés l'un de l'autre, sauf en période de crue de la rivière où ils sont alors impraticables. (Photo Fatoux)

Les gués

"On ne doit jamais changer de cheval au milieu du gué !"

Dans les temps les plus reculés de notre ère, la traversée des rivières se faisait en certains endroits où le lit du cours d'eau était moins profond et facilement accessible de chaque rive. Souvent, le fond de la rivière était empierré.

On trouve encore, en Seine-et-Marne, de nombreux gués. Ils furent remplacés au cours des ans, par les bacs, puis par les ponts.

A Trilport, dans le canton de Meaux, près du pont routier, un rapport de l'Inspecteur de la navigation établi en 1813, constate, dans la partie navigable de la rivière Marne, sous l'arche du pont routier, en aval de l'ancien gué, seulement 1,15 m d'eau. La berge est en pente douce vers la rivière[2].

Les gués étaient assez répandus sur le Grand Morin. M. André Bazin nous en cite quelques uns : à Couilly, au lieu-dit le Gué-aux-Pourceaux, à Rézy, à Prémol. Ce dernier subsistait toujours en 1907. Il était utilisé, non sans danger, par les attelages qui se rendaient d'une rive à l'autre. Un autre gué, près du moulin de Genevraye, portait le nom de Gué-aux-chanvres ; il y en avait un à Pommeuse et un autre à Pont-Moulin, dans le prolongement des voies romaines, qui aboutissaient en ces points[3].

Le gué de **Saint-Augustin**, sur les rives de l'Aubetin, là où les peuplades qui se rencontraient, nous dit encore A. Bazin, faisaient la pause à la fontaine proche de Sainte-Aubierge, dont elles préféraient l'eau pure à celle de l'Aubetin "qui coule com' le bras et ne peut porter que des coques de noix", lui conta une vieille paysanne au cours de ses recherches.

2) Les origines de Trilport, de Louis Bardon, dans la revue : 'Histoire et art de la Brie et du Pays de Meaux".
3) André Bazin, opus cité.

76. *Dans le sud du département, à* ***Montigny-sur-Loing****, agréablement situé sur la rive gauche du Loing, à la lisière de la forêt de Fontainebleau, près d'une retenue d'eau, un autre gué subsistait encore au début du XXe siècle. Les vaches et autres animaux y étaient menés pour se désaltérer et pour traverser sur la rive opposée.*
Une laveuse, sur un lavoir de fortune, protégée par son "bachot", y lave son linge.
(Photo Fatoux)

77. *A* ***Nemours****, un gué empierré, dont la chaussée est stable, permet au cheval tirant sa charrette chargée de foin, de passer sur la rive opposée (1935).* (Coll. Fatoux)

78. *A **Combs-la-Ville**, canton de Brie-Comte-Robert, la ville est bâtie entre les méandres de l'Yerres ; **le gué du Breuil** se trouve à la sortie de la ville à l'amorce d'un méandre et d'un petit bras de la rivière. Tout près de ce lieu, on construisit un pont de pierre et de fer, qui l'enjambe dans toute sa largueur.*
A la fin de sa tournée, le boulanger menait son cheval au gué qui était également l'abreuvoir. Son fourgon, monté sur quatre roues, est ici un témoin muet de notre passé. (Coll. Amatteis)

79. *Le gué de **Montigny-sur-Loing** est aussi le lieu où l'on vient remplir la citerne, comme ce villageois est en train de le faire. Patient et résigné, le cheval attend la fin de l'opération et se rafraîchit les pattes et le poitrail dans l'eau limpide du Loing.*

80. *Un abreuvoir au village. Les villageois venaient puiser de l'eau avec un seau, puis ils remplissaient les tonneaux posés sur leur charrette, tandis que, patiemment, leur cheval attendait, les pattes dans la fraîcheur de la rivière.* (Coll. Amatteis)

81. *La mare servait aussi d'abreuvoir, ainsi que nous le voyons à* ***Charny,*** *dans le canton de Mitry-Mory. Cette mare est actuellement comblée. Les arbres qui l'entouraient et l'ombrageaient sont toujours présents, mais l'herbe régulièrement tondue a remplacé l'eau où lavandières, canards et autres, y trouvaient autrefois leur compte.* (Coll. Chèvremont)

Les abreuvoirs

Le choix de l'emplacement d'un abreuvoir dans un village ou un bourg n'était pas à négliger. Il était nécessaire d'empêcher la contamination de celui-ci.

Pour cela, il fallait :

– rendre le sol aussi sain et propre que possible,

– disposer les abords afin qu'ils soient accessibles aux animaux,

– assurer l'écoulement constant de l'alimentation, afin qu'ils aient toujours de l'eau courante à leur disposition,

– dans les communes où l'eau était rare, on pouvait également utiliser les eaux des trop-pleins des cuves qui servaient à les recueillir, afin d'éviter le gaspillage de l'eau.

82. *L'abreuvoir est ici le long de la rivière, à* **Moret-sur-Loing** *; ce tableau des vaches marchant à pas lents vers l'eau, s'arrêtant pour contempler quelque chose devant elles, le paysan avec son tombereau, le moulin et le vieux pont, sont pour nous un spectacle à jamais révolu...*

(Coll. Amatteis)

83. *A **Tournan-en-Brie**, par contre, ce sont les personnes qui sont l'essentiel du tableau. Au premier plan, l'abreuvoir avec sa descente empierrée inclinée vers l'eau de la rivière. Il fait beau, les canotiers sont sortis des armoires, chacun flâne à l'envie...* (Coll. Amatteis)

84. *A **Ozouer-la Ferrière**, dans le même canton, l'abreuvoir descend vers le ru de la Ménagerie, qui prend sa source dans l'étang d'Armainvilliers. Les chevaux venaient autrefois s'y rafraîchir et c'était, pour les dames élégantes du bourg, le but de leur promenade. Elle portaient, ce jour-là, de belles toilettes et de bien beaux chapeaux !* (Coll. Amatteis)

85. *Au hameau de* ***Mourette****, dans la commune de* ***la Ferté-sous-Jouarre****, sur le bord du Petit Morin, quelques villageois sont venus abreuver leurs vaches qu'ils retiennent par une longe. Quatre jeunes enfants les accompagnent, chaussés de bottines, portant sur eux leurs sarraux d'écoliers...*
(Coll. Amatteis)

86. ***Vilbert****, dans le canton de Rozay-en-Brie, nous offre cette très belle carte postale. A gauche, la fontaine de la source, protégée par une petite construction arrondie, que l'on voit communément dans le nord et le centre du département. Elle alimente le lavoir et l'abreuvoir, où se désaltère une chèvre en veine de désobéissance, menée fermement par la fermière. Les lavandières se sont accordé un moment de détente en cette belle journée et font ainsi la pause. Le photographe a très heureusement fixé sur sa pellicule chaque personnage. Le lavoir au fond du tableau est bien clos, ses toits à double pente s'ouvrent sur le bassin situé à l'intérieur ; quelques brouettes attendent leur charge à la porte.*
(Coll. Chevremont)

87. *A* **Marcilly,** *canton de Lizy-sur-Ourcq, l'abreuvoir est sur la place de l'église. Il est en pierre cimentée. Il y a une quinzaine d'années encore, on pouvait voir les vaches et autres animaux venir s'abreuver à la fontaine.*
Cette église très ancienne date du XIIe siècle, elle est typiquement de style briard, avec son porche, ses deux contreforts et sa tourelle d'angle. Elle fut gravement endommagée pendant l'hiver 1984 ; en effet, une bouteille de gaz propane explosa à l'intérieur, mettant le feu à toute la partie droite du transept. (Photo Fatoux)

Les abreuvoirs furent, dans les temps anciens, construits avec des auges refouillées dans la pierre.

88. *J'en ai trouvé un, tout à fait par hasard, à* **Meaux,** *dans une cour commune de la rue Jean-Jaurès. Derrière, un peut en retrait, le vieux puits, qui était autrefois en forme de mitre d'évêque. Mais les hauts jambages de pierres, fort abîmés par l'usure et les ans, furent remplacés par deux montants en fer portant la poulie. Dans cette cour aux habitations anonymes, ils sont là, seuls vestiges du passé.* (Photo Fatoux)

89. *L'abreuvoir près du lavoir de* **Fontenailles**, *canton de Mormant, est situé sur la route de Grandpuits, à la sortie du village. Le lavoir est bien clos, il est alimenté par la source-fontaine, proche de l'abreuvoir. Derrière cette fontaine, on aperçoit "la chambre à aisances" !...*
(Coll. Amatteis)

Au siècle précédent, les abreuvoirs furent construits en tôle rivée, en fonte émaillée ou bien encore en béton de ciment aggloméré. Ils étaient souvent adossés à un bâtiment de ferme, ou accolés à un lavoir. Ils se composaient d'une cuve en forme demi-sphérique fermée par deux têtes d'extrémité rivées, et montée sur des pieds en fer forgé, reposant sur des blocs massifs en maçonnerie ; les rebords de la cuve étaient arrondis, afin d'éviter que les animaux ne se blessent :

90. *Cet abreuvoir intitulé "Le Moderne" date du siècle dernier. Il est composé d'une cuve en tôle émaillée dont le fond, de forme demi-sphérique, repose sur des pieds en fer forgé. Il est alimenté par l'eau d'un puits à roue rotative à piston, qu'actionne la fermière, tout en parlant avec le fermier. Les deux chevaux, encore tout harnachés, se désaltèrent tandis que des poules picorent alentour.*
(Coll. Amatteis)

91. *Les cartes postales ont quelquefois des intitulés fantaisistes : témoin celle-ci qui n'est autre que la fontaine-abreuvoir de* ***Vendrest*** *dans le canton de Lizy-sur-Ourcq. Elle date du début du XIXe siècle. Ce sont essentiellement les chevaux qui, ce jour-là, étaient à l'abreuvoir.*
(Coll. Chevremont)

92. *Comment résister au plaisir d'inclure cette reproduction d'un tableau "Vaches à l'Abreuvoir" (1849) du musée du Louvre à Paris ? Il fut classé parmi les chefs-d'œuvres de Constant Troyon, peintre paysagiste français (1813-1865) qui vécut un certain temps près de Fontainebleau où il fit partie des peintres de l'Ecole de Barbizon.* (Coll. Fatoux)

CHAPITRE 5

L'eau potable

Les Romains furent les premiers à chercher à acheminer les eaux des rivières sur de grandes distances afin de répondre à leurs besoins en eau très importants : fontaines, thermes, adductions individuelles et collectives. L'eau coulait à flot dans leurs villes ! Ils firent, dans notre département, des captages de sources au Lunain et au Loing, conduisirent les eaux par des canalisations souterraines et aériennes, appelées aqueducs, jusqu'à Parisii, dans de grands réservoirs d'où elles étaient distribuées. L'aqueduc aérien qui traverse la forêt de Fontainebleau fut construit par les Romains. Le Palais des Thermes, entre autres, nécessitait une grande quantité d'eau ; il fut alimenté par ces eaux captées.

Philippe-Auguste, puis plus tard Marie de Médicis et son ministre Sully, au XVIIe siècle, firent étudier les travaux à exécuter pour utiliser ces premières amenées des eaux du Lunain et du Loing, dans notre département, les besoins en eau, dus à l'accroissement des habitants se faisant sentir. L'aqueduc ancien fut remis en état et les eaux acheminées jusqu'à Paris.

Les hygiénistes du début du siècle dernier se sont très sérieusement penchés sur la question de l'eau pour les besoins de l'homme.

Sa qualité agit puissamment sur la santé des populations, ce qui est une évidence de nos jours. Il est peut-être bon de rappeler que l'eau sert à la nutrition, en devenant partie essentielle des tissus et des liquides qui forment le corps. Mais c'est encore l'intermédiaire indispensable de toutes ses fonctions. On comprit alors combien la qualité des eaux qu'ils devaient ingérer, influait sur la santé des hommes et des animaux domestiques.

On admettait généralement qu'une eau pouvait être considérée comme bonne et potable quand elle était fraîche, limpide et sans odeur ; sa saveur devait être très faible, ni désagréable, ni fade, ni douceâtre ; elle devait contenir peu de matières étrangères et renfermer suffisamment d'air en dissolution ; elle devait dissoudre le savon sans former de grumeaux et bien cuire les légumes ; tout ceci constituait l'analyse chimique.

Dans les années 1850, MM. Vouquelin et Bouchardat effectuèrent diverses analyses des eaux de la Seine, de la Marne, de l'Ourcq. Ce fut l'eau de la Seine qui fut reconnue comme une des meilleures que l'on connaisse (analyses faites avant sa jonction avec la Marne). Mais la meilleure eau, qui arrosait le bassin de Paris, fut déclarée être celle de la rivière "Ourcq"[1].

Station agronomique et laboratoire départemental d'analyses chimiques

Tarif des analyses appliqué depuis le 1er janvier 1899.
1/ Terres et amendements
2/ Végétaux de cendres

1) D'après le chapitre "Annuaire de Seine-et-Marne", année 1853.

3/ Eaux de source, de puits...
– Analyse sommaire :
essai hydrotimétrique, dosage des matières organiques, dosage du chlore, recherche des nitrites, recherche de l'ammoniaque,
recherche des sulfures : . . . . 10 F/1 litre
– Analyse des gaz contenus dans l'eau : . . . . 10 F/2 litres
– Chaque dosage pondéral (silice, chaux, acide sulfurique, soude, oxyde de fer, magnésie : . . . . 4 F/2 litres
– Analyse complète comprenant tous les essais précédents : . . 40 F/5 litres
(Paru dans l'annuaire commercial de Seine-et-Marne, année 1913.)

Amenée des eaux douces à Paris au XIXe siècle

Le second Empire donna une impulsion à tous les travaux qui s'intéressaient à la santé et au bien-être matériel des populations.

En 1852, le baron Haussmann entame ce qu'il a appelé dans ses mémoires "La bataille des sources", conseillé par l'inspecteur général des Eaux et Forêts Belgrand qui effectue des recherches dans notre département en particulier.

Le besoin de s'approvisionner d'une eau tout autre que celle de la Seine, qui serait plus salubre et plus propre aux besoins des habitants, s'imposait depuis longtemps à Paris.

En effet, n'oublions pas que l'industrie du blanchissage du linge s'étant répandue, la multiplication des bateaux-lavoirs, des couleries, des bains chauds et froids sur les deux rives de la Seine, livraient toutes les impuretés qu'il est possible d'imaginer à la rivière.

Ce fut un arrêté du Premier consul, du 19 mai 1802, dans lequel il fut décidé que la rivière "Ourcq" fournirait une partie de son volume d'eau pour les besoins de l'alimentation de la population de Paris, qui décida la reprise de la construction du canal de l'Ourcq, ainsi que nous en avons parlé au chapitre II.

Rappelons que ce fut le 15 janvier 1825 que le canal fut mis en eau dans toute son étendue jusqu'à Paris. Les travaux furent exécutés, en grande partie, sous les ordres de M. Girard.

La population étant en constante augmentation, il fallut songer à trouver d'autres apports d'eau potable, que l'on pourrait acheminer sur la capitale.

Plusieurs projets d'amenée des eaux des sources et des rivières furent, sous le second Empire, mis à l'étude et réalisés. On note:

– La dérivation de la rivière Dhuyse (ou Dhuis), 1865.
– Le captage d'une partie des eaux de la rivière "Vanne", 1874.
– Le captage dans la vallée du Loing, des sources de la Joye et de Chaintréauville, 1900.
– Le captage dans la vallée du Loing des eaux du Lunain à Saint-Thomas et à Coignet, de la source de Villemer, 1900.
– La dérivation des eaux des rivières de Provins : la Voulzie, le Durteint, le Dragon, 1921-23.

Note : Les eaux des rivières de Provins, de la rivière "Vanne", des sources captées dans la vallée du Loing furent amenées dans plusieurs aqueducs jusqu'à Veneux-les-Sablons, canton de Moret-sur-Loing. Ils firent leur jonction en un seul aqueduc, qui traversa la forêt de Fontainebleau devenant souterrain à la sortie de la forêt jusqu'à Paris.

La Vanne, longue de 58 km, naît dans la Champagne pouilleuse ; affluent de l'Yonne elle la rejoint à Sens.

Plusieurs sources furent captées sur les différents points du parcours de la rivière et regroupées dans un même aqueduc. Ce furent :

93. ***Aqueduc de la Vanne*** *: vue prise le 4 juillet 1950, de la rive gauche vers la rive droite, lors des travaux de réfection de l'aqueduc* (Coll. Amatteis)

– Les sources dites hautes, près de la source de la rivière :

- la source de Cérilly, d'un débit de 100 à 200 litres par seconde (issue d'un gouffre),
- la source de la Bouillarde, d'un débit de 35 litres par seconde,
- la source d'Armentières, débitant 200 à 400 litres par seconde (trois émergences),
- la source de Flacy, 20 litres par seconde.

Diverses usines, actionnées par des turbines, pompent les eaux dont le débit total est supérieur à 40.000 m^3 par 24 heures et s'élève parfois jusqu'à 130.000 m^3.

– Les sources dites basses, dans les pâtures du Maroy, de Saint-Philbert, de Saint-Marcouf, émergent des prairies et débitent ensemble de 250 à 350 litres par seconde.

• Les sources de Malhortie, Caprais-Roy, l'Auge, le Chapeau, donnent ensemble 30 litres par seconde au voisinage du village de Theil-sur-Vanne.

• La source du Château débite 180 litres par seconde.

L'eau écoulée par l'aqueduc est d'une limpidité cristalline pendant presque toute l'année et devient très rarement louche ; sa fraîcheur est parfaite ; sa composition extrêmement peu variable(2).

2) D'après l'étude faite par Will Darvillé dans son ouvrage "L'eau à la ville, à la campagne", opus cité.

94. *L'***Aqueduc de la Vanne** *à Moret-sur-Loing ; il part des sources dites hautes, à 111 mètres d'altitude. Il fut commencé en 1866, sur les plans de l'ingénieur Belgrand et fut achevé en 1875. Il coûta plus de 40 millions de francs. Il fut amélioré en 1879.* (Coll. Amatteis)

96. *Dans le canton de Nemours, les eaux des sources de* **La Joye***, près de l'Abbaye Cistercienne du même nom et celles de* **Chaintréauville***, émergeaient au pied du coteau, rive gauche de la rivière du Loing, sous de beaux ombrages, au milieu des blocs de grès dans un site pittoresque que l'on s'est efforcé de conserver lors des travaux de captage.*
La source est ici photographiée aux environs des années **1900***, après les travaux de captage de la Ville de Paris. Le bassin, qui auparavant était rempli d'eau comme un lac, n'a plus qu'un filet d'eau, qui coule de la goulotte où les femmes venaient tout de même laver leur linge.* (Coll. Amatteis)

La source de la **Joye** *émergeait également dans les dépendances de cette ancienne abbaye transformée en propriété d'agrément.*
Les deux sources étaient défendues des crues du Loing par les remblais du canal du Loing. La craie se trouvant presque au niveau du sol, on a pu sans difficultés sérieuses, au moyen d'"épuisements"(3) *d'importance restreinte, les enfermer dans des galeries voûtées dont les dispositifs rappellent ceux des sources de la Vanne et de l'Avre (rivière du Perche et du Thimerais, affluent de l'Eure, d'un cours de 72 km et dont les eaux sont en partie captées pour l'alimentation de Paris, 1893).*
La source de **Villemer** *était située favorablement, car l'on n'était pas gêné par la proximité du canal de navigation du Loing. Par contre, le voisinage de Villemer (agglomération de 500 habitants) et la crainte des contaminations qui pouvaient en résulter, conduisirent la Ville de Paris à s'enraciner plus profondément dans la craie où l'on mit à jour une fissure très nette, que l'on recouvrit de la galerie de captage. Elle donna, en moyenne, 110 litres par seconde.*
A **Bourron***, à l'orée de la forêt de Fontainebleau, dans le canton de Nemours, quelques forages d'essai rencontrèrent l'eau jaillissante ; de sorte qu'au moyen de tubes métalliques étanches de 17 à 18 m de longueur, on put recueillir assez aisément tout le produit de la "source du sel".*
On utilisa le même procédé pour **"les bignons" de Bourron.**
A la **fontaine Saint-Thomas** *et aux* **"bignons" du Coignet***, au milieu des terrains où la craie était à une moindre profondeur, on est parvenu à descendre à l'aide d'"épuisements", au moyen de pompes exceptionnellement puissantes et de deux puits en maçonnerie, jusque dans la craie en place et à dégager les fissures d'où s'échappaient les eaux d'un débit moyen de 180 litres par seconde*(4)*.*

---

3) Epuisement : résultat de l'action d'épuiser une source.
4) D'après l'ouvrage de Will Darvillé, opus cité.

95. *Usine élévatoire située dans la région de Moret-sur-Loing, dépendant de la ville de Paris.*
(Coll. Amatteis)

97. *Usine de refoulement des eaux de source à **Longueville** (Seine-et-Marne). Ensemble des moteurs diesel et des pompes Rateau, juin 1924.* (Coll. Amatteis)

98. *Usine de refoulement des eaux de source à **Longueville** (Seine-et-Marne)* (Coll. Amatteis)

Dérivation des eaux des rivières de Provins

Les besoins de la capitale étant en augmentation constante, il fallut envisager de capter et de dériver d'autres sources dans notre département.

Les eaux des rivières de la Voulzie, du Durteint et du Dragon furent captées. Le projet de loi ayant été définitivement voté et adopté en 1917, après beaucoup de débats et de controverses au parlement et sur place à Provins.

Eléments controversés :

– Les eaux de ces rivières étaient parfaites pour la culture du cresson et ceux qui le cultivaient se jugèrent dépossédés.

– La Ville de Paris offrait, en compensation de la dérivation des eaux des rivières, une usine élévatoire placée à 12 km de Provins, pour pomper l'eau dans la Seine (60.000 m^3) et l'amener dans les rivières susnommées qui seraient, de ce fait, alimentées en eau de Seine et non plus en eau de source.

– Même si l'on empruntait la partie disponible des canalisations d'aqueducs déjà existants pour l'amenée des eaux de la vallée du Loing, du Lunain et de la Vanne, il faudrait majorer le chiffre du coût des travaux de 18 millions.

Garanties offertes

1/ Le captage des sources de Provins devra être réalisé dans leurs gisements géologiques, ainsi que le furent les sources de la vallé du Loing et celles du Lunain.

2/ Un périmètre de protection devra être établi sur toute la zone de terrains comprise sur 500 m de chaque côté du lit du ru de Janvry, en amont de Bouzac et sur l'agglomération de Beauchery, ainsi que de chaque côté des gouffres alimentant les bétoires du bois des Grillons.

3/ Les rus de Janvry et des Gouffres seront pavés.

4/ Les eaux des lavoirs, en particulier celles des lavoirs de Rouilly et de Beauchery, seront éloignées des gouffres qui les absorbent.

5/ Ne seront pas captées les sources qui reçoivent les eaux du lit poreux de la Traconne près de Richebourg, les sources de Tête, Voulzie, V.P. Talus, famille Amont.

6/ Une bande de terrain de 300 m sera acquise en toute propriété autour de chaque captage[5].

Les travaux nécessaires à cette dépossession prirent effet en 1921. L'eau des sources fut captée au niveau de la couche imperméable d'argile plastique, pour ce qui concernait les sources du Durteint, du Dragon et celles du bassin de la Voulzie.

"Les sources de la Voulzie qui arrivent au sol par les diaclases[6] actives ont été captées en forant des sondages de 1 m de diamètre sur l'emplacement des points d'émergences des sources.

– Trois forages sur le Vicomté, deux aux Auges, deux aux Neufs et deux autres dans le lit détourné de la rivière Voulzie où se manifestaient des émergences noyées. Deux conduites de béton armé, l'une de 1,10 m de diamètre sur 4,100 m de longueur, partant de la Voulzie ; l'autre de 0,90 m de largeur sur 4,300 m, venant du Durteint, amenaient le début des sources à une chambre de jonction.

Une conduite en fonte de 1,25 m de diamètre, partant de l'usine de relèvement de Longueville, va sur un parcours de 59 km à travers le pays montois, jusqu'à la Seine qu'elle franchit à Saint-Mammès. Elle aboutit en forêt de Fontainebleau, à l'usine des eaux de Veneux-les-Sablons, où elle se joint aux aqueducs de la Vanne et du Loing et prend fin à Paris au parc de Montsouris[7]."

"La substitution en eau de la Seine se fit par l'alimentation des trois rivières dérivées, à Saint-Sauveur-les-Bray, au barrage de la Grande-Bosse.

5) "Le département dépossédé de ses rivières", 1917.
6) Fissures intéressant surtout les roches sédimentaires (calcaires - grès).
7) Guide fascicule "L'eau à Provins et en Brie", exposition, opus cité.

L'eau transmise par un canal de 4 km de longueur jusqu'à une usine de relèvement, située aux Ormes-sur-Voulzie" (l'Eau à Provins, opus cité).

Pour comprendre l'importance de la dérivation de Provins sur Paris, il suffit de se rappeler que l'alimentation de Paris était assurée à cette époque-là par : 300.000 m^3 d'eau de source, 250.000 m^3 d'eau de rivière filtrée, la dérivation de Provins fournit alors un apport atteignant 1/5 des eaux de source soit 1/6 des ressources totales par 24 heures.

Réglementation relative aux eaux de source

Circulaire adressée aux préfets par le ministre de l'Agriculture, Monsieur Léon Mougeot, le 20 juin 1904, au sujet de la dérivation des eaux de source.

"La circulaire ministérielle du 20 décembre 1884, qui a réglé les formalités pour obtenir l'autorisation de dériver les eaux des rivières non navigables ni flottables, n'a prévu aucune disposition spéciale pour la dérivation des eaux de source :

Le régime de ces dernières, tel qu'il était défini par le Code civil avant la promulgation de la loi du 8 avril 1898, en permettait en effet le détournement dans des conditions qui nécessitaient, moins fréquemment qu'aujourd'hui, l'intervention de la puissance publique.

Antérieurement à la loi du 8 avril 1898, le propriétaire d'une source avait sur celle-ci des droits très étendus. Il pouvait, dans la plupart des cas, en user à sa volonté et par conséquent, en dériver les eaux hors du fonds où elles étaient nées. La loi sur le régime des eaux, en modifiant les articles 642 et 643 du Code civil, a apporté à ces droits des restrictions importantes. Les nouveaux articles 642 et 643 sont ainsi conçus :

Article 642

– Celui qui a une source dans son fonds peut toujours user des eaux à sa volonté dans les limites et pour les besoins de son héritage.

Le propriétaire d'une source ne peut plus en user au préjudice des propriétaires des fonds inférieurs qui, depuis plus de trente ans, ont fait et terminé sur les fonds où jaillit la source, des ouvrages apparents et permanents destinés à utiliser les eaux ou à en faciliter le passage dans leur propriété.

– Il ne peut pas non plus en user de manière à enlever aux habitants d'une commune, village ou hameau, l'eau qui leur est nécessaire ; mais si les habitants n'ont pas acquis ou prescrit l'usage, le propriétaire peut réclamer une indemnité, laquelle est réglée par les experts.

Article 643

– Si, dès la sortie du fonds où elles surgissent, les eaux de source forment un cours d'eau offrant le caractère d'eaux publiques et courantes, le propriétaire ne peut les détourner de leur cours naturel au préjudice des usagers inférieurs.

Toutes les fois qu'un détournement des eaux de source devra être déclaré d'utilité publique, mon intervention sera indispensable pour prescrire les mesures destinées à sauvegarder les intérêts des usagers des cours d'eau non navigables ni flottables, intérêts dont la charge est commise à mon département.

En ce qui concerne plus particulièrement les travaux communaux d'adduction d'eau potable, l'acte déclaratif d'utilité publique sera émis dans les conditions suivantes :

1/ Si la déclaration est nécessaire uniquement pour permettre le détournement des eaux de la source à utiliser, c'est à moi qu'il appartiendra, conformément à un accord intervenu entre les départements de l'intérieur et de l'agriculture, de provoquer l'acte déclaratif d'utilité publique.

2/ Lorsque la déclaration s'imposera à la fois pour permettre le détournement et pour faire tomber des droits de propriété soit sur la source, soit sur les terrains nécessaires à l'assiette des travaux, dont l'existence ferait obstacle à l'exécution du projet, l'acte déclaratif sera présenté par M. le ministre de l'Intérieur, d'accord avec moi et sous nos deux contreseings.

Ne perdez pas de vue que les droits acquis par la commune sur la source ne dépassent pas ceux d'un propriétaire ordinaire et qu'elle reste toujours soumise aux règles précédemment indiquées pour ce qui concerne le détournement des eaux.

Lorsque le détournement des eaux d'une source ne pourra être fait sans avoir été déclaré d'utilité publique, il serait, en principe, nécessaire d'ouvrir, indépendamment de l'enquête d'utilité publique, une enquête spéciale permettant d'apprécier l'importance des intérêts dont le département de l'agriculture a la garde. L'enquête devra être ouverte "dans toutes les communes riveraines de la partie du cours d'eau dont le régime sera influencé par la dérivation"...

Lorsqu'il s'agira de travaux communaux d'adduction d'eau potable, conformément à une jurisprudence ancienne du conseil d'Etat maintenue dans des espèces récentes, il sera nécessaire d'exiger des communes l'engagement d'indemniser les usiniers, les arrosants et autres réclamants de tous les dommages qu'ils pourront prouver leur avoir été causés par la dérivation...

J'adresse directement à MM. les ingénieurs du service hydraulique ampliation de la présente circulaire que je vous prie d'insérer au bulletin des actes administratifs de votre département."

99. *Ainsi que nous l'avons vu précédemment, toutes les eaux des sources captées dans la vallée du Loing furent amenées à l'usine des eaux de Veneux-les-Sablons, dans la forêt de Fontainebleau, par l'aqueduc du Loing qui était souterrain.*
Cette carte postale nous donne une image des problèmes rencontrés pour le creusement de cet aqueduc. (Coll. Amatteis)

Dérivation de la rivière Dhuyse (ou Dhuis)

Le projet qui comportait l'arrivée des sources de la Dhuyse, à l'altitude de 108 m environ, fut approuvé à Paris par le conseil municipal le 18 mai 1860. La Ville de Paris acheta les sources le 29 juillet 1859 ; la dérivation de ces sources fut déclarée d'utilité publique par décret du 4 mars 1862. Les travaux furent commencés à la fin du mois de juin 1863, l'eau fut amenée et introduite dans l'aqueduc le 2 août 1865 et la distribution de Paris commença à fonctionner d'une manière régulière le 1er octobre 1865.

La prise d'eau se fit à **Pargny-la-Dhuis**, près de Montmirail, dans la Marne. L'aqueduc traverse les quatre départements de l'Aisne, de Seine-et-Marne, de Seine-Saint-Denis et de la Seine.

Son tracé suit le flanc gauche des **vallées de la Dhuis et du Surmelin**, puis les coteaux de rive gauche de celle de **la Marne** jusqu'en amont de Lagny. Il traverse alors la rivière de Marne, pour aller passer sous le fort de Vaujours, gagner Le Raincy, Villemomble et Bagnolet et pénétrer dans Paris par la Porte de Ménilmontant. Il est généralement établi à flanc de coteau.

Depuis le siphon de Saacy, canton de la Ferté-sous-Jouarre, et même depuis la ligne des communes de Citry et de Saacy, sur les deux derniers tiers de la longueur totale, l'aqueduc est construit dans de très mauvais terrains, tantôt à flanc de coteau, dans les éboulis des marnes vertes, tantôt sur des plateaux, dans la nappe d'eau soutenue par des marnes.

100. *A* ***Courcelles-sous-Jouarre****, la dérivation de la Dhuis est aérienne ; c'est un des 21 siphons de cette conduite qui comporte 17 km en siphons. Deux d'entre eux ne sont pas des ponts enjambant un cours d'eau.* (Coll. Fatoux)

101. *Ce siphon enjambe le canal de dérivation du Grand Morin, à* ***Condé-Sainte-Libiaire****, dans le canton de Crécy-la-Chapelle. Il comporte une arche unique de 14 m d'ouverture.* (Coll. Chèvremont)

Les eaux des sources de la Dhuis sont reçues et emmagasinées à Paris avant leur distribution, dans l'étage supérieur du réservoir de Ménilmontant, situé dans l'espace compris entre les fortifications (boulevard Mortier) et les rues Saint-Fargeau, Darcy et du Surmelin(8). Ce réservoir de Ménilmontant fut contruit en 1865 ; il comprend un réservoir supérieur et un réservoir inférieur d'une contenance de 28.000 m^3.

Notons au passage que les eaux furent dérivées dans des "aqueducs-voûte" et distribuées par une canalisation spéciale. L'ouvrage fut presque entièrement enterré et ne présente qu'un petit nombre d'ouvrages apparents dans la traversée des vallées, vallons et ravins : neuf ponts sous conduite libre de 1 à 4 m d'ouverture, dix-neuf sous les siphons, dont les plus importants franchissent le Grand Morin, au moyen d'une arche unique de 20 mètres d'ouverture, le canal latéral au Grand Morin avec une arche de 14 mètres, et la Marne jusqu'en 1940 au moyen de trois arches dont deux de 22 mètres et une de 27 mètres (après 1940, ce pont n'a pas été reconstruit et fut remplacé par une conduite immergée dans le lit de la Marne), enfin des regards aux têtes amont et aval des vingt et un siphons(9).

---

8) D'après la brochure des Services Techniques de la Dhuis à Meaux.

9) Dérivation de la Dhuis, Service de la Navigation de la Seine, subdivision de Meaux.

102. ***Couilly-Pont-aux-Dames**, canton de Crécy-la-Chapelle, un des plus importants siphons qui enjambe le Grand Morin au moyen d'une arche de 20 m d'ouverture.*
Par cette belle journée d'été, trois lavandières installées sur la berge de la rivière font leur lessive. L'une est debout, une autre, chapeau sur la tête, est accroupie et la troisième, à genoux dans son coffre, rince une pièce. (Coll. Amatteis)

Siphon — Tranchée — Arcades — Conduite double — Source — Point kilométrique

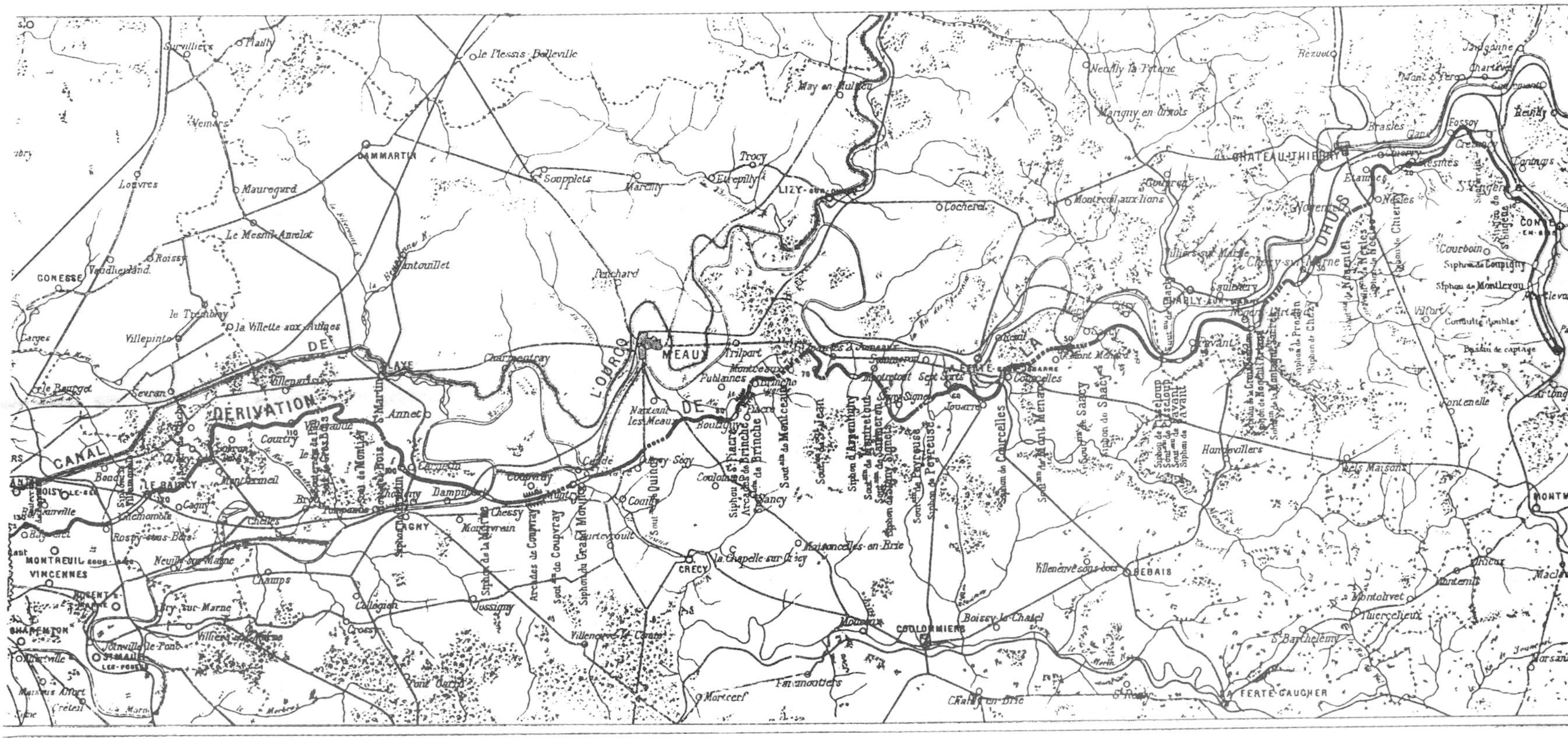

Ville de Meaux
Extrait du registre des Arrêtés
Mesures de Salubrité

Article 6

Les puisards existant dans la ville, dans les maisons, cours ou jardins, en bordure des rues non pourvues d'égout, devront dans un délai de trois mois de ce jour, être vidés et rendus étanches, aux frais des propriétaires, sur la réquisition de l'administration municipale.

Par mesure d'hygiène, l'administration municipale pourra toujours faire supprimer les puisards.

Quant à ceux existant dans les maisons, cours ou jardins, bordant les rues pourvues d'égouts, ils devront être supprimés et les eaux amenées directement à l'égout.

Article 7

Il est interdit de rejeter ou laisser s'écouler les purins des fumiers dans quelque partie que ce soit de la voie publique, de la ville et des faubourgs.

Meaux, le 1er février 1922

Alimentation en eau potable de la Ville de Meaux

Ainsi que plusieurs autres villes du département, la municipalité de la ville de Meaux se pencha sur le problème de l'amenée des eaux de la Marne à travers les divers quartiers de la ville, au début du XIXe siècle.

Cette amenée des eaux de la Marne avait pour but l'assainissement de la ville et les besoins journaliers de la population.

Vers les années 1850, le service des eaux de la ville de Meaux comprenait :

- l'eau de la Marne,
- les 5 puits artésiens,
- des puits particuliers et des porteurs d'eau à domicile.

Un industriel de grand mérite, M. Coiret, obtient de la ville la concession des eaux pour 75 ans, jusqu'en 1938. A la suite d'un arrêté préfectoral, en date du 6 mai 1863, M. Coiret, concessionnaire, fut autorisé à alimenter les réservoirs que l'on devait construire.

La ville fit l'acquisition de l'un des moulins de l'Echelle, le deuxième en partant de la rive gauche de la Marne ; ensuite elle fit construire deux réservoirs sur le haut de Cornillon, d'une contenance de 1.200 m³. Les eaux prises au moulin furent amenées aux réservoirs au moyen d'une canalisation souterraine.

Des obstacles survinrent qui retardèrent le cours de cette distribution des eaux ; réclamations des abonnés et des habitants de la ville, qui obligea la direction des eaux à faire une enquête approfondie.

Page précédente : Carte extraite de la brochure "Dérivation de la Dhuis", Service de la Navigation de la Seine, subdivision de Meaux.

103. ***Usine de traitement des eaux potables de Meaux,*** *établie le long de la Marne en 1939, en contrebas des châteaux d'eau, l'usine des eaux remplaça la première unité construite en 1886. Elle utilisa, dans son nouveau traitement des eaux de la Marne, la floculation et l'élimination rapide des impuretés avec désinfection au bioxyde de chlore (le bioxyde contenant deux fois plus d'oxygène que l'oxyde normal). Au cours des ans, cette usine connut de nouvelles installations et des modifications techniques. C'est ainsi que furent construits, en 1960, au lieudit "La Côte de la Justice" (à gauche de la route en direction de Paris), quatre réservoirs-citernes semi-enterrés, alimentant la ville de Meaux ; puis, en 1970, à la partie supérieure de "La Côte de la Justice", deux autres réservoirs semi-enterrés, alimentant les deux villes nouvelles de la Pierre-Collinet et de Beauval. Enfin, deux autres réservoirs, établis près du lycée technique, alimentant le hameau d'Orgemont et la commune de Villenoy.*
Sur cette photographie, nous apercevons un des deux châteaux d'eau établis sur le haut de Cornillon aux environs de 1865. Celui-ci cessa d'être en service en 1965. (Photo Fatoux)

Causes

– lorsque le niveau de l'eau de la rivière descendait à la cote d'étiage, la prise d'eau ne fonctionnait plus,

– manque d'eau dans les réservoirs en conséquence,

– au contraire, lorsque le niveau de la rivière montait à cause des crues, la roue motrice était noyée (inondations de 1872, 76, 82, 83, cote à 5,45 m),

– les temps d'hiver : gels et glaces (1870, 71, 79, 80) avec toutes les difficultés entraînées par ces grands froids,

– grande insalubrité des eaux arrivant au moulin : eaux polluées par :

– les bateaux-lavoirs, les couleries, les bateaux-bains chauds et froids qui existaient en amont du pont du Marché,

– certains commerçants qui jetaient des déchets la nuit dans la rivière.

Décision

Une nouvelle prise d'eau serait établie au-dessus de l'île Saint-Christophe, au lieu-dit "Les Saints Pères", à 300 m en amont de l'entrée du canal de Meaux à Chalifert (les réservoirs étant à ce niveau-là établis sur le sommet du coteau).

La prise d'eau établie le 12 janvier 1886 était mue par deux machines à vapeur de la force de 20 à 30 chevaux. Elles pouvaient fournir de 2.850 à 5.500 m^3 d'eau en 24 heures ; la canalisation comptait 17 km de longueur.

Deux sortes d'eaux alimentaient les réservoirs à Cornillon :

– celles de la Marne,

– celles des sources de la commune de Montceau à 12 km de Meaux.

La quantité d'eau fournie par ces sources, qu'une pente naturelle amenait dans les réservoirs, était de 600 m^3 par 24 heures en hiver, de 80 à 450 m^3 en été.

L'usine des eaux utilisait le procédé de filtration lente multi-étagée avec stérilisation à l'eau de javel.

Ce fut grâce à l'abondance de ces eaux amenées à la Ville de Meaux que la Compagnie des Eaux put augmenter le nombre des bornes-fontaines en ville ; il y en eut 10 nouvelles, sans compter la grande quantité de bouches d'eau qui, ouvertes à certaines heures du jour, permettaient d'assainir et de rafraîchir les quartiers de la ville en été[(10)].

10) D'après le livre de Gaspard Morot, Opus cité.

103 bis. *La construction d'une usine des eaux plus importante fut rendue nécessaire par l'accroissement de la population et les améliorations techniques. Ce fut en 1972 que fut décidée la construction de la nouvelle unité que nous voyons ci-dessus. Elle pompe 11.000 m^3 d'eau par jour et pendant la période de pointe en été, 15.000 à 16.000 m^3 par jour. La prise d'eau se trouve à environ 500 m de l'usine et comprend dégrillage grossier et une fosse de dessablage. Le pompage se fait à l'aide de 6 groupes électropompes effectuant un pompage de 250 m^3 d'eau par heure alimentant les réservoirs. Cette usine est de type à fonctionnement manuel, mais la distribution est entièrement automatique. La production de l'usine des eaux couvre les besoins de plusieurs communes : Meaux, Nanteuil-lès-Meaux, Mareuil-lès-Meaux, Crégy-lès-Meaux, Villenoy, Poincy et partiellement Trilport, par interconnexion. L'eau brute de Marne est de bonne qualité. A l'analyse, elle est pourtant beaucoup "trop riche" en matières organiques, fortement minéralisée, dure et entartrante, composée de déchets microscopiques : terre, matières diverses en suspension, sans compter les pollutions chimiques dues aux rejets industriels, les crues qui ont pour effet de noyer les stations d'épuration et enfin les pollutions chimiques agricoles. Tout ceci expliquera les soins constants apportés au traitement des eaux de Marne et aux contrôles de la production qui est un souci permanent des services techniques des eaux.*

(D'après divers entretiens et courriers avec M. Pierre, ingénieur T.P.E. et ses services en octobre 1985.)

(Photo Fatoux)

104. ***La station de traitement des eaux résiduaires de la ville de Meaux*** *fut mise en service en 1968 et traitait 30.000 "équivalents" habitant (eau consommée par habitant). Son extension fut mise en service en 1980 et traite 90.000 "équivalents" habitant. Elle recueille, en période de crue, l'eau qui déborde des brassets Saint-Rémi et Saint-Faron, brassets qui coulent habituellement à plein.*
(Photo Fatoux)

L'industrie des porteurs d'eau est très ancienne. C'était un métier très fatigant. Il y avait deux catégories de porteurs d'eau :

– les porteurs d'eau à bretelles,
– les porteurs d'eau à tonneaux.

Les porteurs d'eau à bretelles s'approvisionnaient au seau : ceux à tonneaux avaient une carriole ou charrette à bras ou bien encore une charrette attelée à un cheval. S'il était fatigant, le métier était lucratif, car l'usager devait acheter l'eau dont il avait besoin.

105. *Le nombre des habitants des villes étant en augmentation constante, les fontaines et puits étaient insuffisants pour l'approvisionnement, aussi faisait-on appel aux "porteurs d'eau" que l'on appelait également les "marchands d'eau". S'ils soulageaient la femme du transport, l'utilisation de l'eau fut plus parcimonieuse à cause de son prix.* (Dessin R. Frühauf)

106. *La ville de* ***Melun*** *fut, ainsi que toutes les agglomérations du département, amenée à faire des travaux de captages de sources, puis par des canalisations souterraines communément appelées aqueducs, amener l'eau chez les usagers qui en faisaient la demande.*
Les sources de "La Glandée" sont situées en bordure de la forêt de Fontainebleau, dans le bois de la Rochette, à la sortie de Dammarie-lès-Lys, sur la D. 64.
La recherche d'eau potable fut réalisée par une société d'Aufferville (canton de Château-Landon) en 1898, pour le compte de la ville de Melun.
La carte postale nous indique que le débit moyen de ces sources était de 300.000 litres à l'heure, 5.000 litres à la minute. (Coll. Amatteis)

Alimentation en eau potable de la Ville Nouvelle de Melun-Sénart

Nous avons beaucoup parlé dans les pages précédentes de dérivations des rivières, de captages des sources dans certaines régions de notre département au siècle dernier, pour participer au grand plan d'alimentation en eau potable de Paris ; aussi me permettrez-vous d'évoquer le plan d'alimentation en eau potable de la Ville-Nouvelle de Melun-Sénart à **Savigny-le-Temple**, chef-lieu de canton, réalisé dans les années 1980.

Le plan ci-dessous aidera à mieux situer l'emplacement de cette Ville-Nouvelle.

(Guide Pratique de Savigny)

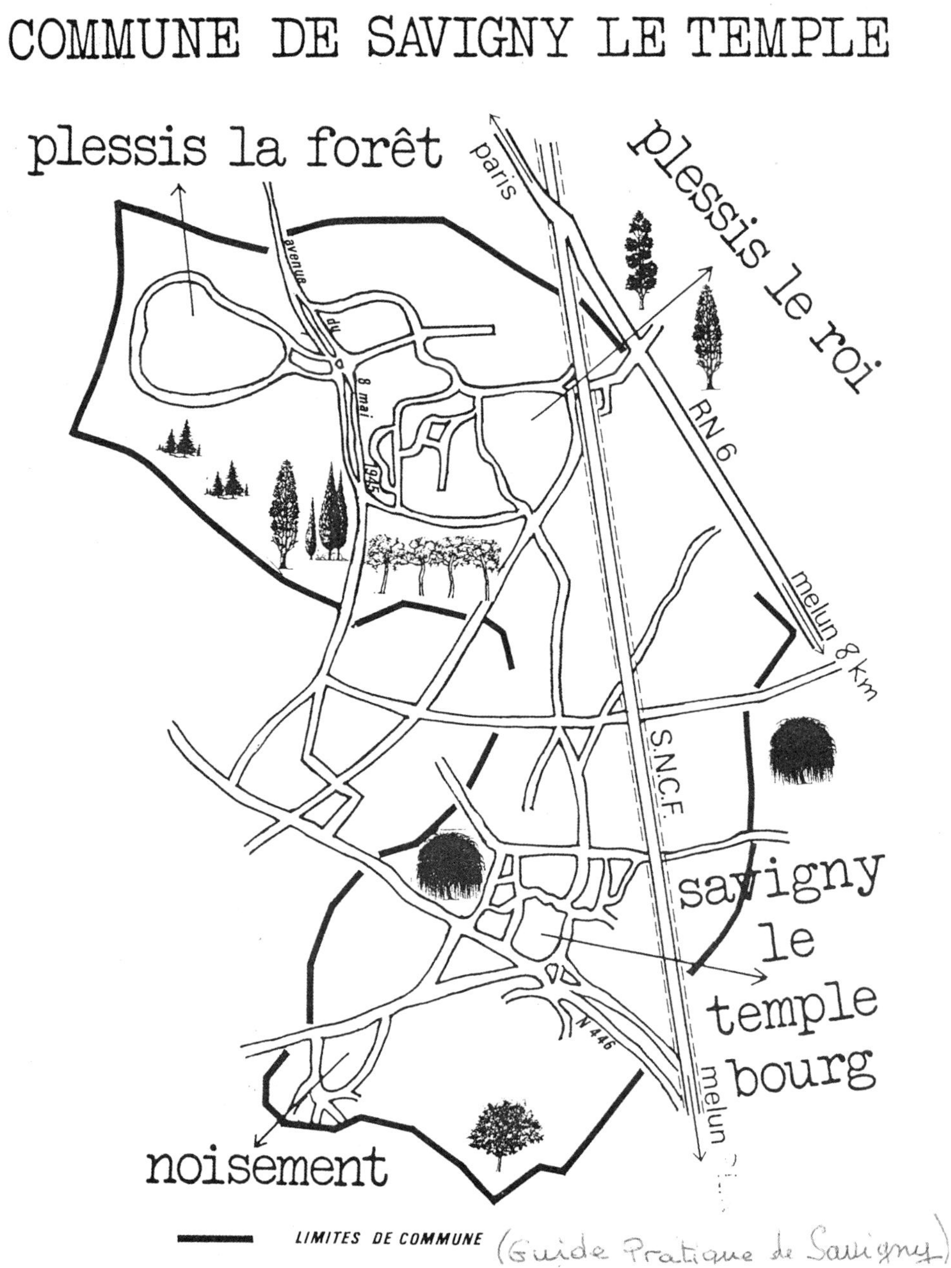

Les quelques lignes qui suivent sont empruntées au Guide Pratique édité par la commune de Savigny-le-Temple et furent rédigées par M. C. Gérard, ancien maire de la commune :

"La commune de Savigny-le-Temple est d'une superficie de 1.210 ha ; elle est constituée par un plateau argilo-calcaire à peine ondulé, culminant à environ 80 m d'altitude au-dessus du niveau de la mer. Très boisé à l'ouest, il s'arrête brusquement par des escarpements pittoresques sur la vallée de la Seine. Dans les directions nord, est, sud, ce sont essentiellement des exploitations agricoles, des zones boisées et des villages séculaires :

– Savigny,
– Noisement et Plessis (hameaux).

La commune de Savigny a vu son origine vers les IIIe et IVe siècles de notre ère par la colonisation gallo-romaine, qui fut très probablement le véritable début de la mise en valeur de la région.

La plus ancienne mention écrite se rapportant à Savigny-le-Temple "Sabiniacum potesta", date de 986. A cette époque, cela devait constituer un établissement agricole notable, ayant derrière lui de nombreux lustres d'existence.

Savigny, c'était la ferme d'un certain Sabinius, nom d'homme très commun en ces temps-là.

Noisement était aussi très ancien, les premières mentions datent de 1195, celles du Plessis de 1146. Ils étaient, avec Savigny, les plus anciens établissements de la région.

Savigny faisait déjà partie du domaine royal avant 1149, ainsi que le prouve une charte datée de cette année-là du roi Louis VII alors de retour de Jérusalem, qui octroyait à Savigny : "les soldats du Temple de Jérusalem !" c'est-à-dire : les Templiers. De là, le suffixe "Temple". Le Grand Prieur de l'ordre des Templiers au Temple de Paris, en était le collateur.

107. *Sur la berge du ru de* ***Noisement****, dont le hameau porte le nom, une lavandière termine sa lessive à son lavoir très rudimentaire. Celui-ci est composé de deux marches où l'on installait la planche à laver suivant la hauteur du niveau d'eau. Elle étend les pièces rincées au fur et à mesure sur un étendoir tout aussi rudimentaire. Elle semble se soucier de la superstition populaire car la chemise est étendue le col en bas ! Autrement "Le maître de maison risque d'avoir un malheur !"*
(Coll. Amatteis)

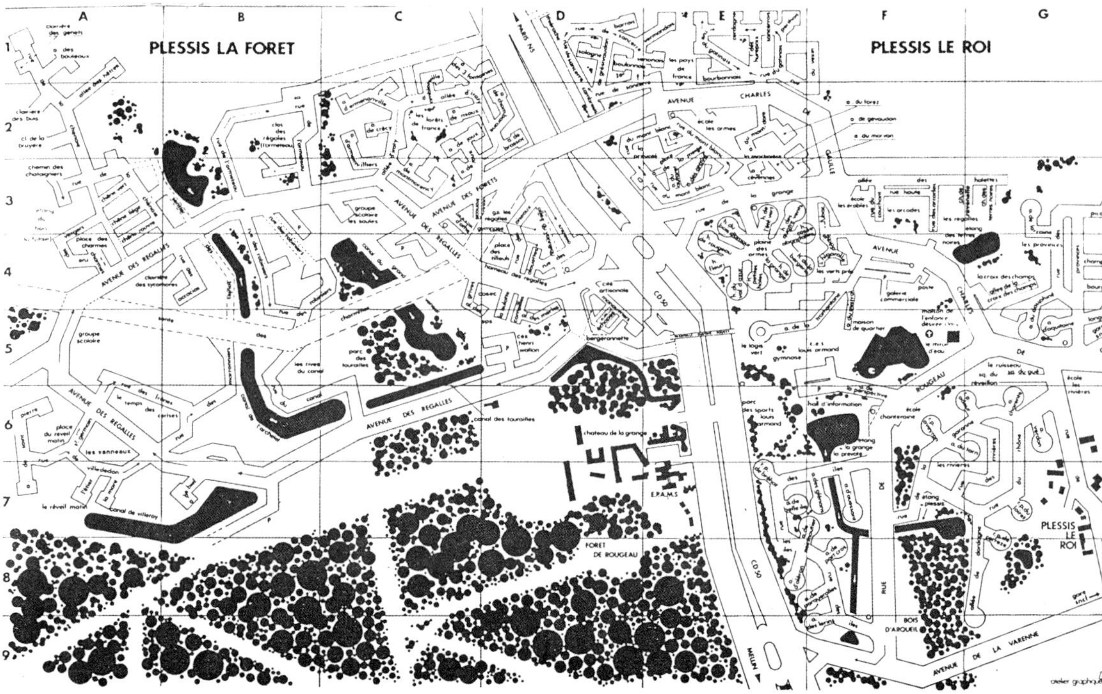

Plan de la commune de Plessis-le-Roi et Plessis-la-Forêt. *Ce plan nous fait découvrir l'importance de l'eau, sous forme de canaux, d'étangs dans l'implantation des deux communes. (Extrait du guide pratique de Savigny-le-Temple.)*

La vocation agricole de ce terroir s'est maintenue au cours des siècles. Cela représente une somme considérable de travail et une continuité des labeurs opiniâtres d'hommes assujettis à cette activité."

Je rapporterai ici l'entretien avec M. Christian Gérard, inspecteur général de l'Electricité de France en retraite, ancien maire de Savigny-le-Temple :

"Quand j'étais encore en activité et maire de la commune de Savigny, j'ai participé au projet de construction de la Ville-Nouvelle de Melun-Sénart. Il fallait trouver suffisamment d'eau pour alimenter toutes ces constructions prévues sur le plateau. Aussi a-t-on rendu les argiles imperméables, fait de nouveaux drainages qui récupéraient toutes les eaux souterraines du plateau, comme celles des étangs et des divers rus si nombreux dans cette région. On a pu ainsi créer des bassins de régulation des eaux : le ru de Noisement reçoit une partie de ces eaux, ce qui explique son niveau d'eau très haut. Ces canaux et bassins ont été conçus pour faire partie intégrante du paysage. Si vous montez sur le plateau, vous rencontrerez une dizaine de bassins, étangs, reliés par des canaux, dans les lotissements. L'ensemble est assez plaisant…"

(Juillet 1985)

108. ***Canal des Tourailles, situé dans le parc des Tourailles de Plessis-la-Forêt.*** *Les premiers documents concernant le domaine de la "Grange-la-Prévôté", voisin du Plessis, sont très anciens. En 1355 on trouve "La Grange de l'Ospital de Savigny" qui jadis fut du "Temple"... "Plessis" était autrefois un lieu fortifié. Le domaine de la Grange appartient aujourd'hui à l'institut Roussy.*
(Photo Fatoux)

109. *Etang et canal du Grand Veneur,* ***Plessis-la-Forêt, Ville-Nouvelle de Melun-Sénart****. On perçoit, dès l'entrée, un certain climat de calme, de simplicité, qui se dégage de ces agglomérations si bien adaptées au cadre rural, où la nature est mise en valeur, où il doit faire bon vivre.*
(Photo Fatoux)

La Samaritaine au Puits de Jacob

110. ***Mauperthuis***, *canton de Coulommiers. Dans l'église du village, un tableau peint par un artiste briard inconnu, d'une facture du XIX*e *siècle, illustre la rencontre de Jésus avec la Samaritaine au puits de Jacob.* (Photo Fatoux)

"Il arrive à une ville de Samarie appelée Sychar, près de la terre jadis donnée par Jacob à son fils Joseph. Là, se trouve le puits de Jacob. Jésus, fatigué par la route s'était donc assis près du puits. C'était environ la sixième heure. Une femme de Samarie vient pour tirer de l'eau. Jésus lui dit : "Donne-moi à boire". Ses disciples en effet s'en étaient allés à la ville pour acheter des provisions. La Samaritaine lui dit : "Comment ! Tu es juif et tu me demandes à boire à moi, une Samaritaine ?" (les Juifs, en effet, n'ont pas de relations avec les Samaritains). Jésus lui répondit :
"Si tu savais le don de Dieu
et qui est celui qui te dit :
Donne-moi à boire,
c'est toi qui l'en aurais prié
et il t'aurait donné de l'eau vive".
– "Seigneur, lui dit-elle, tu n'as rien pour puiser. Le puits est profond. Où la prends-tu donc, l'eau vive ? Serais-tu plus grand que notre père Jacob, qui nous a donné ce puits et y but lui-même, ainsi que ses fils et ses bêtes ?"...

(Evangile selon saint Jean, chapitre 4, versets 5 à 15.)

Ce puits existe toujours à Sichem, au cœur de la Samarie, située au centre de la Palestine.

CHAPITRE 6

Puits et Fontaines

Les puits briards

Les eaux souterraines, qui alimentent les puits ou forment les sources, se rencontrent à plusieurs niveaux dans notre département :

"– Dans les plaines élevées du canton de la **Chapelle-la-Reine**, on trouve de l'eau après avoir traversé le calcaire supérieur et les sables vers la surface du lacustre inférieur et, dans ce terrain, à une certaine profondeur au-dessus de l'assise des glaises vertes.

"– Dans la plaine de **Château-Landon** , l'assise marneuse du calcaire lacustre cesse d'être reconnaissable et l'on est obligé d'approfondir les puits jusqu'à l'argile plastique.

"– Dans la vallée du **Grand Morin**, l'argile plastique affleure d'une façon continue ainsi que dans l'arrondissement de Provins.

Cette argile plastique a été rencontrée à une profondeur médiocre au-dessous du fond de la vallée du Grand Morin, dans les puits forés aux environs de Coulommiers."

Cette indication rapprochée de celle que fournissaient les sondages exécutés à **Annet**, canton de Claye-Souilly et à **Meaux**, permet de supposer que l'on rencontrerait une eau jaillissante à peu près partout dans la vallée du Grand Morin à une profondeur qui ne dépasserait pas les 25 m et dans la région de Meaux, à une profondeur qui bien souvent n'excède pas les 10 m.

"– Dans la vallée de l'**Yerres**, les niveaux se trouvent à la surface des argiles meulières qui retiennent les eaux et au-dessus des glaises vertes d'où sortent les sources de tous les ruisseaux."

On pourrait conclure en disant que dans le département de Seine-et-Marne, l'argile plastique est à peu près la seule, parmi toutes les couches tertiaires, qui forme un bassin assez étendu pour que l'on ait quelques chances d'en tirer des eaux jaillissantes. "Mais l'irrégularité de la surface crayeuse dont ce terrain suit les ondulations, cause des variations fréquentes dans sa puissance et son niveau absolu. Ses relèvements rehaussent aussi les nappes aquifères, diminuent leur pression hydrostatique et leur ouvrent, par les affleurements de l'argile, autant de déversoirs naturels."(1)

Les puits sont des constructions de l'homme ; l'eau ne s'élève pas, elle reste à la partie inférieure du trou creusé dans le sol, au niveau où l'homme la trouve. Il suffit alors de la puiser.

Depuis les temps reculés de notre ère il y a eu des puits dans toute agglomération de notre département. Ils étaient la seule façon de se procurer de l'eau pour l'alimentation des habitants quand il n'y avait pas de cours d'eau, avant que celle-ci ne vienne directement à notre robinet.

1) *Annuaire de Seine-et-Marne, 1846, opus cité.*

Mais qu'est-ce qu'un puits ? Comment l'établissait-on ?

Ainsi que nous l'avons dit, c'est un trou plus ou moins profond, revêtu de maçonnerie et destiné à fournir de l'eau. Il fallait observer certains critères :

– on établissait un puits sur la source que l'on reconnaissait être la plus proche, la plus abondante et la moins profonde, pouvant répondre à tous les besoins d'un grand nombre d'habitations. L'eau s'y "ramassait" continuellement tant que le "puisage" se poursuivait régulièrement.

– le centre du puits que l'on entreprenait de creuser devait être sur la ligne qui suit la source sous terre.

– on creusait ordinairement les puits sur un diamètre de 3 m à 3,5 m. Dès que l'on était arrivé à quelques mètres de profondeur, on établissait à fleur de terre, un plancher sur lequel on dressait un tour avec câble et tinette solides.

– lorsque le creusement était parvenu au bas de la terre friable et que l'on trouvait le rocher, il fallait le déblayer, s'assurer que ses assises étaient inclinées et que la ligne d'intersection des deux stratifications passait par le milieu du creux, on continuait de creuser, jusqu'à la profondeur de la source.

– lorsque l'on choisissait l'emplacement d'une tranchée, d'une fontaine ou d'un puits dont l'eau devait approvisionner des maisons, on devait faire bien attention à ce que la source qui devait l'alimenter ne vienne pas passer sous un cimetière, sous un tas de fumier, sous une écurie, sous une étable, un égout, une mare ou un marais, sous un terrain tourbeux, car il est des terrains si perméables que les mauvaises eaux qui s'y trouvaient, infectaient sur les côtés les sources passant à plus de 10 m.

– les puits étaient surmontés d'une margelle plus ou moins haute et de machines pour tirer l'eau du puits.

Un puits solidement bâti pouvait durer plusieurs siècles. Certains puits bâtis par les Romains sont encore en parfait état de conservation de nos jours.(2)

Les puisatiers

N'oublions pas les puisatiers, ancêtres de nos archéologues modernes, ceux qui connaissaient tous les secrets renfermés dans le sol. Ils savaient détecter l'endroit propice pour y creuser le puits à l'aide de la pelle et de la pioche, jusqu'au niveau de la nappe phréatique. Il leur fallait ensuite murer sur une profondeur qui atteignait 10 à 15 m, quelquefois davantage. Le mur dépassait le niveau du sol de 0,90 m. Puis ils posaient la margelle et laissaient libre cours à leur imagination pour la finition extérieure. La poulie ou le treuil étaient fixés à des endroits différents suivant la région.

Les puits, les fontaines, les aqueducs et les mares étaient soumis à un entretien constant au moins une fois l'an. Lorsque l'on négligeait cette opération, leurs eaux devenaient souvent désagréables au goût et quelquefois malfaisantes.

Belle action

M. Igot Jules de Gros Bois, se trouvant dans le canton de Claye-Souilly, a fait preuve de courage et de dévouement en retirant, au péril de sa vie, un ouvrier tombé asphyxié au fond d'un puisard qu'il était occupé à nettoyer. Il reçut la Médaille 2e classe en 1851.
(Extrait de l'Annuaire de Seine-et-Marne de 1853)

---

2) *Will Darvillé, 1905, opus cité.*

Extrait du Registre des Délibérations du conseil municipal de Lizy-sur-Ourcq

Objet : *Curage des puits, mesures de salubrité*

Suivant les lois des 10 et 24 août 1790, du 6 septembre et 28 octobre 1791 et du 18 juillet 1834, Arrêté :

Article 1 :

Nul ne pourra entreprendre le curage, la réparation intérieure ou l'approfondissement d'un puits ou puisard, sans en avoir fait la déclaration par écrit à la mairie.

Les mesures nécessaires dans l'intérêt de la salubrité ou de la sûreté des ouvriers seront prescrites par suite de cette déclaration.

Article 2 :

Les ouvriers ne pourront descendre dans les puits ou puisards, pour quelque cause que ce soit, sans être ceints d'un bridage à la partie supérieure duquel sera fixé un anneau. Une corde sera attachée à cet anneau pendant tout le temps que les ouvriers travailleront à l'intérieur. A l'extrémité, cette corde sera tenue par d'autres ouvriers, en nombre suffisant, placés à l'extérieur afin de pouvoir, au besoin, retirer ceux qui sont à l'intérieur et les secourir.

Les ouvriers qui resteront à l'intérieur des puits ou puisards, devront avoir la ceinture et l'anneau.

Article 3 :

Si nonobstant les précautions prescrites un ouvrier est asphyxié, des secours lui seront immédiatement portés avec le concours du médecin ou du pharmacien appelé à cet effet".

11 août 1858.

Les puits et les fontaines furent liés à l'alimentation en eau potable des habitants des villages et des villes jusqu'à l'installation de l'eau courante dans nos maisons, aux environs des années 1910.

A la Ferté-sous-Jouarre, M. Le Glaive, antiquaire, m'a conté comment ses grands-parents, tenant le café-restaurant au coin du pont du Petit Morin, avaient dans leur cour un puits qui servait à leurs besoins domestiques depuis plusieurs générations ; celui-ci était encore utilisé en 1902 jusqu'à ce que la ville installe la distribution d'eau courante.

Les puits devaient rester continuellement ouverts. Plus ou y puisait d'eau, meilleure elle était, parce que le puisage équivalait à un écoulement.

Des architectures très différentes suivant les régions de notre département, nous permettent d'établir un certain classement : ils étaient soit ouverts, soit fermés. Il y avait des puits communaux ; des puits appartenant à des particuliers, dans leur cour ou leur jardin ; des puits mitoyens.

Puits ouverts ou fermés actionnés par une poulie

La poulie est une corps rond plat, tournant sur un axe nommé boulon et ayant la circonférence extérieure creusée en gorge, pour recevoir la corde ou la chaîne. La pièce sur laquelle elle tourne se nomme "chape". La poulie et la chape sont en fer, plus rarement en bois. La poulie doit être fixée sur le milieu du puits et à la hauteur de la tête de celui qui tire l'eau.

Dans le nord de la Seine-et-Marne, on trouve assez communément des puits actionnés par une poulie accrochée à une traverse de bois, laquelle repose sur des montants de formes différentes :

1/ soit en forme de mitre d'évêque,
soit à jambages carrés en pierre avec un toit de protection en tuiles plates, en bâtière.
3/ soit en fer forgé, d'une architecture très élégante.
4/ soit fermés, d'une hauteur variable, de forme ronde ou carrée, une porte en bois protégeant le puits et couverts d'un toit de tuiles plates.
5/ soit mitoyens.

1/ Puits en forme de mitre d'évêque

111. ***Chamigny**, canton de la Ferté-sous-Jouarre, au hameau de **Tanqueux**, un vieux puits en forme de mitre d'évêque est toujours "debout", mais la poulie n'est plus fixée à la traverse en bois, la végétation a envahi les alentours et l'on peut encore venir y boire son eau fraîche.* (Coll. Amatteis)

112. ***Bailly-Romainvilliers**, canton de Crécy-la-Chapelle, les deux puits situés à chaque extrémité de la place du village sont restaurés et portent, sur le faîte de la mitre aplati, un bac à fleurs.* (Photo Fatoux)

113. *Dans le même canton, au hameau de Prévilliers, commune de* ***Boutigny****, le puits communal est le lieu où l'on aime venir se faire photographier ! Tout ici témoigne du siècle dernier : les vêtements, les outils que portent les agriculteurs sur leurs épaules, le cheval attelé à la charrue, la femme qui porte la "seille" avec laquelle elle puisera l'eau fraîche du puits.* (Coll. Chèvremont)

114. ***Mouroux****, dans le canton de Coulommiers, la commune a également restauré son vieux puits, qui se trouve de nos jours à l'angle de deux rues ; c'était autrefois un puits communal.* (Photo Fatoux)

115. *Le puits de la* **Ferme de Montgodefroy,** *commune de Maisoncelles dans le même canton, est situé dans un champ derrière les bâtiments de la ferme, plusieurs portes y accédaient. Envahi par les buissons qui l'entrelacent de tous côtés, il tient encore debout...* (Photo Fatoux)

2/ Puits à jambages carrés

116. *A l'entrée du village de* **Villeroy**, *dans le canton de Mitry-Mory, au lieu-dit "Puisieux", à 50 m d'un très vieux calvaire entouré d'arbres, seul, au milieu d'un champ fraîchement moissonné, il y a un très vieux puits, au passé chargé d'histoire.* (Photo Fatoux)

Il fut creusé sous "Mérovée", roi Franc de 448 à 454, fils présumé légitime du chef de tribu des Francs Saliens, "Chlodion" dit "Le Chevelu", qui mourut en 447. Celui-ci ayant envahi la Gaule vers 430, s'établit dans la région du Hainaut (province Belge de nos jours), de l'Artois et de la Picardie. Mérovée donna son nom à la première dynastie des Mérovingiens. Sans doute ce puits a-t-il abreuvé, il y a mille cinq cents ans, les soldats francs de Mérovée que combattaient les cohortes romaines du général Aetius.
Plus près de nous, pendant la Première Guerre mondiale, plus précisément pendant la Bataille de la Marne, le puits de Puisieux fut à nouveau sollicité par l'histoire : C'est là, en effet, que le samedi 5 septembre 1914, le lieutenant Charles Péguy et ses hommes, la 19e compagnie du 276e Régiment de Coulommiers, montant à l'attaque des positions allemandes retranchées sur les collines de Monthyon, firent une halte. Ils s'abreuvèrent largement de l'eau claire et fraîche du puits, un peu à l'abri des balles ennemies qui sifflaient dangereusement à leurs oreilles. Chacun en profita abondamment tant la chaleur était forte sur la plaine, puis, il leur fallut repartir à l'attaque. Ils avaient ordre d'enlever Monthyon... à la baïonnette ! Lors de ce combat héroïque, Charles Péguy devait trouver la mort, le front traversé par une balle meurtrière (d'après le livre de Victor Boudon "Avec Charles Péguy, de la Lorraine à la Marne, 1916.").

Quelques vers extraits du "Porche du Mystère" (1911) de Charles Péguy :

"O mon peuple français...
Toujours tes eaux seront des eaux vives,
Et tes sources toujours des fontaines jaillissantes
Toujours une eau courante, une eau saine arrosera tes prés
Toujours une eau saine montera dans ton Blé.
Toujours une eau saine, rare, abondante, une eau précieuse,
Toujours une eau saine montera de ta Vigne
...
Et tirer la même eau du puits intarissable.
...
Nous sommes plus usés que la corde du puits
A force de frotter sur le même rebord.
Verserez-vous jamais de l'un à l'autre bord
Verserez-vous jamais sur nos rêves de nuits..."

116 bis. *A l'entrée du hameau de* **Mansigny,** *commune de Chambry dans le canton de Meaux, ce vieux puits, dont les jambages carrés n'ont pas survécu à l'usure des ans, faisait déjà partie de l'ancien domaine de Mancinniacus cité dans une charte du règne de Louis IV d'Outre-Mer (il règna de 936 à 954), à la fois maison forte et habitation rurale. Cette maison forte, autrefois plus importante, était entourée d'un fossé circulaire comblé au XX*e *siècle. A une centaine de mètres de ce puits coule la source de Mansigny qui devait très probablement alimenter les fossés de cette maison forte. Le puits est ici un autre témoin de ce lointain passé et garde en ses profondeurs l'eau toujours courante...* (Photo Fatoux)

117. *Au hameau de* ***Labrosse****, commune de* ***Héricy****, dans le canton de Fontainebleau, le puits communal est au milieu de la rue. Chacun est sorti de chez soi, afin de figurer sur la photographie ce jour-là.* (Coll. Chèvremont)

118. *Au hameau de* ***Vosves****, dans la commune de* ***Dammarie-les-Lys****, canton de Perthes-en-Gâtinais, le puits de l'ancienne ferme est à gauche, flanqué d'un abreuvoir également construit en pierre. Le fermier se tient près de son puits ; dans la cour de la ferme les poules blanches caquettent à qui mieux mieux.* (Coll. Amatteis)

3/ Puits en fer forgé

119. ***Thieux****, canton de Dammartin-en-Goële ; ce joli puits se trouve dans une cour commune de ce vieux village de la Goële. Un des habitants de la cour est en train de puiser de l'eau, tandis qu'une villageoise sort précipitamment de sa maison, un chaudron dans les mains. La vigne grimpe le long de la maison, que décore également un rosier.* (Coll. Chèvremont)

120 *Le village d'****Echouboulains****, canton de Châtelet-en-Brie, avec son puits à grandes volutes en ferronnerie, est situé sur la place portant son nom.* (Coll. Amatteis)

121. *Puits et abreuvoir à* ***Barcy****, canton de Meaux ; ils sont situés dans une cour commune, près de l'église. Le puits est élégant et l'abreuvoir fut creusé dans une auge en pierre refouillée. Ils sont là, témoins du passé, au milieu des maisons restaurées, dans la cour déserte !* (Photo Fatoux)

Il y avait autrefois 14 puits au village de **Barcy ;** ils étaient "privés", "communs", ou "communaux". Le puits "commun" était situé dans une cour commune. Les propriétaires de cette cour avaient "un droit de propriété" et "un droit de jouissance" sur le puits et en étaient "responsables".

La population du village était au XIXe siècle de 250 à 280 habitants. En 1954, elle descendit à 245 habitants après la cessation de certaines exploitations agricoles.

L'eau de ces puits était si fortement calcaire, qu'elle "râpait" la langue ! Aux environs des années 1814, il y eut de nombreux problèmes causés par la pollution des puits. Certains d'entre eux étaient établis en contrebas du tas de fumier ou à proximité ; des écoulements provenant des fumiers pénétraient dans le sol et allaient rejoindre souterrainement la nappe qui alimentait les puits. Cette nappe n'était qu'à 2,50 m de la surface sur le territoire de la commune ; peut-être le calfeutrage des parois n'était-il pas suffisant, ou bien y avait-il malfaçon dans la construction des puits ? Toujours est-il que le village connut trois cas de typhoïde pendant ces années-là.

Des recherches eurent lieu sur le territoire de la commune et les sources furent analysées. "La Source des Usages", située dans le bois d'Automne à la cote 130 (le village étant à la cote 105 à l'église), fut retenue, son eau analysée et testée par les laboratoires avant d'être mise en service. Des drains furent posés qui recueillaient les eaux de la source. Celle-ci traverse une couche de sable, aussi est-elle moins calcaire que l'eau des puits du village. Quelques années plus tard, la commune amena les eaux jusqu'à l'église par des canalisations en fonte. La source ayant un faible débit, il fut nécessaire de construire une petite citerne enterrée à côté du puits et d'établir une pompe à balancier entre les années 1880-1890. Le débit de "la source des Usages" était de 100 litres à l'heure. Dans la journée la citerne n'avait pas le temps de se remplir, les villageois y puisant sans cesse leur eau potable ; la nuit les eaux de la source y pénétraient régulièrement ; au petit matin, il n'était pas rare de voir dix à douze personnes attendre leur tour afin de pouvoir remplir leur seau. Le banc de pierre installé tout près était le bienvenu et les bavardages allaient bon train en attendant ! Le puits était ainsi le lieu de rencontre et d'échange des habitants du village. L'ombre offerte par trois gros arbres, toujours présents de nos jours, permettait de mieux patienter pendant la belle saison. Lorsque la citerne était vidée, la pompe ne donnait plus que quelques gouttes parcimonieuses bien décevantes quand la soif vous tient !

Les années de grande sécheresse étaient catastrophiques pour les habitants. Pendant l'été 1949, M. Bongard, maire de la commune, dut emprunter un tonneau-citerne au service des pompiers, le charger sur une charrette attelée et aller à Meaux chercher de l'eau potable qu'il distribua ensuite aux habitants de son village ; ceci dura deux mois.

L'alimentation de la commune en eau potable se fit par l'intermédiaire de la source des Usages jusqu'en 1954, date de l'installation de l'eau courante chez les particuliers, vraie révolution intérieure de la vie domestique.

Le captage des eaux souterraines eut lieu en 1954, dans la vallée de la Thérouanne au lieu-dit "Le Pré des Niveaux", par le creusement d'un puits et la construction d'une station de pompage sur les anciennes cressonnières, à quelques kilomètres de Barcy. Deux canalisations partent de la station de pompage, vers Marcilly et vers Monthyon. Un réservoir aérien, château d'eau, fut établi sur le territoire de chacune des deux communes, d'une contenance de 300 m^3 chacun. Ils alimentaient 9 communes environnantes, à savoir : Marcilly, Barcy, Chambry, Monthyon, Gesvres-le-Chapitre, Iverny, Villeroy, Charny, Plessis-aux-Bois ; Messy fut ajoutée en 1960.

En 1972, une recherche d'eau eut lieu à Gressy, un puits fut creusé mais l'eau était fortement ferrugineuse, le puits fut abandonné.

En 1973, une nouvelle recherche d'eau se fit sur le territoire de Charmentray : le creusement et la construction de la citerne-réservoir semi-enterrée eut lieu sur le territoire de Charny, commune limitrophe de Charmentray et durèrent jusqu'en 1976. Cette citerne a une contenance de 1000 m^3 d'eau.

Un château d'eau fut construit sur le territoire voisin, à Plessis-aux-Bois, au lieu-dit "La Baste", d'une contenance de 150 m^3.

En 1984, un réservoir semi-enterré fut construit dans le bois d'Automne sur le territoire de Chambry, d'une contenance de 1000 m^3.

Pour terminer l'histoire de cette alimentation en eau potable, nous dirons que l'eau analysée est bonne à boire mais elle est tout de même un peu calcaire.

Ce fut une belle réalisation technique, qui subvient ainsi aux besoins toujours grandissants en eau potable de nos communes en voie de développement.

Je remercie tout particulièrement M. Bongard, maire de Barcy, Président du syndicat des Eaux du bassin de la Thérouanne, qui, dans un entretien fort intéressant, m'exposa avec beaucoup de détails l'histoire de cette alimentation en eau potable de sa commune.

122. *A **Jossigny**, canton de Lagny, tout près du château, dans un jardin potager, trône ce vieux puits briard, tout de guingois. La margelle, peu élevée, est maintenant hermétiquement fermée. Le château de Jossigny fut construit en 1743, en style Louis XV, par Claude-François Le Conte, seigneur des Graviers, sur les fondations d'un manoir existant au XIVe siècle, qui appartenait aux "De Bragelonne" depuis 1577. Il est demeuré dans la même famille jusqu'à nos jours ; il fut confié, par son dernier représentant, aux Beaux-Arts. Il a gardé beaucoup de charme et d'élégance, avec sa belle grille en fer forgé de style Louis XV.* (Photo Fatoux)

123. ***Meaux** : Au bout de l'allée, dans le jardin de l'Evêché, Bossuet aimait à se promener parmi les fleurs et se rendre près du vieux puits à l'écart... Le jardin à la française fut dessiné par Le Nôtre. Au fond, à droite du puits, un escalier monte à la terrasse établie sur les anciens remparts où se trouve le pavillon qui servait de cabinet de travail à Bossuet.* (Photo Fatoux)

124. ***Barbizon**, canton de Perthes-en-Gâtinais, où s'était fixé, en 1849, J.F. Millet, peintre français (1814-1875). Il était fils de paysans du Cotentin et fut à la fois un peintre réaliste et poète. Il peignit la vie rustique et les paysans au travail. Ses œuvres les plus célèbres sont "L'Angélus" et "Les Glaneuses".*
Sur cette carte postale, le puits en fer forgé orné de lierre grimpant se trouve non loin de son atelier. La jeune femme au puits vient de puiser l'eau dans sa "seille" et la pose sur la margelle, l'ombrage que fait ce grand arbre, tout est, ici, calme et harmonie. (Coll. Amatteis)

125. *A **Chambry**, canton de Meaux, si ce joli puits n'est ici qu'un élément décoratif du jardin, l'eau, elle, est toujours présente à quelques mètres de profondeur.* (Photo Fatoux)

4/ Puits fermés

126. *Puits au hameau de* ***Rutel****, commune de* ***Tancrou****, canton de Lizy-sur-Ourcq. C'est le seul puits de cette architecture conique que j'ai rencontré dans le département.*
(Photo Patrick Loison)

127. *A* ***Neufmoutiers-Chauconin****, canton de Meaux. Le puits rond, couvert d'un toit de tuiles en bâtière, était situé à l'angle de deux rues, il a disparu lors de la réfection de la chaussée. Le jour de la photographie, tout le quartier était venu poser.* (Coll. Chevalier)

128. *Le puits dans la cour de l'évêché date de la construction de celui-ci au XIIe siècle. Il est très harmonieux dans ses proportions, surmonté d'un dôme également en pierre. Il était utilisé pour les besoins domestiques de l'évêché dont une des façades s'ouvre sur la cour de la Cathédrale Saint-Etienne.*
(Coll. Amatteis)

129. *Le voici de nos jours, bien entretenu et témoin du passé. L'eau n'y est plus puisée mais elle continue de couler...*
(Photo Fatoux)

129 bis. *"La femme au puits" de Jean-François Millet (1814-1875).*
– Pastel et crayon noir sur papier beige. Signé. Legs Alfred Chauchard en 1906.
– Exposition "pastels au XIXe siècle" au Musée du Louvre, 1986.
Après la mort de Jean-François Millet, survenue le 3 janvier 1875, l'architecte Emile Gavet vendit les 95 pastels signés du peintre et qu'il collectionnait depuis 10 ans. Sur ce tableau, nous voyons l'utilisation des contre-jours, les touches de couleur très séparées du peintre, ainsi que sa composition insolite de la fermière occupée à l'une de ses humbles tâches journalières. L'eau coule claire et brillante de la seille dans la jarre ventrue. (Coll. du Louvre)

130. **Fublaines**, *canton de Meaux-sud, est un village situé non loin de la Marne, accroché sur les pentes du plateau qui la domine, bordé par le ru des Cygnes et l'aqueduc de la Dhuis ; le chemin de la Fontaine-du-Toit s'allonge sur le haut de ce plateau. Il est, de nos jours, appelé "la rue de la Fontaine-du-Toit" ; celle-ci est bordée, de chaque côté, par de nombreuses maisons et cours communes jusqu'à son extrémité. C'est une voie sans issue ; la rue passe autour de la fontaine. Les camions utilisés pour les constructions des dernières maisons l'ont si souvent écornée en passant, que la municipalité fit recouvrir son toit à quatre pentes il y a 6 ans. Le puits-fontaine est un petit bâtiment fermé, faisant partie de la ferme attenante, datant des années 1850. Un villageois, portant sa brouette en fer, vient y puiser de l'eau et remplir son tonneau. Actuellement, la fontaine fait toujours partie du même lot cadastral de l'ancienne ferme. Au cours des années qui suivirent la prise de la photographie en 1910, des constructions nouvelles transformèrent ce chemin ; la fontaine devint un puits communal ; la municipalité continue de l'entretenir.*
Au commencement de la rue de la Fontaine-du-Toit, une autre fontaine coule toujours joyeusement, pour la plus grande satisfaction des villageois qui viennent y laver leur voiture. Cette fontaine alimentait encore au début du siècle un abreuvoir et un lavoir qui, en fort mauvais état, fut détruit il y a quelques années. Ces deux fontaines sont alimentées par deux sources distinctes.

(Coll. Amatteis)

(Entretien avec M. et Mme Lecoq, propriétaires actuels de l'ancienne ferme, en mars 1986.)

131. *Dans un jardin particulier à* ***Hondevilliers****, canton de Rebais, le vieux puits, autrefois indispensable à la vie des habitants de la maison, est toujours dans ce jardin un peu abandonné. La chaîne pend, inutile, la porte n'existe plus, mais le toit tient bon...* (Photo Fatoux)

132. *A* ***Corberon****, un petit hameau de la commune de* ***Chateaubleau****, canton de Nangis, ancien fief, se trouve un joli petit puits rond chapeauté de blanc près duquel se tient le fermier qui fait boire son cheval dans le seau rempli d'eau fraîche...* (Coll. Amatteis)

133. *Vieux puits à moitié enfoui dans le talus au Moulin de la Fondoire, commune de* ***Villecerf****, canton de Moret-sur-Loing, le moulin est, de nos jours, une propriété privée ; les marais et le bras de la rivière Orvanne ont été transformés en bassins d'élevage de truites. L'endroit est ombragé et plein de charme.* (Photo Fatoux)

134. *Au hameau de* ***Barneau****, ancien fief de la seigneurie de Crisenoy, dans la commune de* ***Soignolles****, canton de Brie-Comte-Robert, le vieux puits est ici protégé par une construction en pierre couverte de terre. C'est le moment où chacun va puiser l'eau au puits, grands et petits portent leur seau d'eau nécessaire à l'alimentation et aux besoins domestiques. Il n'y aura pas de gaspillage !* (Coll. Amatteis)

135. ***Bernay**, dans le canton de Rozay-en-Brie ; le puits-source est une construction en pierre et terre, fermée d'une porte. L'eau est tirée du puits par une pompe à balancier ; près du puits, un abreuvoir en tôle émaillée. Un peu en retrait derrière les deux dames qui posent pour le photographe, l'établissement Kufner, débit de boisson et épicerie.* (Coll. Amatteis)

136. *Ce puits communal situé à **Voinsles**, dans le même canton, est d'une architecture différente. Sur la margelle, la chaîne traîne, inutile, sur la plaque de fonte qui ferme maintenant le puits. Adossé à un mur, à une croisée de chemins, le puits fut protégé par une construction de deux murs de brique et un toit en bâtière.* (Photo Patrick Loison)

137. ***Nanteuil-lès-Meaux**, canton de Meaux, où contre le mur d'enceinte du Temple est situé un des nombreux puits du village. De nos jours, la végétation, les arbres et les constructions neuves le camouflent à nos yeux.* (Coll. Chèvremont)

L'eau, source de vie, au village de Nanteuil

Lors d'un entretien avec M. Paul Bailly, en octobre 1985, celui-ci me conta longuement une partie du passé de son village. M. Bailly est instituteur retraité, membre de la Société Littéraire et Historique de la Brie, historien de son village d'adoption. Il n'a pas craint depuis cinquante ans d'arpenter les plaines et vallons de la Seine-et-Marne, passionné par l'archéologie et la préhistoire, sans oublier sa longue et patiente recherche toponymique. Ce jour-là, ce fut un aspect de la vie villageoise aux XVIIIe et XIXe siècles qu'il évoqua plus particulièrement :

"Les conditions de vie des petits paysans du village de Nanteuil étaient, au XVIIIe siècle, très dures. Nanteuil est situé sur des collines qui dominent la Marne ; la pente est très raide pour y descendre, néanmoins les femmes y allaient laver leur linge et on menait les animaux s'y abreuver. Mais c'était essentiellement l'eau des sources et des puits ainsi que la mare, que les habitants utilisaient pour leurs besoins domestiques. La mare bordait le chemin des Romains, où actuellement se tient l'établissement Margot, près de la bretelle de l'autoroute A4. Lors de la construction de celle-ci, la mare fut asséchée. Elle fut longtemps un sujet de discorde, se trouvant sur la limite des territoires Nanteuil et Mareuil et toujours revendiquée par l'une ou l'autre des communes. Elle fut même louée par la commune de Nanteuil à Mareuil, ce que contesta longtemps le cultivateur de cette dernière ayant ses terres à cet emplacement. Les écrits anciens rapportent les nombreuses causes de procès entre les différents utilisateurs de la mare aux XVIIe et XVIIIe siècles.

Les habitants du village étaient surtout des vignerons. La vigne qui s'étalait sur les nombreux coteaux leur donnait beaucoup de travail. Il y avait 18 travaux différents pour la vigne étalés sur l'année ; de plus, ils avaient au moins un champ pour le blé. Il fallait répartir la moisson : une part de grain pour les poules, une part pour la famille ; ils allaient au moulin, puis remplissaient le tonneau farinier et se frottaient les mains, ayant ainsi de quoi assurer leur subsistance pour l'hiver. Les petits fermiers ne possédaient que quelques lapins, une ou deux vaches, un seul cheval "borgne, aveugle ou nerveux" et s'en contentaient, mais ils se battaient pour l'herbe qu'ils allaient ramasser sur les talus des chemins. Le vin une fois récolté, ils gardaient la "piquette" et vendaient le reste. En résumé, les 280 foyers qui composaient en moyenne le village de Nanteuil, vivaient exclusivement sur le village.

Et les puits ? Eh bien oui, il y en avait environ un pour deux ou trois familles, sans compter ceux qui étaient privés, et la corvée d'eau était une réalité. Je me souviens avoir vu tous les jours, une vieille dame de 85 ans faisant sa corvée d'eau avec la "varcole" (sangle passant sur les épaules munie de deux crochets où elle fixait ses seaux) à la source de "La Robarde". "Quand les Parisiens venaient, on leur disait : "Elle est bonne à boire, c'est une eau de longue vie !" Elle était réputée pour faire cuire les haricots, disait-on. Ceux qui avaient un puits personnel dans leur cave ou remise, installaient une pompe centrifuge qui leur permettait d'amener l'eau sur leur évier car l'adduction d'eau à Nanteuil se fit en 1935.

Un autre détail concernant le château-fort au hameau Truel, qui avait un pressoir banal : j'ai trouvé, en consultant les archives de la Prévôté, que les paysans se battirent à cause d'un puits et de l'autorisation d'y puiser au XVIIe siècle. Les habitants du château avaient tous les jours leur corvée de 5 litres d'eau "de longue vie" à faire pour boire. Au puits de la source de la Robarde, il y avait un lavoir alimenté par l'eau de la source. Pourquoi la Robarde ? la légende raconte que Robarde viendrait d'un champ appartenant à un Robert, où se trouvait la source. Celle-ci alimentait aussi le château qui fut démoli pendant les guerres de Religion."

138. *Cette fontaine-source, située au hameau de* ***Ségy****, dans la commune de* ***Quincy-Voisins****, canton de Crécy-la-Chapelle, a maintenant disparu. En 1900, les agriculteurs aimaient venir y boire l'eau qu'ils pompaient par le balancier et buvaient à même la goulotte. On trouvait autrefois de-ci de-là sur le plateau de Nanteuil, plusieurs fontaines-sources de ce genre ; quelques unes subsistent encore de nos jours.* (Coll. Amatteis)

138 bis. *Le hameau de* **Montaigu** *se trouve sur le versant méridional du Grand Morin et fait partie de la commune de* **Villiers-sur-Morin,** *canton de Crécy-la-Chapelle. Le vieux puits photographié sur la carte postale a des montants en pierre très hauts, il est fermé d'une calotte ronde et fait face aux habitations du hameau. L'intitulé de la carte semble pourtant erroné, en effet, le seul puits connu à Montaigu a depuis longtemps disparu et faisait partie d'une légende que je dois à M. Martin, demeurant à Coutevroult, secrétaire de la Société Littéraire et Historique de la Brie. Voici un résumé des faits selon un échange de correspondance entre M. Lhuillier et M. Jules Grenier, tous deux érudits, un vieil habitant de Montaigu fit à ce dernier le récit d'une tradition qu'il tenait de son père : "les derniers Templiers ayant occupé la maison que cette corporation possédait à Montaigu y auraient été surpris dans un moment de trouble, massacrés et leurs corps jetés dans le puits de la cour qui en aurait été comblé. Ce puits aurait ensuite été recouvert par une large dalle et lorsque les derniers bâtiments eurent disparu, la terre fut ramenée par-dessus tout, puis cultivée comme on la voit aujourd'hui. Mais, ajouta le bon vieux, le puits existe toujours. A la suite du sanglant événement, dit encore le vieillard, la Maison du Temple fut abandonnée, les âmes des Templiers revinrent la nuit traînant de lourdes chaînes et les habitants du hameau n'osèrent plus jamais, dès que le soleil baissait à l'horizon, s'aventurer du côté du lieu hanté"*(1)*.*

*M. Lhuillier confirma la présence des Templiers à Montaigu où ils possédaient quelques biens, 8 à 10 arpents avec des droits seigneuriaux et des censives qui s'étendent sur des maisons à Crécy. Mais ce n'était pas une commanderie, c'est-à-dire une communauté de chevaliers à la fois religieux et militaires... Un chevalier du Temple y séjourna au XIII*e *siècle pour faire valoir le petit domaine et y recueillir les revenus, mais c'est tout. La légende du puits parut à M. Lhuillier pure imagination ; il n'y eut jamais à Montaigu de maison religieuse... La maison des Templiers passa un peu plus tard aux chevaliers Hospitaliers de Saint-Jean-de-Jérusalem puis, au cours des siècles, connut différents habitants ; au XVIII*e *siècle, elle était louée à un particulier et fut vendue comme bien national à la Révolution* (2)*.*

Alors, à qui appartenait ce puits communal, dans les environs de Montaigu ? Existe-t-il encore ? les deux questions restent posées... (Coll. Amatteis)

1) *Archives départementales à Melun, lettre de M. J. Grenier à M. Lhuillier, datée du 8 janvier 1887.*

2) *Archives départementales à Melun, lettre de M. Lhuillier à M. J. Grenier, 1887.*

139. *Le puits de* ***Sigy****, dans le canton de Donnemarie-Dontilly, est situé entre deux propriétés. Sa margelle est au niveau du sol. Il est protégé par une construction en brique rouge très haute, surmontée d'un toit en bâtière ; chaque ouverture est fermée par une grille de protection en fer forgé. A l'intérieur, on distingue un treuil actionné par un levier à balancier.*
(Photo Patrick Loison)

140. *A* ***Rozay-en-Brie****, son puits mitoyen est fermé par une grille en fer forgé de protection. On distingue la poulie et la chaîne dans la partie supérieure.* (Photo Patrick Loison)

Puits ouverts ou fermés actionnés par un treuil

On les trouve surtout dans la région de Provins et du Montois, dans le sud et le sud-ouest du département.

Qu'est-ce qu'un tour ou treuil ?

C'est un gros cylindre de bois en forme de rouleau dont la longueur égale le diamètre du puits, placé horizontalement à la hauteur des épaules de celui qui tire l'eau. Il est maintenu sur la margelle du puits par des montants en fer forgé qui, suivant la créativité du forgeron, auront une forme différente. Vers une de ses extrémités, quatre longues chevilles (ou leviers) ou une manivelle servent à le faire tourner.

On fixe à l'une des chevilles le bout d'une corde ou d'une chaîne dont la longueur égale la profondeur du puits et à l'autre extrémité, on attache le seau. En actionnant la manivelle, le seau monte du puits, la corde ou la chaîne s'enroule sur le cylindre ou se déroule quand on le descend.

Ces puits à tour ou treuil sont souvent protégés par un toit en tôle.

141. *A* ***Donnemarie-Dontilly****, le puits de Saint-Joseph est accolé à l'église, le long de la travée du même nom. C'était un puits communal porteur d'une légende qui me fut contée par la secrétaire de mairie. Il y a presque 200 ans, les têtes des statues des saints ornant le porche d'entrée de l'église furent, à la Révolution, brisées et jetées dans le puits ! Une équipe de spéléologues entreprit, en 1977, de plonger dans le puits à la recherche des têtes de statues, sans aucun succès. En 1978, une deuxième tentative n'eut pas plus de succès, à quinze mètres de profondeur. Au mois de septembre 1985, la troisième tentative avec un matériel plus performant ne fut pas plus fructueuse, seules quelques pièces de monnaie furent remontées.*

(Photo Fatoux)

142. *Dans la même ville, le puits place du Marché. On peut admirer le magnifique travail du forgeron qui a créé ce puits si élégant avec ses délicates ciselures !* (Photo Fatoux)

Cette place du marché a une longue histoire : au XIIIe siècle, les moines bénédictins possédaient une partie des maisons qui bordaient la rue des Calai, qui existait alors au milieu de la place du Marché actuelle. L'autre partie, au nord-est, appartenait à l'Archevêque de Sens, de son fief de Saint-Jean. L'Archevêque refusa de faire démolir les maisons sur son fief. On conserva l'extrémité du nord de la rue des Calai, pour accéder de la nouvelle rue de la Porte de Provins à ladite place du Marché. Les moines bénédictins firent abattre la totalité des maisons de chaque côté de ladite rue, pour former la place destinée à tenir le marché du lundi de chaque semaine. Ils réservèrent seulement quelques bâtiments au côté ouest pour établir des pressoirs banaux et seigneuriaux.

Ce sont les maisons qui, en 1849 appartenaient à MM. Nalet et Bordier entre autres, situées en haut et au couchant de la place du Marché[3]

Le puits date du XIIIe siècle, m'a confirmé M. Thoret, Président du Syndicat d'Initiative, Administrateur de la Société Archéologique de Provins, en septembre 1985. Il est construit sur une source ; la place fut aménagée à l'époque des Grands Maires.

Ce n'est qu'au XVIe siècle que l'on construisit des halles couvertes sur les places qui portaient ce nom.

La place de la Halle fut, à Donnemarie, bâtie la première fois en 1585.

---

3) D'après Histoire de la Province du Montois, F.A. Delettre.

143. *Sur la place du Châtel, dans la ville haute, «le puits féodal est très pittoresque avec sa margelle, ou "bahut", carrée et moulurée à sa partie supérieure, ainsi que son armature ancienne en fer forgé dont les volutes viennent se relier à un poinçon sommé d'une fleur de lys à quatre angles. Dans les montants de cette armature, on a ajouté quatre panneaux ou grilles, qui ont permis, tout en fermant à clef l'orifice du puits, d'installer un treuil et d'empêcher ainsi "le himant" (mouvement imprimé aux barres de l'armature par la traction). Le puits (d'une profondeur de 28 m en 1981) servait de réservoir à la ville haute. Au fond, le diamètre du puits s'élargit pour former une véritable citerne de 10 m de diamètre. A la base de cette citerne, des archéologues ont remarqué une autre margelle ; il semble qu'un autre puits plus profond ait été foré à partir de cette "salle". Une modification des eaux souterraines a peut-être rendu nécessaires ces travaux à une époque que nous ne pouvons déterminer. Ce deuxième puits est aujourd'hui comblé» (d'après les notes de M. Yves Gradelet, Provins, ouvrage collectif, 1983).*
*Le puits féodal a servi aux habitants de la ville haute jusqu'au XX*e *siècle. Il était à une certaine époque couvert d'un toit en tôle à quatre pans. Près du puits, une des bornes-fontaines installées en 1875 pour l'alimentation en eau potable des habitants. Les puits publics étaient nombreux dans la ville haute.* (Photo Fatoux)

144. *Le puits de Saint-Quiriace, dans la ville-haute, est accolé à l'église du même nom. Son tourillon s'enfonce dans le mur ; une manivelle servait à actionner le treuil ; une grille posée sur la margelle en pierre assez basse permet d'apercevoir le reflet de l'eau à une dizaine de mètres de profondeur ; autour du treuil s'enroulait autrefois la corde de chanvre.* (Photo Fatoux)

145. *Dans le même canton de Provins, à la* ***Chapelle-Saint-Sulpice****, les deux vieux puits communaux furent sans doute construits et forgés par le même artisan qui forgea ceux de Provins. Leur toit est différent, en zinc ; le deuxième puits est orné d'un bac à fleurs où s'épanouissent des géraniums ; une grosse pierre est posée sur la plaque fermant l'orifice du puits.* (Photo Fatoux)

146. *Celui-ci est situé au carrefour de deux routes, dans la même commune.* (Photo Fatoux)

147. *Au tournant de la rue principale à* ***Montigny-Lencoup****, canton de Donnemarie-Dontilly, j'ai eu la bonne surprise de découvrir ce joli puits communal, garni de beaux géraniums sur la partie de l'orifice, et datant de 1898. Un toit de tuile en bâtière, soutenu par quatre montants en bois, posés sur une margelle de forme octogonale, lui donne un air coquet.* (Photo Fatoux)

Connaissez-vous ces proverbes ?

"Il faut puiser tandis que la corde est au puits"
(Il faut profiter de l'occasion)

"Fiez-vous à lui, c'est un vrai puits !"
"Ce qu'on lui dit, tombe dans un puits !"
(Se dit d'une personne très discrète)

148. *Le "puits des Ermites" est situé en forêt de* **Fontainebleau**, *tout proche de l'église en ruine de l'ancien ermitage, non loin des gorges de Franchard. Cet ermitage prit de l'importance au XIIe siècle, il devint une communauté desservant un pèlerinage, qui attirait de nombreux fidèles, le mardi de la Pentecôte. Les pèlerins se rendaient à la "Roche qui pleure", dont l'eau suintante passait pour guérir les maladies des yeux.*
Le puits fut construit vers 1140 et mesurait 67,98 m de profondeur. Il fut restauré en 1830 alors que l'ermitage fut détruit au XVIIIe siècle, sur l'ordre du Régent en 1717.
Les puits construits à l'ouest de notre département ont tous la même architecture : de hautes margelles, un treuil, un cylindre de bois actionné par deux grandes roues et un toit en zinc arrondi.
(Coll. Amatteis)

149. *Ce puits monumental, situé avenue Malesherbes à* **La Chapelle-la-Reine**, *était, lui aussi, fort ancien. M. Marcel Pouzot, adjoint au maire, me l'a confirmé lors d'un entretien. Il a toujours été là ! Il a disparu après la mise en canalisation de l'eau par la commune en 1909. Sa superstructure fut démolie et l'on couvrit son orifice par des dalles ; de plus, il débordait sur la chaussée et gênait la circulation. Sur la photo, on peut remarquer ses dimensions impressionnantes à coté des écoliers qui l'entourent.* (Coll. Le Cesne)

150. *Le deuxième puits a un toit à quatre pentes, il est actionné par une roue à manivelle. En 1909, il fut foré plus profondément et les canalisations furent installées pour l'amenée des eaux chez les usagers ; la structure extérieure du puits fut enlevée et on couvrit la margelle. Puis il y eut un château d'eau installé et construit sur la hauteur de la commune. En 1960, on y ajouta une citerne semi-enterrée, et en 1970, une deuxième citerne également semi-enterrée.* (Coll. Le Cesne)

150 bis. *La carte postale ci-dessous est bien celle qui correspond à l'inauguration de l'amenée des eaux chez les usagers de la commune, qui eut lieu le 30 mai 1909. Ce fut une belle fête !* (Coll. Le Cesne)

151. ***Villebéon**, dans le canton de Lorrez-le-Bocage, garde encore jalousement son vieux puits, situé derrière le vieux château, dont on voit, à droite sur la carte postale, une tour accolée au bâtiment de la ferme.* (Coll. Fatoux)

152. **Aufferville**, *dans le canton de Château-Landon. Le puits, de même architecture que celui de La Chapelle-la-Reine, est situé sur la place du village, près de la mare où les lavandières venaient laver leur linge et les animaux s'y abreuver.*
Un entretien avec M. Bernard Morisseau, maire d'Aufferville m'a appris que, depuis une vingtaine d'années, le puits avait été bouché, mais l'eau était toujours là, à dix mètres. En 1910, la commune fit un forage dans la même nappe phréatique, à quelques mètres du vieux puits, afin d'amener l'eau par des canalisations aux usagers qui la demanderaient ; la commune établit également 5 bornes-fontaines. Les 4 hameaux d'Aufferville avaient eu jusque-là leur puits, mais à partir de 1910, ils furent également desservis. C'était le garde-champêtre qui était chargé de relever le montant des consommations sur les compteurs ; les usagers avaient un compteur et payaient leur consommation à la commune.
Ce puits était fort ancien et datait d'une époque lointaine ; chacun des hameaux avaient des puits d'une architecture identique.
La mare n'a plus beaucoup d'eau, mais elle sert de réservoir quand il y a de gros orages : l'eau s'y écoule, sinon les maisons seraient inondées. Le fond de la mare n'étant pas soulagé, les animaux n'y allant plus s'abreuver et piétiner, l'eau s'infiltre plus facilement et plus rapidement qu'autrefois.
(Coll. Picault)

153. *Cette carte postale illustre l'inauguration de l'amenée des eaux dans la commune, fêtée le 3 avril 1910 avec beaucoup de pompe ; tous les notables de la commune et du canton étaient venus et l'on ne compta pas les beaux chapeaux des belles dames, ni les beaux costumes de ces messieurs !*
(Coll. Herbette)

154. ***Bésigny**, hameau de la commune de **Souppes-sur-Loing**, dans le canton de Château-Landon. t demeuré là, sur le plateau où souffle le vent, sur le bord d'un chemin, entouré par les champs fraîchement moissonnés ; son grand toit de tuiles en bâtière, soutenu par des demi-fermes, perd quelque peu ses tuiles. Mais, depuis tant de siècles, il a vu tant de gens venir puiser sa bonne eau fraîche dans ses profondeurs, qu'il lui semble bon d'être au repos !* (Photo Fatoux)

Nous avons déjà dit que les eaux souterraines, qui alimentent les puits ou forment les sources, se rencontrent à plusieurs niveaux différents.

Dans les plaines élevées du canton de la Chapelle-la-Reine, on trouve l'eau après avoir traversé le calcaire supérieur et les sables vers la surface du calcaire lacustre inférieur, ou même à une certaine profondeur, dans ce terrain, au-dessous de l'assise des glaises vertes. Il paraît cependant que l'eau afflue quelquefois au sein même des sables, et cette circonstance tient probablement à ce que l'assise sableuse est comprise entre deux formations calcaires, dont la plus basse est peu perméable à cause des couches marneuses qui en forment la partie supérieure.

Contamination des puits et des sources

La contamination des puits et des sources fut dénoncée par les hygiénistes du XIXe siècle et causée par la négligence des habitants, principale responsable de cet empoisonnement progressif.

La commission d'hygiène du Touring Club de France publia, sous le titre : "Eaux de source, eaux de puits", une étude très complète où M. A. Ballif constate avec beaucoup de raison : "Qu'une eau d'une pureté parfaite en apparence, de l'aspect le plus cristallin, peut être nocive au plus haut degré si, dans son parcours ou bien dans les réservoirs qui la reçoivent, elle a pu se trouver en contact avec des germes microbiens ".

La contamination des eaux potables fut une très grave question trop souvent négligée par les particuliers, mais aussi par certaines municipalités peu soucieuses de leur devoir social.

La source et le puits subissaient, dans beaucoup de circonstances, le contact malsain de voisinages dangereux : les lavoirs, les salles de bains ; les puisards recevaient les eaux usées, mais aussi les fumiers et les pertes des ruisseaux ; les fosses d'aisances même se trouvaient, dans quantité de cas, à proximité des puits et des sources. Comme ces ouvrages n'étaient pas toujours de construction irréprochable, des infiltrations se produisaient et les eaux souterraines se trouvaient ainsi fatalement contaminées.

"Les précautions à prendre pour éviter la contamination de la nappe aquifère étaient simples. Il suffisait d'obstruer les points où les pertes se produisaient et rendre étanches les parties poreuses, soit par un revêtement argileux, soit au moyen d'une maçonnerie étanche, à moins que l'on ne détourne les eaux superficielles pour les faire couler dans un lit artificiel imperméable, ce qui était encore préférable et moins coûteux", nous dit cette étude.

Les puits, les fontaines, les aqueducs souterrains, les mares étaient soumis à un entretien constant, au moins une fois l'an.

Dans les livres des délibérations du conseil municipal de Lizy-sur-Ourcq, on trouve :

"**Budget pour l'année 1882 :** entretien des puits, fontaines, aqueducs et mares = **400 francs**"

Les machines à élever l'eau : les pompes

Dans l'antiquité comme de nos jours, on amenait l'eau depuis son niveau naturel jusqu'à un niveau supérieur. Lorsque les quantités à élever atteignaient une certaine importance, les Anciens et notamment les Romains, avaient recours à divers types de machines que nous connaissons par des figurations iconographiques, des mentions et des descriptions chez les auteurs tels que Diodore de Sicile et Vitruve, l'un et l'autre du 1er siècle avant Jésus-Christ, ou encore grâce à des vestiges retrouvés lors de fouilles archéologiques.

Les pompes semblent avoir été d'un usage assez répandu. Appelées "sipo ou sipho", elles se rattachaient au système de la pompe foulante, laquelle ne peut fonctionner que partiellement immergée, mais demeure indépendante des effets de la pression atmosphérique qui limite la hauteur d'élévation des pompes aspirantes et ne voit sa capacité de refoulement dans le plan vertical, bornée, que par la résistance des matériaux avec lesquels on l'a construite.

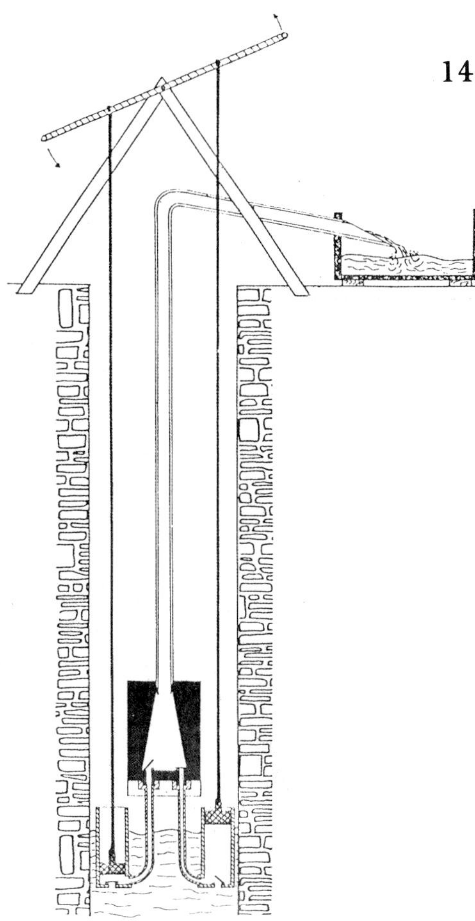

155. *Essai de reconstitution de la pompe découverte à Périgueux, d'après Michel Gauthier, Vésone, cité bimillénaire.*

Cette pompe hydraulique consistait en un corps central très résistant, en bois ou en métal, où l'eau se trouvait refoulée par un ou bien par deux pistons se déplaçant eux-mêmes dans des cylindres placés symétriquement par rapport à lui. Chacun d'entre eux avait le fond percé d'un trou d'admission muni d'un clapet, tandis qu'une seconde ouverture, sur la partie inférieure de la paroi verticale, communiquait par un tube avec le corps central, où l'eau passait avant de monter par le tuyau de refoulement vertical. Les deux pistons fonctionnaient alternativement, assurant ainsi un débit à peu près continu. On les actionnait grâce à deux tiges verticales reliées, au niveau où se manœuvrait la pompe, à un balancier.(4)

Les pompes employées pour l'élévation de l'eau au siècle dernier, étaient de type et de système très différents ; toujours installées à partir du puits dont la margelle couverte arrivait à fleur de terre, elles étaient le meilleur moyen pour tirer l'eau du puits, faciles à manœuvrer, mais coûteuses et se détraquant fréquemment par le simple usage.

Nous trouvons :

- les pompes aspirantes rotatives,
- les pompes à balanciers,
- les aéro-moteurs ou moulins à vent, ou éoliennes,
- les manèges à traction animale,
- les réservoirs et citernes.

4) *Extrait du nº 211 de la Revue Archeologia, mars 1986 : les machines à élever l'eau chez les Romains, de Robert Bedon.*

157. ***Achères-la-Forêt*** *où* ***Meun****, son hameau (canton de La Chapelle-la-Reine), a un puits à pompe aspirante rotative qui est toujours là.*
Le lieu-dit "cul-de-sac" était le bout du hameau ; tout autour de la commune, c'était la forêt, avec des rochers impossibles à creuser. Il y a une mare : "le marchais[5]*, qui se trouve sur des bancs de rochers et qui existe toujours, où les femmes allaient laver quand il avait bien plu.*
Achères-la-Forêt est un vieux village datant du Xe siècle, qui compte aujourd'hui 750 habitants. En 1957, l'armée américaine construisit 75 pavillons pour loger ses officiers du quartier général de l'O.T.A.N. A leur départ de France, ces pavillons furent mis en vente et achetés par des habitants du village ou comme résidences secondaires. Cela fit un apport de population appréciable. De plus, la proximité de la sortie de l'autoroute A6 à Ury a également amené des familles à résider au village ; aussi en période de vacances, y a-t-il une grande animation et beaucoup de monde par ici".
(Coll. Amatteis)

(Entretien avec Madame Tailland, de la Société d'Histoire des Amis d'Achères-la-Forêt, décembre 1985.)

---

5) "Le marchais" en Gâtinais signifie : grande mare.

☞

156. *Dans le canton de Rozay-en-Brie, la commune des* ***Ormeaux*** *est traversée par la rivière Yerres. Près de sa source, à Rigny, les alentours de cette commune sont bordés par les marais et les étangs. Les habitants ont ici installé un système de pompage. Les femmes venaient autrefois chercher l'eau à la pompe aspirante rotative, mue à bras d'homme. C'était aussi le lieu de rencontres agréables et de papotages, qui faisaient passer le temps, à une époque où tout simplement on prenait le temps de vivre.*
(Coll. Amatteis)

158. *La fontaine Saint-Edme est située à la sortie de* ***Soisy-Bouy****, ancienne maison forte du XII*[e] *siècle, de la commune de* ***Chalautre-la-Petite****, dans le canton de Provins. L'eau de la fontaine s'écoule dans le ru qui se jette dans celui des Méances, affluent de la Voulzie. Même système de pompage qu'aux Ormeaux. Cette carte postale est un tableau peignant la vie : le grand lavoir du début du XIX*[e] *siècle, toit à deux pentes au-dessus du bassin, alimenté par la fontaine dont l'eau est amenée dans la grande citerne, la pompe rotative aspirante, le cheval attelé qui attent patiemment que la citerne posée sur la charrette soit remplie, la brouette à côté du lavoir, tout ici nous dépeint le dur travail de nos ancêtres...* (Coll. Amatteis)

160. **Coupvray**, *canton de Crécy-la-Chapelle, autre tableau montrant les femmes à leurs tâches journalières : la quête de l'eau pour les besoins domestiques, la brouette pour les transports divers. La pompe est ici actionnée par un balancier ; les deux femmes portent une robe de popeline très semblable, bien serrée au cou et aux poignets et sont chaussées de sabots. La source est bien protégée par sa construction en pierre ; elle est sur le bord du chemin qui devint la rue Monis. Le lavoir est en contrebas de la pompe à droite.* (Coll. Amatteis)

159. *Un peu plus bas,* **Gouaix**, *canton de Bray-sur-Seine, traversé par un ru non identifié, qui prend sa source à cette fontaine où une grande activité se déploie ce jour-là. Le grand lavoir rectangulaire est abrité par un toit à double pente de chaque côté du bassin. Il existe toujours, protégé par la municipalité qui y fit des travaux de remise en état. Il est alimenté par l'eau de la fontaine. Même type de citerne et de pompe qu'à Soisy-Bouy. La photographie fut prise en été, par un beau soleil, car ici chacun porte un couvre-chef : canotier ou grand chapeau de paille. Il y a un mouvement de va-et-vient entre les attelages portant les citernes à remplir à la pompe. Mais ceux qui ne sont pas trop pressés prennent le temps de s'asseoir et de bavarder...* (Coll. Amatteis)

161. *Rue de la Gare à* ***Vosves****, hameau de la commune de* ***Dammarie-lès-Lys****, canton de Perthes-en-Gâtinais. Une petite fille est venue chercher de l'eau à la pompe à balancier. Celle-ci est contre un mur, abritée par un gros arbre...* (Coll. Amatteis)

163. *L'ancien colombier de Fontaines-les-Nonnes est de nos jours un château d'eau très bien intégré dans le paysage où fut implantée cette très ancienne ferme fortifiée au XIIe siècle.*
(Photo Fatoux)

Disons quelques mots sur ce prieuré conventuel : il fut fondé par les religieuses de l'ordre de Fontevrault en 1124. Il comprenait une communauté de femmes, 17 religieuses, 13 sœurs converses, la Prieure était à sa création Madame Le Page, ainsi qu'une communauté d'hommes peu nombreuse.

Pendant la Révolution, les bâtiments conventuels furent rasés, seule subsista la chapelle Saint-Jean ; les bâtiments de la ferme et de l'accueil ne furent pas endommagés. Le château fut reconstruit après la grande tourmente, dans un style fin XVIIIe ; il appartient de nos jours à Madame la Comtesse de Beauregard, veuve de M. Costa qui acheta le titre de son vivant.

162. *A* ***Fontaines-les-Nonnes****, dans la commune de* ***Douy-la-Ramée****, canton de Lizy-sur-Ourcq, la fontaine-abreuvoir est située dans la cour de la ferme-exploitation agricole que dirigent, depuis 25 ans, M. et Mme Bardin.*
La pompe en cuivre à balancier datant du siècle dernier, est directement installée sur le puits creusé à faible profondeur, l'eau jaillissant de partout sur le territoire de Fontaines-les-Nonnes.
Sur le sol, on voit très nettement l'usure que l'empreinte des seaux placés sous la goulotte a creusée dans la pierre, au cours des siècles.
Près de la pompe, un grand abreuvoir en grès, auge refouillée dans la pierre, est de nos jours transformé en bac à fleurs, d'un effet très décoratif.
Le puits et l'abreuvoir furent construits au XIIe siècle dans cette cour, devant les bâtiments dévolus à l'accueil du prieuré conventuel de Fontaines-les-Nonnes. Cette cour était entourée des divers bâtiments, granges, étables, bergerie de la ferme.
Si la pompe à balancier n'est plus actuellement utilisée, le puits a gardé toute son importance. En effet, à partir de ce dernier, une canalisation souterraine va rejoindre la dernière tour d'enceinte de la ferme fortifiée du XIIe siècle. Celle-ci fut surélevée au XIXe siècle, couverte d'une toiture de tuile et servit longtemps de colombier. M. Bardin la transforma en château d'eau à cuve métallique, faisant fonction de réservoir d'équilibre ; une pompe centrifuge permet la distribution d'eau aux bâtiments et habitations de la ferme-exploitation.
(Photo Fatoux)

Dans le parc du château, la magnifique pièce d'eau, de forme rectangulaire, date du XVe siècle : "Le 7 septembre 1489", est-il écrit dans le Cartulaire de l'église de Meaux, "en l'absence du Doyen, le chapitre a donné aux religieuses de Fontaines-les-Nonnes, la permission d'établir une conduite d'eau en la rivière de Tresmes (aujourd'hui la Thérouanne), pour alimenter leur maison."

"A droite, subsiste un petit bâtiment qui recouvre une source dont les eaux élevées par un système hydraulique, se répandaient dans toutes les cellules du monastère", écrit l'Abbé Bono, curé d'Etrépilly, dans sa notice historique de Fontaines-les-Nonnes en 1888.

Le cours de la rivière de Tresmes ou la Thérouanne, fut dérouté et la rivière canalisée ne traverse plus le parc du château, mais l'alimentation en eau du château continue de se faire sur le même principe.

Le plan ci-joint, nous aidera à mieux comprendre la configuration des lieux cités :

Plan du Prieuré conventuel de Fontaines-les-Nonnes (1888)

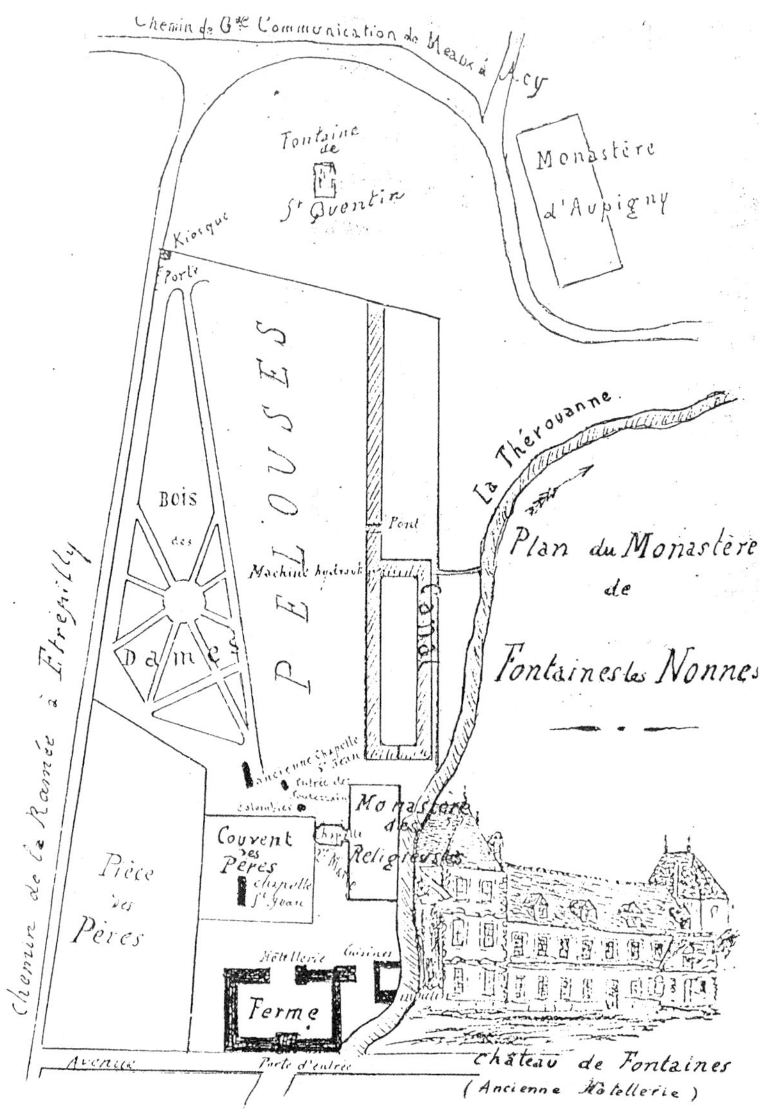

164. ***Crégy-lès-Meaux**, le vieux puits fermé et son abreuvoir, de nos jours devenu un bac à fleurs, demeurent à l'angle de l'ancienne cour commune , seuls témoins du passé. Une pompe à balancier en forme de manivelle fut, au siècle dernier, installée sur la margelle du puits afin de faciliter le puisage.* (Photo Fatoux)

165. *A **Chambry**, canton de Meaux, au bas de la côte du Moulin, maintenant appelée la route de Meaux, la vieille pompe à balancier, dont se servaient les habitants du voisinage, était alimentée par une source.* (Photo Fatoux)

166. *Le puits en briques rouges et sa vieille pompe à balancier sont restés là, près de l'église restaurée de* ***Gesvres-le-Chapitre****, dans ce hameau retiré de la grande route (canton de Dammartin-en-Goële).* (Photo Fatoux)

Les moulins à vent, aéro-moteurs, éoliennes

Ce sont des appareils-moteurs utilisés pour l'élévation de l'eau sous l'action du vent. Ces appareils se composent :

- d'une roue motrice,
- de l'arbre moteur avec le plateau manivelle et la bielle,
- de la girouette directrice et de son support articulé,
- de la girouette régulatrice,
- du bâti principal et de son arbre porteur vertical,
- des secteurs dentés et du levier à contrepoids,
- du chapeau formant douille et de la crapaudine sur laquelle pivote le mécanisme.

"Le vent arrivant normalement sur les ailettes et y rencontrant un obstacle, la vitesse du courant se trouve transformé en une pression, variable suivant la force du vent, dont la réaction occasionne le mouvement de rotation de la roue. Le mouvement est transmis, par un jeu de manivelles, de l'arbre à la bielle qui, à son tour, transmet le mouvement alternatif à la tringle du piston de la pompe. Le choix de la pompe offre une grande importance au point de vue du bon fonctionnement d'une installation hydraulique par le moteur à vent"(6)

6) *Will Darvillé, opus cité.*

167. *A* ***Pomponne****, canton de Lagny, le propriétaire du château de Chaâlis, près du hameau de Bordeaux, installa un aéro-moteur, afin de pourvoir à l'alimentation en eau potable du château et de ses dépendances.* (Coll. Amatteis)

168. ***La ferme de Montgodefroy****, sur la D15 de Maisoncelles à Coulommiers, avait, au siècle dernier, installé une éolienne dans un champ, de l'autre côté de la route, qui alimentait aussi un petit lavoir, maintenant perdu sous les broussailles.* (Photo Fatoux)

Les réservoirs et citernes

Ce fut sous le second Empire que l'on envisagea la distribution d'eau dans les communes ; diverses constructions furent réalisées. Les réservoirs de distribution d'eau communale commencèrent à parsemer le paysage seine-et-marnais de leurs champignons à architecture variée, plutôt inhabituelle à nos yeux !

Nous trouvons divers types de constructions :

1/ **En maçonnerie**, véritables citernes souterraines dont la capacité et les dispositions variaient suivant les besoins et les emplacements.

2/ **En tôle rivée**, semblables aux cuves ventrues, qui, montées sur des pylônes en maçonnerie alimentaient les trains à vapeur, dans les gares de chemin de fer.

3/ **En ciment armé**, ce sont ceux que nous allons voir plus particulièrement : les réservoirs ont depuis une centaine d'années pris une extrême importance dans les distributions d'eau et constituent le régulateur et le volant de cette nouvelle distribution d'eau. A chaque instant, ils emmagasinent la différence entre le volume de liquide amené et le volume de liquide consommé, ou bien ils comblent le déficit entre l'apport et la consommation. Celle-ci est essentiellement variable ; l'apport, lui, est uniforme.

169. *Fontainerie d'un réservoir d'équilibre sur pylône.* *(Will Darvillé)*

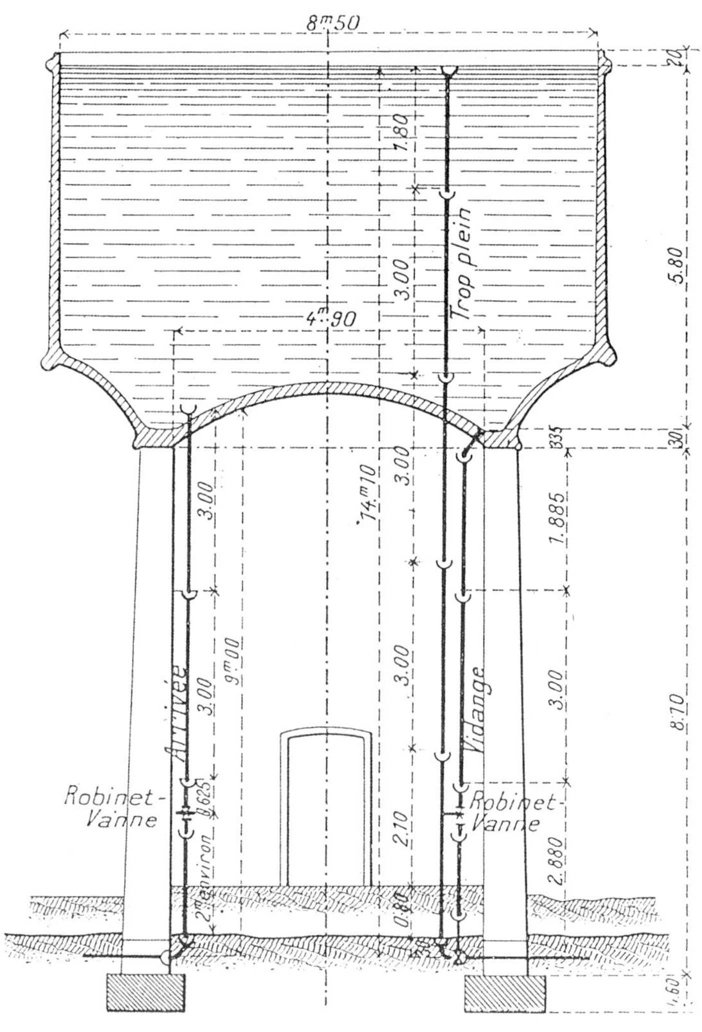

170. ***Ury**, canton de La Chapelle-la-Reine : tout au bout de la rue, le château d'eau, construit dans les environs des années 1910, domine de sa hauteur, éclipsant presque la vieille église et son clocher typiquement briard, à couverture en "double bâtière" !* (Coll. Amatteis)

But des réservoirs :
- **d'équilibrer la pression** : ils sont alors comme des soupapes de la distribution.
- **de mettre en réserve** les quantités d'eau nécessaires pour parer aux chômages des sources, aux ruptures de conduites qui interrompent momentanément le service, aux arrêts des usines élévatoires dus à des causes diverses.
- on doit procéder au calcul de la consommation horaire de la commune qui sera la base de la capacité des réservoirs. L'eau contenue doit représenter une fois et demi la consommation totale de la commune pendant une journée.
- les réservoirs sont en général implantés sur des reliefs élevés. En effet, plus ils sont élevés, plus la pression dans les conduites sera forte. Ils sont en général le plus près possible du point de la consommation.

Comment sont alimentés les réservoirs ?

– par les eaux des sources captées et amenées par canalisation dans un bassin, que l'on appelle bassin de départ. Puis la conduite vient aboutir dans le château d'eau, dans une cuve métallique faisant fonction de réservoir d'équilibre recouvert d'un crépi.

Le château d'eau peut avoir 20 m ou plus de hauteur totale.[7]

---

7) *D'après l'ouvrage de Will Darvillé "L'eau à la ville, à la campagne, dans la maison", opus cité.*

171. ***Achères-la-Forêt**, canton de La Chapelle-la-Reine ; le château d'eau fut inauguré en 1910 ; c'est un puits dont le forage descendit à 52,5 m de profondeur. Le château d'eau est construit directement sur le puits ; sa contenance est de 150 m³, débitant 30 m³ à l'heure ; la montée se fait par pompe centrifuge.*
Depuis quelques années, l'analyse de l'eau a décelé la présence de nitrates ; leur taux est actuellement de 50 mg, taux élevé qui la rend impropre à la consommation ; à moins qu'elle ne soit bouillie.
Un deuxième puits a eté foré en 1983 plus profondément que l'ancien, à 80 m de profondeur ; le château d'eau est également construit sur le puits ; il est d'une contenance de 500 m³ et débite 120 m³ à l'heure. Il est situé en bordure de la forêt domaniale de Fontainebleau au lieu-dit "Les Barnollets", sur le chemin de la forêt. Actuellement l'analyse de l'eau a donné 6 mg de nitrates.
La municipalité est donc alimentée en eau potable par le nouveau château d'eau, l'ancien étant utilisé par les agriculteurs pour l'arrosage de leurs terres, il sert également en cas d'incendie.
Le problème de la présence des nitrates dans l'eau est difficile à résoudre. En effet, les agriculteurs doivent employer des engrais artificiels, les rendements de leurs cultures devenant de plus en plus importants ; ils utilisent souvent l'ammonium liquide qui est assimilable par les plantes, les engrais naturels étant importés et donc trop chers.
(Entretien avec M. Simon, maire de la commune, décembre 1985) (Coll. Amatteis)

Les "nitrates" jouent un rôle important comme engrais. Ils agissent en fournissant de l'azote à la végétation dont les grandes cultures ont besoin pour un meilleur rendement, toujours plus recherché par les agriculteurs. Ces "nitrates" sont employés sous forme : de sels de sodium, de potassium, de nitrates de calcium et essentiellement de sulfates d'ammonium... fabriqués industriellement.

Les sols sont "lessivés" entraînant dans leur profondeur ces engrais artificiels de nitrates ou d'ammonium liquides, vers les nappes phréatiques et les cours d'eau souterrains qui se trouvent ainsi pollués, d'où la nécessité de capter les sources dans leur nappe aquifère à 80 ou 100 m.

172. ***Lizy-sur-Ourcq*** *: place du marché, deux hommes reviennent du puits tirant leur charrette à bras, lourdement chargée d'un tonneau rempli d'eau pour leurs besoins domestiques.*
Il y avait trois puits communaux à Lizy, des puits mitoyens et des puits particuliers.
Dans les livres de délibération du conseil municipal, on trouve :
– la création d'une usine des eaux au début du XXe siècle,
– le 11 avril 1913, l'établissement d'une deuxième pompe pour cette usine,
– le 17 octobre 1913, l'installation d'un deuxième groupe élévatoire à l'usine des eaux.
A la suite d'un courrier échangé avec M. Vincienne, maire adjoint de la commune, voici un complément d'information concernant l'alimentation en eau potable de la commune :
"Les puits d'eau potable furent forés dans la nappe du Soissonnais et alimentent la commune de Lizy, le hameau d'Echampeu et la commune de Mary-sur-Marne. Le premier forage qui eut lieu à ce moment-là permettait d'abandonner les sources précédemment captées pour les besoins de la commune de Lizy". (août 1985) (Coll. Amatteis)

173. *Le château d'eau situé sur le plateau, route D.401, en arrivant sur Lizy.* (Photo Fatoux)

173 bis. ***Villiers-Saint-Georges,*** *le château d'eau fut construit en 1928, d'une contenance de 250 m³ ; il est situé face au stade municipal, près d'un puits foré. Non loin de là, un vieux lavoir protégé par la municipalité. Cette carte postale, dont la prise de vue est inhabituelle, nous montre les ouvriers bâtissant ce château d'eau en ciment armé ; après les demi-cintres formant la partie inférieure de la cuve, ils vont maintenant aborder la partie rectangulaire, d'une hauteur de 5 m environ. La hauteur totale du château d'eau sera d'une vingtaine de mètres.* (Coll. Amatteis)

175. ***Champagne-sur-Seine****, dans le canton de Moret-sur-Loing. A l'extrémité de la forêt domaniale de Champagne, se dresse ce réservoir en ciment armé sur pylônes ouverts, où l'on aperçoit un escalier qui s'enroule autour d'une colonne centrale. Ce réservoir est d'une hauteur de 33 m et fut construit par un entrepreneur de Paris, à la fin du XIX*[e] *siècle.* (Coll. Amatteis)

174. *Ce château d'eau double fut construit dans les années 1880 sur le plateau de la commune de* ***Quincy-Voisins****, au hameau de* ***Ségy,*** *composé de deux réservoirs en ciment armé sur pylônes ouverts, qui présentaient le gros inconvénient de ne pas protéger les tuyaux, les robinets et accessoires divers qui composent la fontainerie d'un réservoir, des rigueurs des hivers.*
Ils ont été remplacés, après un siècle de bons services, par un château d'eau très moderne d'une trentaine de mètres de hauteur, tout crépi de blanc, à l'allure d'un champignon stylisé.
(Coll. Chèvremont)

175 bis. *A **Champs-sur-Marne,** le groupe des trois châteaux d'eau situé sur le haut du plateau, face à l'ensemble du château, présente une particularité intéressante. En effet, le plus ancien, d'une contenance de 350 m³, est revêtu de bois afin de se fondre dans le paysage environnant composé d'arbres et d'allées. Une plaque est apposée sur la partie supérieure, indiquant : "Armand Girard, ingénieur constructeur, Paris, 1896". Un autre château d'eau semble avoir existé avant cette date, m'a confié le régisseur du domaine ; lorsque le comte Cahen d'Anvers acheta le château, en 1885, un plan du domaine fut établi où figure un château d'eau situé au même endroit. Peut-être était-il entièrement en bois ? Revenant à celui construit en 1896, nous ajouterons qu'il alimentait le château en eau potable. L'eau de la Marne, pompée dans un puits artésien situé dans le bas du parc du château puis refoulée, était conduite jusqu'au château d'eau.*
Le deuxième château d'eau, jouxtant le premier, date des années 1900. Il est d'une contenance de 400 m³, alimenté par l'eau de la source de la Calotte, située presque en face de la grille du Luzard, sur la route de Noisiel, dans la commune de Champs. Il alimentait également le château. Tous deux sont encore utilisés. Au pied des deux châteaux d'eau, un grand bassin à ciel ouvert constitue une réserve ; le tout est bien clos d'un grillage.
A quelques mètres de là, le troisième château d'eau appartient à la Société Française de Distribution des Eaux ; il est d'une contenance de 375 m³ et date des années 1930-40 ; il alimentait le vieux pays de Champs jusqu'aux environs de 1975. Il est maintenant raccordé au château d'eau dit "des Quatre Pavés" dans la ville nouvelle de Val Maubuée. Il était alimenté par un puits obtenu après forage, situé près de la Marne entre le lac du château de Champs et la sablière, au lieu-dit "les alluvions". (Renseignements communiqués par M. Bourgeois, Société Française de Distribution des Eaux, mars 1986). (Photo Fatoux)

La Ville Nouvelle de **Marne-la-Vallée** commença à voir le jour aux alentours des années 1960, afin de pallier la croissance désordonnée des villes de la région parisienne, qui n'était par ailleurs, qu'une résultante du développement anarchique des années qui suivirent la deuxième Guerre Mondiale.

C'est ainsi que naquirent, à partir des années 1969, les villes nouvelles de Saint-Quentin-en-Yvelines, Evry, Melun-Sénart, Cergy-Pontoise et Marne-la-Vallée.

Sans vouloir donner un descriptif détaillé de la conception, de la construction et du développement de cette ville nouvelle, disons en résumé, que Val-Maubuée est situé au centre du "Pays Nouveau", qu'il s'étend sur 3.800 ha groupant 6 communes. Ces nouvelles urbanisations constituent des quartiers autonomes tels que ceux du Luzard et de la Ferme du Buisson, de l'Arche-Guédon, du Mandinet, des coteaux de Maubuée, qui sont centrés autour des gares du RER et reliés à Paris par l'autoroute A4.

Il est intéressant de noter l'évolution de la construction des châteaux d'eau vers des formes nouvelles qui voudraient se fondre dans le paysage, ou s'y adapter, et non "l'offusquer". On peut dire que depuis la fin de la deuxième Guerre Mondiale, les services techniques des collectivités locales qui réalisent ces châteaux d'eau, s'efforcent d'en améliorer l'esthétique. Nous en trouvons à Marne-la-Vallée un très bon exemple.

176. *Le Val Maubuée, secteur de la ville nouvelle de* **Marne-la-Vallée**, *canton de Torcy, est alimenté en eau potable par deux châteaux d'eau. Voici "le Totem" qui émerge des frondaisons de la forêt environnante. Sa conception est due au peintre Garnier, sélectionné par concours. Ce château d'eau est situé à l'extrémité de l'allée du Parc menant à l'ancien château appartenant au duc Levis-Ventadour, à Noisiel. Il est d'une capacité de 2.000 m³ ; la citerne est située dans sa partie supérieure ; l'ensemble est revêtu de mosaïques colorées en pâte de verre stylisée. Il est traité de manière originale, son habillage essaie d'être poétique et de s'harmoniser avec le milieu boisé qui l'entoure, dans une certaine symbolique : une porte entre la ville et la forêt.*
Le deuxième élément de cette "porte" sera le second "Totem", de même capacité, actuellement en construction, également revêtu de mosaïques colorées en pâte de verre. Les deux "Totems" figurent le visage stylisé de deux êtres un peu fantasmagoriques et lunaires qui seraient un peu les protecteurs et l'emblème de la ville nouvelle. (Photo Fatoux)

177. *Le château d'eau des "Quatre pavés", vraie tour de Babel, fut conçu par l'architecte Ch. de Portzampac ; il a une contenance de 1.500 m³ d'eau et est alimenté par l'usine élévatoire située à Champs-sur-Marne ; il fut traité en château d'eau végétal, support d'une longue "chenille" hélicoïdale de jardinières, qui permettront au lierre de couvrir les dix faces de ce "signal" massif et de l'égayer. Un dispositif automatique pulvérise l'eau prélevée dans le réservoir. Les plantes n'ont ainsi aucun mal à proliférer ; les espèces saisonnières apportent progressivement des touches de couleurs vives se détachant sur le fond vert sombre du lierre.*
Le château d'eau des "Quatres Pavés", forme un "signal" au centre du rond-point traversé par un boulevard de liaison, réservé au trafic automobile lent, doublé par des promenades piétonnes.
(Photo Fatoux)

Manèges à traction animale

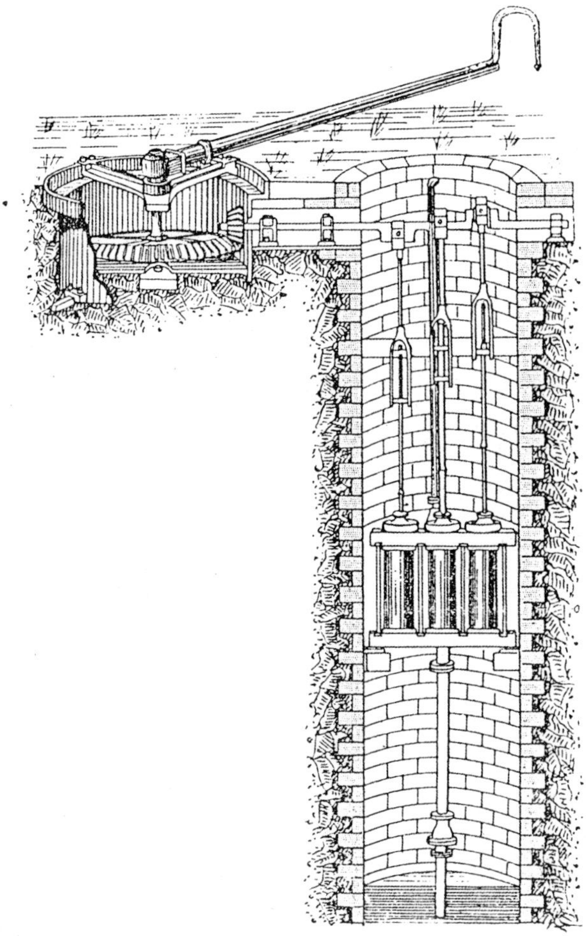

179. *Manège à traction animale actionnant une pompe à trois corps (Will Darvillé)*
Un puits a été creusé, descendu en maçonnerie à environ 18 m de profondeur et de 1,45 m de diamètre. Pour l'élévation de l'eau, une pompe à trois corps a été établie dans le fond, à 5 m environ du plan d'eau. Quant au manège, il se compose d'un arbre en bois monté sur un pivot en fer forgé tournant dans un palier en acier ; il actionne une roue horizontale à engrenages qui fait fonctionner l'arbre moteur, pour donner le mouvement à la pompe. Le sol est aménagé tout autour : un rond-point gazonné entoure le châssis du manège, encadré par une route circulaire en terre battue sur laquelle tourne Lisette. Les canalisations partent du réservoir et vont alimenter les bâtiments de la colonie de vacances.

178. ***Les Champtretots****, hameau de la commune de* ***Chailly-en-Brie****, canton de Coulommiers, dans la propriété où fut installée une colonie de vacances ; c'est grâce à la traction animale que l'eau est pompée jusque dans le réservoir. Brave Lisette !* (Coll. Amatteis)

180. *Une des bornes à incendie de la commune de* **Chambry,** *canton de Meaux.*
C'est une borne de puisage sans robinet de secours. Dans beaucoup de nos petites communes et même dans les villes, les bornes-fontaines servent à la fois au puisage public et au secours contre l'incendie.
Cette borne cylindrique est en fonte, reposant sur une partie circulaire et couronnée par un chapeau. Ici trois tubulures se branchent sur des génératrices de la colonne, tout autour, portant des raccords au pas des pompiers, dont les orifices sont bouchés par des tampons avec des écrous de vissage. Sur le dessus du chapeau, un raccord sur lequel on peut ajuster un tuyau plus petit, pour l'arrosage de la chaussée et le lavage du ruisseau.
Ces poteaux sont peints en rouge vif ; ils sont montés sur des dalles de pierre cimentées[8].
La borne à incendie du village est alimentée par une source canalisée dans un aqueduc souterrain qui a des embranchements multiples afin d'alimenter le village en eau. (Photo Fatoux)

8) Will Darvillé, opus cité.

Les fontaines

Les fontaines des villages, des bourgs, des villes, créations artistiques issues de la main de l'homme ont été, à leur origine, partie intégrante de la consommation en eau potable des habitants.

Issue des sources, l'eau canalisée jaillissait de la "goulotte", remplissait les cruches, les "seilles" (seau à eau), les citernes portatives, les bassins où les femmes venaient rincer leur lessive, où les chevaux et les vaches venaient s'abreuver.

Les fontaines publiques monumentales construites par les Romains étaient un lieu de rencontre privilégié essentiellement féminin. Ces fontaines distribuaient une eau abondante amenée par les aqueducs aériens ou souterrains ; elle arrivait dans les villes, où elle était réservée aux thermes et aux fontaines qui en faisaient les charmes. A partir de l'époque impériale, l'eau fut distribuée à tous les riches Romains ; elle se déversa alors en véritables rivières à travers la ville le long des égouts. Presque chaque maison possédait des citernes, des conduites et des fontaines intarissables, qui demandèrent aux fontainiers romains tout un art pour localiser les sources, les capter, les canaliser et les amener à la ville.

A toutes les époques qui suivirent cette période d'occupation romaine, les civilisations ont construit des fontaines qui ont joué un grand rôle dans la décoration des villes et des habitations de plaisance. Au XVIIIe siècle, le parc du château de Vaux-le-Vicomte de la commune de Maincy, canton de Melun-nord, appartenant au surintendant Fouquet, avec ses jardins dessinés par Le Nôtre, a enchanté les yeux des habitants du château et de ses invités avec ses bassins et fontaines jaillissantes. Depuis le commencement du XIXe, les fontaines construites sous l'Empire ont offert une plus grande variété de formes et de motifs décoratifs. On peut dire que les fontaines ont fait appel à la sculpture ou à l'architecture, souvent au détriment des effets de l'eau.

On peut les classer ainsi :

– **Fontaines couvertes ou découvertes** : adossées ou isolées, suivant que tout leur ensemble est protégé par une construction ou laissé à découvert.

– **Fontaines à bassin**, consistant en un bassin adossé ou isolé de forme polygonale ou circulaire dans lequel un jet d'eau, une statue ou même un groupe de figures sert à amener l'eau : souvent, dans les fontaines de ce genre placées au milieu des places publiques, une ou plusieurs vasques reçoivent l'eau à la partie supérieure de la fontaine et la déversent en nappe dans le bassin proprement dit.

– **Fontaines à coupe**, qui comprennent au-dessus de leur bassin une seule vasque portée par un motif central et dont la forme, en calotte sphérique, rappelle les coupes antiques.

– **Fontaines en demi-lune**, qui sont élevées sur un plan demi-circulaire et en partie comprises dans un renfoncement de même forme, dont la décoration simule une grotte ou se compose d'une simple niche.

– **Fontaines en pyramide** dans lesquelles plusieurs vasques, disposées l'une sur l'autre en diminuant de diamètre au fur et à mesure qu'elles s'élèvent, permettent à l'eau de tomber en nappes successives, mais de façon à former une nappe unique entourant le corps de la fontaine d'un cône ou d'une pyramide liquide.

Les fontaines étaient souvent des **fontaines publiques**, c'est-à-dire que tout l'ensemble du service d'eau d'une ville dépendait le plus souvent de l'eau débitée sur la voie publique au moyen des **fontaines publiques de puisage** et des **bornes-fontaines** :

Les fontaines publiques de puisage se composent d'un orifice fournissant l'eau à jet continu au-dessus d'une auge servant à la fois à d'abreuvoir du bétail et au lavage du linge, où les ménagères venaient remplir leurs seaux.

Elles se présentent sous diverses formes dans la plupart des bourgs et des villes, qui, durant des siècles, ne connurent pas d'autre mode de distribution d'eau. L'auge fut assez souvent supprimée et, pour économiser l'eau, l'écoulement fut rendu discontinu par l'interposition d'une soupape ou d'un robinet : puits publics et citernes publiques.

Les bornes-fontaines étaient utilisées dans les villes qui avaient un système de distribution d'eau communale, par ceux des habitants qui n'étaient pas des abonnés.

La borne-fontaine était en fonte, isolée ou adossée contre un mur. La hauteur était calculée de façon que l'orifice se trouvât précisément au niveau convenable pour servir au remplissage des seaux placés sur le trottoir, à 60 ou 70 cm du sol.

L'écoulement, presque toujours discontinu, était commandé par un robinet à vis, à contrepoids ou à repoussoir, disposé autant que possible de manière à éviter les coups de bélier et réglé de manière à remplir un seau de 7 à 10 litres en 20 secondes environ, ce qui correspondait à un débit normal de un demi-litre par seconde.

Les fontaines couvertes

181. *A* ***Coutevroult****, dans le canton de Crécy-la-Chapelle, la source de la fontaine de Misère se trouve protégée par une construction en pierre et fait partie "***des Fontaines Couvertes***".*
(Coll. Martin)

Fontaine

"Fontaine, ma fontaine, eau froidement présente,
Douce aux purs animaux, aux humains complaisante
Qui d'eux-mêmes tentés suivent au fond la mort,
Tout est songe pour toi, Sœur tranquille du Sort !
A peine en souvenir change-t-il un présage,
Que pareille sans cesse à son fuyant visage,
Sitôt de ton sommeil les cieux te sont ravis !
Mais si pure tu sois des être que tu vis,
Onde, sur qui les ans passent comme des nues,
Que de choses pourtant doivent t'être connues,
Astres, roses, saisons, les corps et leurs amours !
Claire, mais si profonde, une nymphe toujours
Effleurée et vivant de tout ce qui l'approche,
Nourrit quelque sagesse à l'abri de sa roche,
A l'ombre de ce jour qu'elle peint sous les bois.
Elle sait à jamais les choses d'une fois."

Paul Valéry (1871-1945)
"Charmes"

Dans le département, plus de 300 sources et fontaines ont été dénombrées. La majorité sont "sacrées". Nous en parlerons dans un prochain chapitre.

182. *Dans le canton de Lizy-sur-Ourcq, le vieux village de* **Coulombs-en-Valois** *fut construit sur le haut du plateau traversé par le ru de la Croix Sainte-Hélène. Le village est sillonné par les nombreuses ramifications souterraines de ce ru qui se jette dans l'Ourcq.*
La fontaine du Puits d'Amour cache en ses profondeurs le secret de cette dénomination... Peut-être quelque belle dame s'y éprit-elle d'un beau jeune homme ? Mais, au vieux lavoir la vie quotidienne suit son cours... (Coll. Amatteis)

183. A ***Saint-Ouen-sur-Morin*** *; dans le canton de Rebais, sur les rives du Petit Morin, son église du XIIe siècle est consacrée au saint. On accède à la fontaine qui porte son nom par le chemin dit de la Fontaine. Le jour où fut prise la photographie, il était bien ombragé ; une lavandière porte sa brouette chargée du linge qu'elle va laver au lavoir, situé à gauche, un peu en contrebas.*
Sur le territoire de cette commune, on compte plusieurs fontaines : la fontaine Bardin, la fontaine Saint-Barthélemy, les fontaines Sallery qui datent du XIIe siècle et la fontaine Saint-Ouen. De nombreux ruisseaux coulent sur l'argile verte qui affleure souvent dans la région.
(Coll. Amatteis)

184. ***La fontaine Sainte Anne*** *située à l'ancienne abbaye de Villefermoy, érigée au XIIe siècle, fait partie de la* ***commune de Fontenailles****, canton de Mormant. La fontaine sourd au milieu des rocailles, dans la forêt de Villefermoy. La commune est située entre le bois Bompon, son château et la forêt de Villefermoy, comptant 6.000 ha, symétrique du massif de Fontainebleau par rapport à la Seine, mais cependant bien différente. Son sol est plus humide et plus riche et la fréquentation de la forêt par les touristes y est bien moins intense qu'en forêt de Fontainebleau.* (Coll. Amatteis)

185. ***Seine-Port****, près de Melun, dans le canton de Savigny-le-Temple. Ce vieux village du XII*e *est traversé par le ru de Ballory, qui se jette non loin de là dans la Seine. Le village fut construit sur la rive droite de la Seine, dans une de ses boucles, en bordure du bois de Sainte Assise et de la forêt de Rougeau ; il y eut une abbaye célèbre au XII*e *siècle.*
Croix-Fontaine *est un ancien fief de la commune de Seine-Port, connu sous le nom de "le fief Croix-Fontaine, consistant en une maison, chapelle, cour, manoir, grange", au XVI*e *siècle et dont il ne reste qu'une maison isolée et des dépendances, clôturées de hauts murs.*
La source de Croix-Fontaine est située à l'extrémité du village, dans la propriété de Croix-Fontaine ; elle débouche à quelques mètres de la Seine, passant sous la route. Elle est protégée par une construction de pierre, qui est en même temps mur de soutien de la route. Une grille ferme l'orifice, la source s'écoule dans un bassin rectangulaire, qui fut cimenté, et servait de lavoir aux femmes des habitations proches de Croix-Fontaine. (Coll. Amatteis)

186. *Sur le bord de la route, un léger dégagement et une trouée dans les arbres permettent de voir, à cet endroit, la Croix qui signale le lieu. Il n'est pas sans charme, je dois dire… La Seine coule en contrebas, calme et régulière, de lourdes péniches glissent sans bruit sur l'eau… Il est permis de penser qu'au XII*e *siècle, cette croix, cette source et à côté la chapelle, furent un lieu de pèlerinage…* (Photo Fatoux)

187. *Sur cette carte postale, l'ancienne descente au lavoir est bien visible. Les arbres en hiver et le talus dénudé, donnent un aspect bien différent à ces lieux.*
La Seine coule à quelques mètres, légèrement plus bas. Deux femmes à genoux dans leur protège-genoux sont à leur tâche ; les brouettes sont chargées des lessiveuses remplies de linge. La source coulait en ce temps-là abondamment et le trop plein allait normalement à la rivière.
L'intitulé de la carte postale est sans doute dû à une fantaisie du photographe ; il a en effet appelé cette fontaine "Saint-Sulpice". (Coll. Amatteis)

Fontaines à bassin

189. *Cette magnifique fontaine de Diane date du XVIIe siècle. C'est la "Diane" de Keller fondue en 1684. Henri IV avait commandé au fontainier florentin Francini cette fontaine pour orner le jardin de la Reine. La "Diane" fut copiée plus tard pour Marly. Elle était, en quelque sorte, le reflet d'une autre "Diane", de Barthélemy Prieur, créée en 1603 dans la galerie des Cerfs dominant le jardin de Diane. Ces deux statues furent envoyées au Louvre à la Révolution par la Commission Temporaire des Arts. Lorsque Napoléon transforma l'ancien jardin en "jardin anglais", on renvoya à* ***Fontainebleau*** *la statue en bronze. La deuxième statue attend encore son retour au château.*
A l'origine, le jardin de Diane était fermé de bâtiments sur les quatre côtés dont l'un, sous Henri IV, était une des plus grandes et plus belles volières qui puisse se voir. La statue était agrémentée "d'un grand et beau rocher d'artifice d'où sortaient des jets de fontaine", nous disent les archives de Seine-et-Marne. Le roi Henri IV aimait jouer avec ses enfants ; il y emmenait le dauphin et là, maniant les robinets, le futur Louis XIII "faisait mouiller le roi et le roi le faisait mouiller aussi", ajoute le chroniqueur. De nos jours, l'eau coule continuellement dans le grand bassin circulaire. L'ensemble fut harmonieusement conçu : juchée sur son piédestal de forme ronde, Diane part joyeuse à la chasse tenant un cerf par les bois tandis que, de leur gueule ouverte, les six têtes de cerfs aux bois royaux crachent l'eau qui tombe, cristalline, dans le bassin. (Coll. Amatteis)
(D'après J. Baudry de Voux "Seine-et-Marne", 1969.)

188. ***La fontaine du Mont-Chauvet****, dans la forêt de Fontainebleau, est située dans un creux de terrain, recouverte et protégée par une butte de pierres, surmontée d'un petit fronton triangulaire, portant les deux dates 1624-1880 ; elle fut probablement couverte en 1880.* (Coll. Amatteis)

Les sources, fontaines, puits et mares sont nombreux dans la forêt de Fontainebleau, dont l'origine du nom provient du germain : "Blid" + "Blad" = source de Bléau.
Nous trouvons une autre explication dans la composition des terrains : les sols sableux étant composés des couches sableuses de l'argile plastique où nous avons déjà vu que subsistaient sur la meulière, par endroits, quelques témoins des sables marins qui recouvraient jadis toute cette formation. Ce qui explique aussi les sables amoncelés en buttes, que l'on rencontre si souvent dans la forêt.

190. *Dans la cour des Fontaines du château de Fontainebleau, face à l'étang aux Carpes, cette fontaine, surmontée d'une statue à l'allure martiale, donne une eau très pure. Au-delà de l'étang, dans les jardins du parc, la fontaine Bléau, qui donna son nom à la forêt, la fontaine Désirée, la fontaine Sanguinède dans la vallée de la Solle et la fontaine d'Orly, ne sont pas moins connues.*
(Coll. Amatteis)

191. *Cette jolie fontaine à bassin, de style Renaissance, située place du marché à* ***Crouy-sur-Ourcq****, canton de Lizy-sur-Ourcq, date des environs de 1885. Elle est alimentée par la station de pompage où sont captées toutes les sources des environs de la commune. Une canalisation, partant de cette station, apporte l'eau potable aux abonnés de ce bourg et à la fontaine.*
Celle-ci est au milieu d'une vasque circulaire, sur une base en forme de colonne dorique autour de laquelle trois enfants font la ronde. Au-dessus d'eux, une vasque plus petite surmontée d'une potiche, d'où l'eau jaillit ; elle remplit la vasque puis se déverse dans le bassin proprement dit.
(Coll. Chèvremont)

192. **Fontainebleau** : *cette fontaine en fonte, de style renaissance, érigée sous Napoléon III, était jusqu'au milieu du XXe siècle dans la cour de l'Hôtel de Ville. Le bassin fut, au début du siècle, transformé en parterre de fleurs.*
La fontaine est actuellement située devant l'Hôtel de Ville, place Franklin Roosevelt ; elle est de nos jours peinte en vert foncé ; du haut du vase supérieur, l'eau tombe dans la vasque et se déverse en nappe dans le bassin. La fontaine est d'une hauteur peu élevée, alimentée par un circuit d'eau fermé. Les trois cariatides représentent la Seine, la Marne et l'Yonne. Nous trouvons une grande similitude entre cette fontaine et celles de Melun, la fontaine Saint Jean, et de Provins, la fontaine Mattelin. (Coll. Fatoux)

193. *"La fontaine à coupe" se trouvant à* **Fontenay-Trésigny***, canton de Rozay-en-Brie, date du XVI*e *siècle. Elle est située devant le château du duc d'Epernon, qui fut construit à la même époque. Trois gerbes d'eau jaillissent d'un globe en plomb, pour tomber dans les deux vasques superposées. Sur une des dalles qui entourent la fontaine, est gravée la devise "Plus qu'on ne pense". Une source qui sourd sur le territoire de Marles, jouxtant la commune de Fontenay, alimente la fontaine. De nos jours, la même source pourvoit à l'alimentation en eau de la commune. Une station de pompage, édifiée auprès de cette source, envoie l'eau, par une canalisation souterraine, jusqu'au château d'eau.* (Coll. Fatoux)

(Entretien avec Mme Chopineau, mairie de Fontenay-Trésigny, mars 1986).

195. ***La Chapelle-Gauthier**, canton de Mormant, est un vieux bourg datant du XIIe siècle dont l'église, ici en perspective, est dédiée à saint Martin. Toute proche, la Belle Vénus d'Allegrain du XVIIIe siècle, appelée "la déesse", se dévêt pudiquement sous les frondaisons, depuis 1869, sous les regards des villageois et des animaux venant se désaltérer dans son bassin.*
Autrefois, une fontaine à grand bassin joua longtemps le rôle de lavoir pour les femmes qui venaient y rincer leur linge, la deuxième partie du bassin servant d'abreuvoir. Son alimentation étant devenue insuffisante, la municipalité fit construire un plus grand lavoir qui se trouve à la perpendiculaire du clocher dans un champs et "la déesse" remplaça cette première fontaine.
(Coll. Amatteis)

194. ***Tournan-en-Brie**, la fontaine-vasque, place de l'ancien marché au blé, fut inaugurée le 21 mai 1911 ; elle était offerte par le Comité d'initiative. La grande vasque fut, ce jour-là, entourée de fleurs qui la décoraient apportant une touche de couleurs vives ; des guirlandes et banderolles flottaient au vent ; chacun avait mis ses habits de fêtes, l'hôtel de la Croix Blanche avait garni ses fenêtres de drapeaux, ce fut un belle journée !*
La fontaine était, à l'origine, alimentée par les sources au lieu-dit "Les prés Bataille" dans le "bois des Grands Champs" ; ces sources alimentaient en partie le ru des Bussières, confluant dans la Morsange à Tournan . De nos jours, l'eau de la ville l'alimente en circuit fermé. L'eau jaillit d'une fleur des marais en bronze, ceux-ci étant si nombreux sur le territoire de Tournan, et se déverse en nappe dans deux vasques successives, pendant la belle saison. (Photo Fatoux)

(Entretien avec M. Moreau, maire-adjoint de Tournan, membre de la Société d'Histoire de Tournan, mars 1986).

196. *De nos jours, l'eau jaillit claire et fraîche des quatre mufles léonins et tombe cristalline dans le bassin. Elle donne un cachet inattendu à ce modeste bourg, par ailleurs encombré par une circulation assez dense, mais la belle Vénus, nouvellement peinte, semble vous inviter à une halte...*

(Photo Fatoux)

197. *Sur la place, non loin de l'église, la* **fontaine de Trudaine** *à* **Montigny-Lencoup**, *dans le canton de Donnemarie-Dontilly, est alimentée par les eaux du lavoir Sainte-Geneviève, m'a dit M. le maire adjoint en août 1985. Ce lavoir est situé sur la route de Nangis ; il est lui-même alimenté par les eaux d'une source, non potable de nos jours.*
La fontaine, dont le bassin est de forme ovale et cimenté, porte en son milieu un corps rectangulaire en pierre surmonté d'une croix en fer forgé. Au centre de ce corps, une plaque en bronze porte les mots suivants :

"A la famille Trudaine,
Les habitants de Montigny-Lencoup
Reconnaissants.
Délibération du conseil municipal
11 mai 1823"

Le bourg de Montigny est, depuis le début du siècle, alimenté par une station de pompage, située à l'endroit où jaillissent plusieurs sources, au lieu-dit "la fontaine Couverte". (Coll. Amatteis)

☞

198. *La fontaine Trudaine attend sa restauration... Elle a un air triste sans son petit amour crachant l'eau.* (Photo Fatoux)

L'eau à Dammartin-en-Goële

La question de l'eau, à Dammartin-en-Goële, n'est pas une question nouvelle, car depuis le début du XIXe siècle, elle est à l'ordre du jour !

M. Lavollée, qui a tant fait pour la transformation de la ville, a toujours espéré la doter d'une fontaine publique. Il profita du passage de Napoléon 1er à Dammartin en 1806, pour faire une tentative ingénieuse pour la réalisation de cette fontaine, qui vaut d'être contée : il voulait que les frais occasionnés par la visite de l'Empereur ne fussent pas entièrement perdus pour la ville. Un poème nous en chante l'histoire :

"Sur un obélisque, orné d'un feuillage vert,
Ses victoires en lettres d'or,
Dans leur nom glorieux s'élevaient par étages ;
Le héros était jeune encor,
Pourtant bien haut déjà montait l'échafaudage.
Au pied de ce beau monument,
Une source nouvelle, au doux bruit de son onde,
Semblait fêter aussi celui que tout le monde
Voulait fêter en ce moment.
Soudain elle s'arrête, et le murmure cesse :
– Pourquoi cela ? dit l'Empereur.
– Sire, reprend le maire qui s'empresse,
C'est que l'art en est le moteur,
Et qu'à la fin tout moteur s'use ;
Quand votre Majesté rend nos destins meilleurs,
La nature, ici nous refuse
Cette eau qu'elle prodigue ailleurs.
– Eh bien, on vaincra la nature,
Une fontaine à source pure
Ici, de votre ville, ornera le milieu ;
Je veux que de son eau, l'éternelle abondance,
A vos enfants, un jour, rappelle dans ce lieu
Votre accueil, notre gloire et ma reconnaissance.

Mais pour Eylau, Wagram, Austerlitz, Marengo,
L'Empereur oublia la fontaine et son eau !"[9]

Victor Offroy, poète du XIXe siècle

Au cours d'un entretien avec Monsieur le maire-adjoint de Dammartin, M. Bergé, celui-ci me confia que cette fontaine ne put jamais être réalisée. Il y a bien eu une autre fontaine place de Lavollée, mais elle n'existe plus de nos jours. Par contre, sur le territoire de la commune, de nombreuses sources non captées ont longtemps servi "aux marchands d'eau", qu'ils vendaient sous l'appellation "bonne eau" !

Archives Locales – Dammartin-en-Goële

Le 14 septembre 1672, procuration fut donnée par Monseigneur Louis de Bourbon, prince de Condé, premier prince du sang, comte de Dammartin, à Messire Mathurin Picard, conseiller du roi, à l'effet de passer les marchés nécessaires pour le rétablissement du bassin de "la Saine Fontaine", située dans l'un des faubourgs de la ville, proche de la ferme du comté, et aussi pour la construction d'un nouveau moulin à vent dans l'étendue du comté, au lieu-dit "La Justice".

Si les puits, les fontaines, les mares, les lavoirs ont disparu à tout jamais de la ville de Dammartin, quelques traces écrites subsistent heureusement, et l'eau souterraine est toujours là !

9) Extrait de la Revue de la Goële, 1879.

199. ***La Fontaine Saint-Jean**, place Saint-Jean à **Melun** fut élevée en 1864. Elle est un spécimen élégant de l'art du second Empire, conçue par le sculpteur J.B. Klagmann.*
De style Renaissance, elle se compose d'une grande vasque ornée de mascarons, de rinceaux, de feuillages et de fruits, soutenue par quatre enfants qui jouent avec des dauphins et surmontée de trois cariatides. Celles-ci figurent : la Seine, la Marne, l'Yonne, qui sont les principaux cours d'eau du département.
Au-dessus de la grande vasque, une plus petite, beaucoup plus simple, est couronnée par un vase d'où jaillit l'eau qui retombe en nappe dans la grande vasque ornée d'une quinzaine de mufles crachant l'eau dans le grand bassin circulaire.
L'eau qui alimente cette fontaine est maintenant celle de la ville, provenant peut-être des Hauts de Saint-Liesne, d'où jaillissent plusieurs sources. (Photo Fatoux)

En remontant dans les temps anciens, au XIIIe siècle, nous retrouvons la ville de **Melun** fortifiée et l'historique de la place Saint-Jean.

J'emprunte ces lignes à J.H. Clayette dans son ouvrage "En flânant dans les rues de Melun". "Entre la porte et le point de rencontre de la rue de la Juiverie et de la rue Jehan Chastelain, se forma une placette. Les Hospitaliers de Saint-Jean de Jérusalem élevèrent une chapelle dédiée à Saint Jean-Baptiste qui fut, comme le faubourg, détruite en 1590.

Au XVIIIe siècle, les fossés de la ville furent comblés, le terrain aplani jusqu'au pont de Saint-Liesne. Entre le bourg et quelques tanneries et masures de maraîchers, au bord de l'Almont, se forma la place Saint-Jean."

En 1761, elle fut plantée d'ormes. La Révolution lui donna successivement le nom de : place de l'Hôpital, puis de place de la Liberté quand l'arbre de la liberté y fut planté.

En 1864, ce fut l'inauguration de la fontaine. Le 15 août 1866, on inaugura l'installation des quatre fontaines décoratives situées aux quatre coins de la place, dont trois subsistent encore actuellement.

En 1961, la municipalité installa l'éclairage électrique.

Depuis sa formation jusqu'au XIIIesiècle, **Provins** a vu ses habitants puiser l'eau à même les sources et rivières qui ont toujours été nombreuses autour de la ville. Ceux qui n'allaient pas aux sources et rivières avaient creusé un puits dans leur propriété ; on en voit encore de nos jours de nombreux vestiges.

Au XIIIe siècle, Provins comptait 80.000 habitants, c'était l'époque des grandes foires ; les besoins en eau étant plus importants, une première amélioration fut apportée. Certaines sources furent captées sur les différents coteaux qui entouraient la ville, puis canalisées par des tuyaux de plomb ou par des conduites en maçonnerie, jusqu'au centre de la ville où pas moins de 16 fontaines coulaient jour et nuit, ceci jusqu'au XIXe siècle.

200. *La* ***fontaine Mattelin****, située à Provins dans la ville basse, place Honoré de Balzac, est de style Renaissance et fut érigée vers 1875 à la suite d'un leg de Madame Mattelin, de 90.000 francs. Elle fait partie d'un projet d'alimentation en eau potable de la ville de Provins au XIXe siècle. Il est intéressant de rappeler brièvement l'histoire des eaux à Provins.* (Coll. Amatteis)

201. *De nos jours, la fontaine Mattelin semble un peu délaissée ; si son bassin contient encore de l'eau, celle-ci ne coule plus en nappe depuis le vase placé tout en haut, jusqu'à la vasque. Elle est d'une composition semblable à celle de Melun : la fontaine Saint-Jean.* (Photo Fatoux)

La municipalité fit, à cette époque, établir un réservoir "aux Jacobins". Il fut alimenté par simple gravité des sources de l'Hôpital et de Fontaine-Riante qui se trouve au nord de la ville sur le plateau.

La ville de Provins fit, plus tard, la demande d'un projet d'alimentation en eau potable à l'ingénieur des Ponts et Chaussées Léthier qui proposa, en 1869, un premier projet comportant la distribution de 70 litres d'eau par personne et par jour :

– **la Ville Basse** (6.700 habitants) serait alimentée par les sources de Fontaine-Riante, de l'Hôpital Général et de Fleigny dans un réservoir à construire dans l'enclos des Dames Célestines – les Jacobins actuellement – avec pose de 32 bornes-fontaines.

– **La Ville Haute** (900 habitants) serait approvisionnée par le puisage dans la rivière Durteint, aux "Grandes Planches", au moyen d'une pompe actionnée par une machine à vapeur refoulant l'eau dans un réservoir de 50 m^3, à installer dans la salle basse de la Tour César et par la pose de 5 bornes-fontaines.

– La fontaine Mattelin serait alimentée par les sources de Barlay.

Ce projet fut adopté le 23 avril 1870 par le conseil municipal. En remplaçant la machine à vapeur par des béliers hydrauliques, 250 branchements particuliers gratuits seraient offerts aux premiers souscripteurs de concessions.

Mais ce projet ne put être réalisé qu'en 1874-75, à cause de la guerre de 1870. Au leg important de Madame Mattelin, s'ajouta celui de M. Victor Arnoul de 80.000 F à affecter aux travaux de distribution d'eau, fait à la municipalité en 1874.

De cette époque-là jusqu'en 1933, plusieurs ajustements vinrent améliorer le système initial de Léthier. Depuis 1960, d'importants travaux ont été entrepris : forages de puits à la Ravine, aux sources des Pennes et de Saint-Martin, au nord-est de la ville ; construction de nouveaux réservoirs ; destruction du réservoir de la Tour César et de celui du Palais devenus inutiles du fait des nouveaux travaux ; la mise en place d'un système de contrôle et de télécommande couvrant tous les réservoirs et stations de pompage de la ville ; le remplacement des canalisations vétustes ou devenues de diamètre insuffisant.

Depuis 1970, le Service des Eaux est affermé à la Compagnie Générale des Eaux.

De plus, deux réseaux enterrés assurent la collecte des eaux usées de la ville : tant les eaux pluviales, que les eaux usées, domestiques ou industrielles sont acheminées vers la station d'épuration qui rejette l'eau traitée dans la Voulzie.

Tous les appareils de la station d'épuration sont à mise en route automatique et commandés électriquement.(10)

---

10) Texte rédigé d'après l'ouvrage de G. Pagot "Le service des eaux à Provins" à la suite de la visite à l'exposition "L'eau à Provins et en Brie", en août 1985, ainsi que du fascicule-guide de l'exposition. Cette exposition a pu voir le jour grâce à un groupe de personnes bénévoles de la ville de Provins qui a, sans compter, donné son temps libre aux recherches nécessaires à la mise sur pied de cette exposition, si riche et si intéressante, tant pour les Provinois que pour ceux qui s'intéressent à tout ce qui touche à notre patrimoine et à sa mise en valeur.

202. *La borne-fontaine Victor Arnoul était autrefois installée dans le jardin de la Caisse d'Epargne, au numéro 1, rue Victor Arnoul, avec une concession à perpétuité ; avec son mufle léonin en bronze, d'où un robinet distribue l'eau, elle était un des ornements vivants de l'exposition "L'eau à Provins".*
(Photo Fatoux)

203. *La fontaine en demi-lune à* ***Mauperthuis,*** *canton de Coulommiers, fut construite par l'architecte Alexandre Brongniard (1739-1813), auteur des plans de la Bourse et du cimetière du Père-Lachaise à Paris. Dans le parc du château, construit au XVIIIe siècle par Claude Ledoux (1736-1806) sur un ancien château datant du XIIIe siècle, existe une fontaine demi-lune aux dimensions importantes, flanquée de chaque côté d'une cave. Au-dessus de chacune des portes on voit encore l'emplacement de deux statues. Enfant, M. Dosque eut l'occasion de retrouver deux têtes faisant vraisemblablement partie de ces statues. Cette fontaine est située devant les écuries du château et servait naturellement d'abreuvoir.*
M. Brongniard releva le plan de cette fontaine puis en fit construire une de dimensions plus modestes, en grès et meulière, en 1767.
Du château, détruit à la Révolution, reste le pigeonnier que l'on aperçoit derrière la fontaine, sur la carte postale.
La vasque ovale de la partie centrale est encastrée dans une niche très haute qui semble attendre une grande statue. Elle est protégée par deux "bras" en arc de cercle et mesure 4,5 m de hauteur sur 7 m de large.
Les animaux venaient autrefois s'y désaltérer dans un abreuvoir rectangulaire creusé dans le grès, à gauche de la fontaine. L'eau s'écoule dans une rigole juqu'à une grille puis, par une canalisation souterraine formant siphon, va alimenter l'abreuvoir. La barre de fer supportant le tuyau, jadis en cuivre, comportait un dispositif en équerre terminé par un crochet, servant à suspendre le seau pendant son remplissage. Les femmes et jeunes filles du village venaient à la fontaine pour y puiser l'eau servant aux besoins domestiques et laver. Quelquefois, les hommes y venaient également afin d'abreuver leur cheval et bavarder "un brin" ! Un ensemble de gros pieux et de barres de bois empêchait les animaux de boire dans la vasque et permettait aux femmes de poser le linge rincé afin qu'il égoutte.
L'eau qui coule de la fontaine de Mauperthuis est assez calcaire ; la température de 11° reste constante même en hiver. Les analyses récentes ont conclu qu'elle était potable ; sa composition minérale est très voisine de celle de la source de Sainte-Aubierge et leur température étant la même, il est probable qu'elles sont toutes deux issues de la même nappe phréatique. Mais celle de Sainte-Aubierge est maintenant déclarée non potable ! Comprenne qui pourra ![11]

(Coll. Lauxerrois)

(Entretien avec M. Pierre Dosque, historien de sa commune, mars 1985.)

11. *Notes écrites d'après P. Rivière et Pierre Dosque - Yves Richard "Mauperthuis" (1984).*

182 204. *A **Bourron,** canton de Nemours, la fontaine Saint-Sévère est une fontaine demi-lune ; elle est protégée par une construction de pierre en forme de demi-cercle et comprise dans un renfoncement de même forme. Elle alimente le bassin entouré de verdure. Bourron est une petite commune en lisière de la forêt de Fontainebleau, déjà constituée en village dès le XII*[e] *siècle. "La forteresse de Bourron en Gastinois, close de murs et de fosses à eau en 1403"*[(12)]*, ancien fief, château, village dont l'église paroissiale est consacrée à Saint-Sévère. La fontaine se trouve dans le parc du château.*

(Coll. Amatteis)

---

12) Dictionnaire topographique Stein, opus cité.

Fontaines de puisage

205. ***Montereau-Fault-Yonne*** *et sa "grosse pompe" qui était une fontaine de puisage, située au carrefour de la Grande Rue. Cette pompe fut intitulée par erreur sur certaines cartes postales " La grosse pompe", d'après le courrier de M. Bontillot qui dirige le Centre d'Etudes et de Recherches Historiques et Archéologiques de Montereau.*

Dans les temps anciens, il y avait un puits à ce carrefour qui s'appelait place du Puits du bourg de Montereau ; elle devint place de "La Grosse Pompe" en 1837. Cette pompe était magnifique, tout en cuivre, avec ses trois mufles léonins d'où jaillissait l'eau vive. Elle était munie de trois balanciers. Sur la carte postale, il y a, le jour de la photographie, grande animation. Il fait beau, les enfants sont là ainsi que les "badauds" !

La grosse pompe fut remplacée par une plus petite, à une époque plus récente ; elle disparut lors des bombardements sur Montereau, en 1940 ou 1944, qui touchèrent le quartier de l'église et du pont.

(Coll. Fatoux)

206. *La troisième pompe, placée de nos jours un peu moins au milieu du carrefour de la Grande Rue, est une pompe factice. Elle provient d'un jardin privé, au numéro 13, rue Port-Fossés, où M. Bontillot la découvrit. Elle fut installée sur un socle octogonal et garnie de fleurs, en septembre 1979.*
(Photo Fatoux)

208. *Dans le canton de Lizy-sur-Ourcq,* ***Vendrest*** *est un vieux village dont l'église est typiquement briarde, avec son clocher en bâtière et ses larges contreforts ; elle se dresse sur la place depuis le XII*[e] *siècle.*
Un peu en contrebas de cette place en plan incliné, la fontaine et l'abreuvoir où chevaux et vaches sont venus se désaltérer. Elle est composée d'un grand bassin circulaire au milieu duquel se dresse une colonne en pierre surmontée d'une corolle. L'eau jaillit de deux mufles léonins.(Coll. Amatteis)

207. **Bussy-Saint-Georges,** *vieux village mérovingien, dans le canton de Torcy, où* **la fontaine Saint-Georges** *est aussi une fontaine de puisage érigée en 1859. Sur son fronton supérieur la date y est gravée en chiffres romains : MDCCCLVIII, ainsi que le nom de Saint-Georges. Ce n'est pas une fontaine dont l'eau coule en permanence car elle est actionnée par un bras à main. Sur la carte postale, une petite fille tient le seau sous la goulotte tandis que sa maman actionne le bras.*
«Les eaux de cette source sont captées, une pompe permet de les amener afin d'alimenter la fontaine. Il y avait, dans notre village, dix-sept cours communes portant chacune un nom de fleur différent. Seule la cour des "Bleuets", située à vingt mètres de la fontaine, ne possédait pas de puits. D'autres maisons, construites en forme de L, avaient un puits privé.
L'eau au village est encore bonne, mais elle souffre des infiltrations causées par les engrais répandus dans les champs sur le plateau. En 1953, la commune a entrepris des travaux d'adduction d'eau pour capter les sources du plateau et alimenter le village en eau potable.
Bussy-Saint-Georges avait deux lavoirs, construits aux environs de 1850 ; l'un fut vendu par la commune et le deuxième sera prochainement restauré par nos soins. Il est en forme d'atrium romain, toit à quatre pentes inclinées au-dessus du bassin. Ils étaient tous deux alimentés par les sources du plateau.» (Coll. Fatoux)

(Entretien avec M. Sadaume, maire adjoint de Bussy-Saint-Georges, août 1985.)

209. *La fontaine Saint-Fursy dans les années 1905.* (Coll. Fatou›

210. ***La fontaine de Saint-Fursy à Lagny.*** *Cette fontaine a une longue histoire liée à la vie de la cité. Elle est située sur la place dite : place de la Fontaine, presque en face de l'église Saint-Pierre, de l'ancienne abbaye de Saint-Fursy, et coulait par deux bornes ou corps de fontaine, dans un vaste bassin de 18 m de circonférence, en pierre, simplement taillée.*

"Si la source de la fontaine est attribuée par la tradition à un miracle de Saint-Fursy, au VIIe siècle, la construction souterraine qui l'abrite ne paraît remonter en partie qu'au XIIe siècle. Il est possible de placer, à la même époque, l'érection d'une fontaine rendue nécessaire par l'affluence aux foires de Champagne, dont Lagny constituait un marché important ; un document de 1274 signale "la fontaine Saint-Foursi" ; également, en 1427, "les habitants de Lagny s'assemblent à cause des fontaines et des conduits d'icelles qui sont despecez..." La guerre de Cent Ans doit expliquer cet état misérable.

La cuve du XIIe siècle a formé le premier élément de la fontaine, posée sur une colonne, dont seule la base subsiste aujourd'hui. Un double tore, séparé par une scotie, souligne la bordure de cette cuve dont le décor des angles consiste en deux masques humains : un personnage la tête en bas et une harpie. Sur la face sud se distingue une fleur de lys, et à l'ouest un écusson uni. Le motif central représente un mufle de chien avec une barbe frisée, des oreilles et des yeux d'homme. Sur l'épaisseur, une inscription est gravée en caractères élégants :

IAM M VCC XXIII PCVR ESTOIT IEH DE POIX

qui se lit ainsi : l'an 1523 le procureur était Jean de Poix,
et rappelle le nom d'un procureur fiscal de l'abbaye qui dut diriger ou financer les travaux[13]."

Au cours des siècles la fontaine a subi plusieurs réparations plus ou moins malencontreuses, comme celle de 1903 qui fut une mutilation. Le corps principal fut transformé au milieu du bassin, le corps secondaire qui lui faisait vis-à-vis fut détruit.

La carte postale représente la fontaine vers les années 1885, après les restaurations de 1807 "et la pose d'une inscription en lettres d'or sur un marbre noir, donnant les noms des personnes ayant de près ou de loin contribué à cette réalisation" exécutée sous la direction de M. E. Cliquot, architecte à Meaux, par MM. Noël, de Champs, et Peze, de Lésigny.

"En 1820, l'administration envisagea un plan de restauration et d'embellissement de la fontaine qui ne vit finalement le jour, semble-t-il, qu'en 1880 :

Le marbre noir fut remplacé par du bronze ; il s'appuyait sur un socle en pierre ; l'ensemble surmontait la cuve, face au nord. Le sujet principal : une femme à demi-nue à la poitrine généreuse, qui, un genou à terre, remplissait un bol à une borne-fontaine aux armes de la ville. Au-dessous, sur une plaque de bronze, le quatrain de 1727 dans la forme suivante :

Arrête-toi naïade et demeure en ces lieux.
Que peux-tu craindre objet de l'amour populaire ?
Nous rions par toi vengés des traits injurieux
Car ton onde aux railleurs sait apprendre à se taire.

La fontaine devait garder cet aspect jusqu'en 1902. Le monument, très familier, était dénommé "Café des Trois Gueules". Une tuyauterie extérieure alimentait les trois jets, s'élevait le long du corps principal et pénétrait dans la cuve. Ce fut à partir de cette date que le conseil municipal vota la "restauration" !

"Dans son état actuel, qui date de 1903, la fontaine comporte :

- *un bassin circulaire en béton armé, enduit en ciment, construit en 1903 ;*
- *une base carrée en calcaire, de la fin du XIIe siècle ; cette base, fichée sur un socle en ciment depuis 1903, est très dégradée ;*
- *un fût cylindrique en pierre, élevé en 1903 sur la base précédente, avec évasement octogonal à la partie supérieure ; le fût est noyé dans 35 cm d'eau ;*
- *une cuve carrée en grès, du XIIe siècle, ornée de sculptures et munie en 1523 de trois têtes en bronze. Il s'agit certainement d'une ancienne cuve baptismale, comme le laisse supposer la cavité dont parlent certains textes ;*
- *une vasque en pierre, posée en 1903 et plantée de fleurs ;*
- *une colonnette en pierre, surmontée d'une calotte en ciment, placée dans la vasque et provenant d'un corps de fontaine créé en 1603. Cette colonnette, réduite de moitié lors de son réemploi, est très délitée".*

"La commande en eau par la source Saint-Fursy a lieu au fond du bassin et se trouve dans une chambre des vannes accessible par le trottoir. Un système de trop-plein et d'écoulement vers le lavoir Saint-Paul existe dans le bassin. La vidange va directement à l'égout. Deux robinets extérieurs fournissaient jadis l'eau potable. Ils ne sont plus en service[14]."

---

13) Ces lignes sont empruntées à M. Eberhart dans le bulletin municipal, oct. 1978.

14) M. Eberhart, opus cité.

Fontaines ou puits artésiens

Quand on atteint par un trou de sonde les eaux souterraines, elles remontent presque toujours au-dessus du niveau qu'elles occupent au sein des masses minérales. Quelquefois, elles ont une force ascensionnelle suffisante pour s'épancher à la surface du sol, ou pour s'élever dans des tuyaux.

En principe, elles ne diffèrent pas des sources ordinaires.

Les terrains tertiaires sont parfaits et leur disposition sous forme de bassin, n'est pas moins favorable que leur composition géologique. Cette eau ne sera ordinairement jaillissante que dans des plaines très basses ou au fond des vallées encaissées. Elle ne coulera jamais avec la même impétuosité et la même abondance que si elle sortait des immenses réservoirs dont les assises inférieures de la craie ou le terrain jurassique forment les parois.

Dans le département de Seine-et-Marne, l'argile plastique, dont nous avons déjà parlé abondamment, est à peu près la seule, parmi toutes les couches tertiaires, qui forme un bassin assez étendu pour que l'on ait quelque chance d'en tirer des eaux jaillissantes. Mais l'irrégularité de la surface crayeuse, dont ce terrain suit les ondulations, cause des variations fréquentes dans sa puissance et son niveau absolu. Ses relèvements rehaussent aussi les nappes aquifères, diminuent leur pression hydrostatique et leur ouvrent, par les affleurements de l'argile, autant de déversoirs naturels.(15)

Meaux : un exemple d'établissement de Bornes-Fontaines ou puits artésiens dans les années 1838-39

Il y eut 5 bornes-fontaines établies à Meaux qui étaient publiques et 3 puits particuliers :

– la première fut établie rue Saint-Rémy, à l'ancien séminaire, le puits est d'une profondeur de 46,80 m, son débit est de 25 litres par seconde ; il fut creusé aux frais de l'Etat.

– la deuxième est située rue du Grand-Cerf, près de l'ancienne église de Saint-Christophe. La profondeur du puits est de 66,30 m, son débit est de 18 litres par seconde ; il fut creusé aux frais de la ville de Meaux.

– la troisième se trouve rue Saint-Faron ; la profondeur de son puits est de 68,25 m, son débit est de 8 litres par seconde ; il fut creusé aux frais de la ville de Meaux.

– la quatrième fut installée place du Marché, la profondeur de son puits est de 66,95 m, son début est de 22 litres par seconde ; il fut creusé aux frais de la ville.

– la cinquième est place du Temple, la profondeur de son puits est de 68,25 m, son débit est de 12 litres par seconde et il fut également creusé par la ville.

Le curage de ces puits eut lieu au début de l'année 1893, sauf celui de la rue Saint-Rémy (16).

15) *Annuaire de Seine-et-Marne, année 1845, opus cité.*

16) *Gaspard Morot, opus cité.*

210 bis. ***Saint-Mard,*** *canton de Dammartin-en-Goële. Le forage du puits mobilise toute l'attention et les soins de la municipalité. La source est ici captée dans son gisement géologique, donc moins exempte des contaminations de voisinage. L'appareil de forage et la pompe d'injection sont actionnées par une machine à vapeur installée à l'abri des intempéries.* (Coll. Amatteis)

211. *Si vous venez à Meaux, descendez jusqu'à la fontaine Saint-Rémy, dépassez la rue des Vieux-Moulins en venant de la cathédrale ; vous allez longer un très vieux bâtiment gris sombre, qui est l'ancien séminaire, maintenant lycée Henry-Moissan, vous verrez deux immenses portes cochères surmontées d'un écusson du XVIIIe siècle. Au pied de l'une d'elles, la borne-fontaine, où l'eau coule en permanence, jaillissant d'un mufle léonin. Bien évidemment, cette eau contient toutes les propriétés d'une bonne eau potable, légèrement sulfureuse. Si elle ne fait pas de vous un aigle, du moins en serez-vous grandement rafraîchi !*
Venant un jour photographier cette fontaine, j'eus le plaisir d'une rencontre amusante. Deux messieurs étaient penchés au-dessus de la fontaine. Je m'approchai afin de me rendre compte de ce qui se passait et vis qu'ils étaient tout simplement en train de remplir une assez grande quantité de bouteilles de 1 l 1/2 de la "bonne eau". Le premier termine enfin le remplissage de sa nième bouteille, la charge avec les autres sur sa bicyclette, et se prépare à s'éloigner... mais attend, intrigué de me voir avec mon appareil. C'est un vieux meldois, car il me dit : "Oui, je viens ici souvent pour chercher de l'eau. Ah ! elle est bonne, meilleure que celle du robinet ! Elle a bien un petit goût, mais vous la laissez déposer un peu au frais et cela passe. Vous voulez des renseignements ? – Je sais, lui répondis-je, que c'est l'eau d'un des 8 puits artésiens creusés à Meaux. – Oui, et il est creusé à 750 mètres de profondeur," me dit-il !!! Il y en a un rue du Grand-Cerf, et un près du temple et des sources qui descendent partout du plateau de Crégy !"
– "Elle a un goût ? demande le deuxième monsieur, qui lui n'est pas un meldois d'origine.
– "Oui, un petit goût de soufre, mais ça passe vite ; elle est un peu ferrugineuse aussi. Moi, je l'aime bien et je viens ici depuis toujours et mes parents aussi !"
– "Vous êtes journaliste ? me demande le deuxième monsieur.
– "Non, mais je m'intéresse à l'eau
– Ah bon ! me répondit-il. Eh bien, au revoir, j'ai fini...
Il souleva son carton rempli de bouteilles toutes pleines de cette bonne eau et se dirigea vers sa voiture." (Photo Fatoux)

212. *Cette jolie borne-fontaine n'a rien d'ancien. Elle fut achetée par la municipalité à l'occasion de l'aménagement de la place Darnetal, dans l'ensemble piétonnier de Meaux, près de la cathédrale.*

(Coll. Fatoux)

213. *Une ancienne borne-fontaine située à Crécy-la-Chapelle près du moulin. Elle est fraîchement repeinte et garde un air pimpant !*

(Photo Fatoux)

Les lavoirs anciens ou lavabos

Depuis quelques années, un engouement pour les petites fontaines en faïence ou en cuivre que l'on trouve chez les antiquaires ou marchands de souvenirs, nous rappelle qu'elles existaient, en fait, depuis le moyen-âge et jusqu'à l'installation de l'eau courante dans nos demeures.

Au cours de nos visites dans les anciens établissements monastiques ou dans les châteaux, ou plus rarement dans les vieilles auberges ou demeures anciennes de la région, il n'est pas rare d'en rencontrer de très différentes.

Celles de plus grande dimension, souvent appelées **lavoirs,** sont les plus anciennes ; établies à demeure dans une niche du mur, elles étaient en plomb, en pierre, en marbre ou en bronze, soutenues par une console en bois ou en fer.

Dans les abbayes se trouvaient de grands lavabos, grands bassins ou auges, munis de robinets ou gargouilles. Les religieux en grand nombre y allaient se laver avant les repas.

Bien évidemment, les lavoirs devenaient aiguière ou petit bassin en étain dans les châteaux. Ils étaient présentés par les valets aux maîtres de maison et aux invités avant de passer à table et en en sortant. Ils avaient une importance et une place particulière compte tenu de l'absence de fourchette à table jusqu'au XVIe siècle. Cet ustensile devint d'un usage général au XVIIe siècle.

214. *"Ce lavoir vénitien" fait partie de la collection de M. d'Yvon. Le bassin, l'aiguière et le petit plateau en forme de coquille, que l'on voit au-dessous, sont en cuivre.*
Le support est en fer forgé, ainsi que la hampe couronnée par des ornements en fleurs de lys, qui forment une double croix, en se traversant. Les fleurons, placés à l'extrémité des rinceaux qui entourent l'aiguière, sont dorés et coloriés. La tige de fer transversale, que l'on voit au-dessus, était vraisemblablement destinée à tenir un essuie-main suspendu. La girouette qui offre l'image d'un cavalier, dans le costume du temps, paraît être une enseigne. Il est probable que ce lavoir fut fait pour une hostellerie[17]."

17) *D'après la revue "le Magasin pittoresque", 1880.*

Nous avons déjà vu que les "lavoirs" ou "lavabos", installés dans les demeures, servaient aux ablutions. Mais le réservoir était de faible contenance. Aussi trouvait-on de plus grands récipients, appelés "fontaines", qui servaient à entreposer l'eau pour les besoins domestiques. Elles évitaient aux femmes les allées et venues bien fatigantes du puits à la maison ou de la fontaine du village jusqu'à la maison.

215. *Sur cette reproduction d'une peinture de Chardin (1699-1779), la fontaine en cuivre brille de tout son éclat, tant la ménagère l'a bien astiquée.*
La fontaine est posée sur un trépied en bois ; sous le robinet, une "seille". La femme est en train de remplir sa cruche à la fontaine. Dans le coin, à droite, un grand tonneau ; dessus, un torchon sur lequel une bassine en cuivre est négligemment posée, balais, seilles, tout ici témoigne de l'activité ménagère des deux femmes.

CHAPITRE 7

La lessive au village

à "la Mesnie"

Depuis les temps les plus reculés, laver le linge de "la mesnie"(1) fut une activité dévolue à la femme. Quand il y avait un point d'eau près de la maison, mare, étang ou rivière, sa tâche en était facilitée, elle s'y rendait avec son linge. Mais elle utilisait aussi l'eau des puits, la transportant dans "les seilles" (2) en bois, jusque sur la pierre à évier. Il n'y avait pas de tuyau d'écoulement mais la pierre était légèrement creusée vers un orifice dans le mur qui laissait l'eau s'écouler vers l'extérieur.

La coutume de faire la lessive une fois l'an était déjà en pratique dès le XIIe siècle, dans les villages, les bourgs et les villes ; elle avait lieu au printemps, après les fêtes de Pâques. Au siècle dernier, l'habitude fut prise de la faire deux fois l'an, au printemps et à l'automne.

Dans l'âtre de la haute cheminée, la femme allumait un feu vif où elle installait un grand chaudron en fer ou en fonte ; elle le remplissait d'eau, ajoutait des feuilles et des racines de saponaire afin d'obtenir une mousse savonneuse qui décrassait le linge. Lorsque l'eau était à une certaine température, elle la versait dans un grand

1) *"La mesnie" : ensemble de ceux qui habitent la maison : famille, obligés, serviteurs.*
2) *"La seille" : seau en bois.*

216. *Les différents cuveaux pour le trempage et le rinçage, utilisés autrefois et précieusement conservés par "les anciens" sont ici présentés.*
Exposition dans la Ville-Haute à Provins, "L'eau à Provins et en Brie", août 1985. (Photo Fatoux)

J.-B. CHARDIN (1699-1779). — La Blanchisseuse

217. ***La blanchisseuse par Jean-Baptiste Chardin.***
L'auteur de ce tableau, Chardin (Jean-Baptiste), né à Paris en 1699, mort en 1779, fut par excellence, au XVIIIe siècle, le peintre des petites scènes intimes. Sa "blanchisseuse" est un tableau sain et reposant. La bonne ménagère savonne elle-même le linge de la famille, qu'une servante va étendre sur des cordes dans la pièce voisine. L'eau de savon, qui floconne dans le baquet, a donné au petit enfant l'idée de faire des bulles à l'aide d'un chalumeau. A distance respectueuse de l'eau, le chat de la maison est aux aguets. Est-ce une souris, est-ce un oiseau, est-ce une simple mouche qu'il guette ? Il paraît aussi absorbé dans sa contemplation que l'enfant devant sa bulle.

cuveau (ou cuvier suivant la région), sur les pièces de linge qu'elle y avait préparées et laissait le tout tremper dans la mousse, pendant plusieurs heures. Elle les sortait ensuite, les frottait, les tordait, les posait dans un grand panier en osier, "la manne" (ou "mannequin" dans le nord de la Brie), et à l'aide de sa brouette, allait les laver à la rivière ou au point d'eau le plus proche.

Bien frotté, puis rincé dans l'eau claire de la rivière, le linge séchait ensuite, étendu sur l'herbe verte des prairies ou sur les haies avoisinantes. Les draps de lin, les enveloppes de couettes, les taies d'oreiller, les torchons, les chemises fines à longues manches collantes, "les bliauds"[(3)] de fine toile tissée à la main, enfin tout ce qui composait le linge de "la mesnie" était ensuite repassé et rangé dans des coffres en bois. Ils se transformèrent, au cours des siècles, en armoires profondes en chêne ou en noyer, fabriquées durant les longs mois d'hiver par les hommes de "la mesnie".

Au village, chacune avait son jour de lessive et dès les premières chaleurs du printemps, toute la "mesnie" était sur ses pieds.

Il fallait préparer le cuveau, ne pas oublier de boucher "la coulotte" avec un tampon de paille. Juste au-dessous, se trouvait "la tinette" : baquet assez plat servant à recueillir l'eau quand on enlevait le tampon. Le cuveau était placé près du foyer, presque sous la cheminée et posé sur "une selle" à trois pieds.

Quelquefois, la maîtresse posait dans le fond du cuveau un fagot de sarments de vigne, bien secs, pour faciliter l'écoulement de l'eau de la lessive.

---

3) "Le bliaud" : longue tunique retenue aux épaules, portée aussi bien par les hommes que par les femmes, au Moyen Age.

Les pièces étaient ensuite disposées dans le cuveau avec méthode, les plus sales d'abord : les torchons, les draps, les chemises. Elles glissaient par-ci par-là des racines d'iris séchées, appelées chapelets de "javiots", ou des boules de guimauve, qui parfumaient le linge. Puis la femme versait de l'eau froide par-dessus, afin que le linge trempe toute la nuit. Le lendemain matin, elle vidait l'eau, couvrait le dessus d'une grosse toile de chanvre appelée "le cendrier" ou le "charrier" en Brie, sur lequel elle étalait des cendres de bois, sur 10 à 15 centimètres d'épaisseur, "la charrée". Les meilleures cendres avaient été emmagasinées depuis longtemps à cet effet. Dans les bourgs, il y avait même des marchands ambulants qui proposaient des petits sacs de cendres aux citadins qui n'en possédaient pas.

218. *Cette eau-forte de M. L. Lhermitte, dépeint avec vérité une opération de coulage de la lessive familiale au XVIIIe siècle. Ici, la jeune femme est seule pour accomplir cette tâche, la journée sera dure pour elle. Ses jeunes enfants sont là, sans doute lui rendent-ils de menus services, tandis que, sous la haute cheminée briarde, le feu flambe vivement, sous le gros chaudron noir, contenant l'eau nécessaire au coulage*[5].

---

5) *Extrait du livre de A. Theuriot "La vie rustique", Paris 1888.*

Les siècles s'écoulant, les cendres furent remplacées par des cristaux, notamment au début du XXe siècle.[4]

Enfin, tout était prêt ; le feu avait été vivement allumé pendant tous ces préparatifs, alimenté par des sarments de vigne bien secs puis par du bois. Le grand chaudron rempli d'eau était accroché à la crémaillère ; pendant que l'eau chauffait, la ménagère vaquait à quelques occupations. Lorsque l'eau chauffait à gros bouillons, elle "coulait" la lessive. Munie d'un "pochon" à long manche, elle versait l'eau bouillante qui, petit à petit, traversait les couches de linge superposées et s'égouttait lentement par la "coulotte" dans "la tinette". Elle était immédiatement chauffée à nouveau dans le grand chaudron, à la même température ; mais en fin de compte l'eau ne dépassait pas les 70° ; elle était à nouveau coulée sur la "charrée." Cette opération pouvait durer de 15 à 20 heures ; elle était longue, pénible et nécessitait un relais de femmes, sans oublier l'entretien constant du feu.

La lessive était ainsi coulée pendant de longues heures ; l'eau douce et savonneuse, qui s'écoulait de la coulotte, prenait une belle teinte brune, exhalant une odeur ammoniacale très caractéristique. Chaque ménagère savait quand il fallait arrêter le coulage ; elle avait sa propre expérience et savait combien de temps devait s'écouler entre chaque coulage ; elle agissait avec méthode et sans précipitation. Un de ses secrets était la température de l'eau de lessive versée sur la charrée, qui devait être toujours la même.

Dans certains villages de Brie, il était de tradition de "battre la charrée" le soir au début de la veillée, ce qui amolissait la pâte formée par les cendres mouillées, la désagrégeait et la rendait plus perméable à l'eau, entraînant ainsi plus facilement sur le linge la potasse contenue dans ces cendres. Les voisines, appelées "les charreuses", venaient et frappaient de leurs mains larges ouvertes les cendres mouillées et chaudes. Pauvres mains qui en sortaient toutes crevassées et douloureuses !

Un ardent lit de braises s'amoncelait peu à peu sous le chaudron. C'était le maître de maison qui avait souvent la garde du feu, aussi profitait-il des braises rougeoyantes pour les étaler un peu, poser dessus un gril où il disposait "la manne de pommes" afin qu'elles cuisent sous son regard vigilant, il les tournait et retournait avec soin, jusqu'à leur cuisson complète. Lorsque le dur travail des charreuses était terminé, tous ensemble, hommes et charreuses, mangeaient les pommes cuites et bavardaient gaiement pendant le reste de la soirée.

Le lendemain du coulage de la lessive, c'était le lavage ; les pièces étaient sorties du cuveau, mises dans des baquets en bois ou dans des paniers en osier, les mannes, qui, posées sur la brouette, étaient emmenées par les laveuses sur le lieu de lavage.

Dans certains villages la brouette ne pouvait pas être utilisée, la rivière se trouvant dans un creux de vallée ou entre deux plateaux ; aussi les laveuses utilisaient-elles une hotte en bois ou en osier qu'elles portaient sur le dos, étant ainsi libres de leurs mouvements. La charge était lourde à leurs épaules, elles ne pouvaient transporter qu'une quantité assez restreinte de linge à laver.

---

4) Les cristaux de soude s'achetaient au poids chez l'épicier qui les servait dans des sachets de papier. On achetait du "cristau" au même titre que le sel ou le sucre "A. Regard dans Revue de Moret, 1978."

219. *Sur cette reproduction d'un dessin de Menon, "Une lavandière en 1800", nous voyons bien sa hotte en bois ; de plus, elle porte son coffre ou protège-genoux, sous le bras, le battoir dans la main gauche, derrière elle, un pont et le ru d'où elle revient.*

Croyances et superstitions populaires

Dès le Xe siècle et cela jusqu'au XXe siècle, les lessives et lavages étaient interdits pendant la semaine sainte, ainsi que pendant les trois jours des Rogations (prières publiques et processions faites pendant les 3 jours précédant l'Ascension), en la fête de Saint-Marc le 25 avril, pour attirer sur les champs la bénédiction du ciel, ainsi que le jour des Morts : le 2 novembre et **jamais** le vendredi.

Laver pendant ces jours-là faisait mourir le maître de maison !

Une lessive était obligatoire après chaque décès. Elle ne devait comprendre que le linge du défunt ou de la défunte, à l'exclusion de toute autre pièce : *"Le mort a droit à sa lessive"*, disait-on.

Après le lavage au lavoir, au ruisseau ou à la mare, le linge du corps était mis à sécher sur les haies proches. La coutume voulait que l'on prenne garde de bien étendre les chemises d'hommes le col en bas, afin d'éviter qu'il n'arrive malheur à leur propriétaire.

Cette coutume était encore en pratique à la campagne il y a quelques années.

Il ne fallait pas battre le linge des bébés car cela leur donnait des coliques.

Placer les chemises "le nez dessous" dans le cuveau était signe de malheur, il fallait mettre le devant dessus.

Il ne fallait pas oublier d'étendre une bonne poignée de sel en croix sur le dessus du linge dans le cuveau, pour empêcher le mauvais sort et la formation "des images ou figures" sur le linge que le diable s'amuserait à y faire, et que tous les savons du monde ne pourraient plus effacer ! Cela revenait à dire que, sans le sel en croix pour la protéger, la lessive était "charmée" et que rien ne pouvait plus la désensorceler !

"Battre la charrée" conjurait le mauvais sort sur la lessive.

Ces croyances étaient encore vivaces à la fin du XIXe siècle. Notons encore qu'en différents endroits de Seine-et-Marne, un des trois jours des Rogations était consacré à la bénédiction des sources et des fontaines.

220. *La villageoise de **Quincy-Voisins**, canton de Crécy-la-Chapelle, va au lavoir ou en revient. Sa hotte, bien placée sur le dos, lui permet, malgré son grand âge, de porter sa charge et faire un brin de causette.* (Coll. Amatteis)

221. *Voici la brouette classique, que l'on trouve communément dans tout le département. Photographie prise à l'exposition de Provins, "L'eau à Provins et en Brie", août 1985.*
(Photo Fatoux)

222. ***Lizy-sur-Ourcq**, sur la rivière Ourcq, les vannes, une passerelle rudimentaire sur laquelle s'engage une jeune femme portant sa brouette chargée du mannequin contenant le linge à laver. Elle se dirige vers le bateau-lavoir dont on aperçoit le toit au-dessus des herbes.* (Coll. Amatteis)

223. ***Varreddes**, canton de Meaux, où "les pousse-pousse en bois des Ravetonnes", ont subi l'usure des années ; désormais inutiles, quelques uns sont relégués au fond d'une grange. Les rares rescapés, sont jalousement gardés par leurs propriétaires.* (Dessin R. Frühauf)

Le village de Varreddes était autrefois essentiellement agricole et maraîcher ; les chevaux étaient réservés à la culture ; par ailleurs, les femmes devaient, pour laver, se rendre soit au lavoir du déversoir sur la route de Congis, soit à la berge de la rivière Marne, soit encore au bateau-lavoir installé sur la rivière, face à Germigny-l'Evêque, éloignés de plus d'un kilomètre du village. Il n'était pas question qu'elles demandent l'aide d'un cheval attelé à une charrette pour accomplir ce trajet pénible ; c'était la brouette qu'il leur fallait pousser et porter, avec sa lourde charge, sur ce long parcours.

Un menuisier eut l'idée de leur fabriquer une petite carriole à trois roues, flanquée de deux montants de fer tenus par une poignée pour la pousser, munie d'un plateau en bois, "le pousse-pousse". Il n'était pas très haut, ainsi que vous pouvez le constater sur le dessin ; les roues étaient à l'origine en bois, cerclées de fer à chaud, comme celles des charrettes. Lorsqu'un certain jeu s'installait à l'usure dans la roue, entre le fer et le bois, "on châtrait" ; cette opération consistait à ressertir le fer sur la roue. Certaines villageoises remplacèrent les roues cerclées par des roues à pneus, ce qui donnait plus de souplesse à la carriole(6).

Ce pousse-pousse est, par ailleurs, chargé d'histoire. Au moment des exodes causés par l'avance des armées allemandes en 1870, en 1914 et en 1940, les villageois chargèrent ce précieux instrument de leurs biens de grande valeur et s'en furent chercher un abri plus sûr, loin de la tourmente. En 1940, il servit aussi aux plus démunis qui n'avaient pas d'autre moyen de portage.

---

6) D'après un article dans le journal "La Marne", écrit par M. Rousseau, 1980.

224. *Cette photographie, aimablement prêtée par M. et Mme Daudu de Varreddes, fut prise à la fête du village en juin 1985. Madame Daudu, membre du conseil municipal, fut, à l'occasion de la fête annuelle, l'instigatrice d'une reconstitution historique des petits métiers exercés au village au siècle dernier. Ici, la lavandière avec son pousse-pousse, chargé "du coffre" en bois rempli de paille, ses deux lessiveuses, son battoir, sa brosse de chiendent et sa bouteille de 2 litres d'eau de javel, produit indispensable à une bonne lessive, s'en va au bateau-lavoir...* (Photo Daudu)

225. ***Soignolles**, canton de Brie-Comte-Robert, il règne une grande activité sur la route de Coubert, en remontant du lavoir. Une seule personne semble travailler, c'est la femme qui porte sa brouette lourdement chargée... les autres, regardent !* (Coll. Amatteis)

226. ***Saint-Méry*** *(anciennement Saint-Merry) canton de Mormant ; cette fois, il y a deux lessiveuses sur la brouette, la charge est encore plus lourde ! Saint-Méry est un vieux village briard dont l'église est dédiée à saint Merry (Médéric), situé sur les rives du ru d'Ancœur, qui se jette dans la rivière l'Almont, affluent de la Seine.* (Coll. Amatteis)

Les lavandières

Pendant plusieurs siècles on appela les femmes qui lavaient le linge à la main : "lavandières", humble corps d'état dont personne ne semble s'être beaucoup soucié.

Les lavandières pouvaient se classer en deux catégories dès le XIIIe siècle :
– celles qui lavaient le linge familial, ainsi que nous l'avons vu jusqu'à présent,
– celles qui étaient rétribuées par les bourgeois et les nobles.

L'Ordonnance Royale du 30 juin 1350 fixe à "un tournoi, en toute saison, le prix que pourront demander toutes manières de lavandières, de chacune des pièces de linge lavé" (article 244).

Au XIVe siècle, on faisait déjà grand usage de l'amidon, de l'empois, ce qui demandait un travail supplémentaire.

Les "escoffions", les atours, les hennins, pyramidales coiffures dont le règne, chez les gens aisés, commença vers la fin des années 1300, ne conservaient leur forme qu'à force d'empois, de gomme et de cire. Les anciens comptes en font foi :[(7)]

"Année 1416 – A Isabeau, l'ouvrière pour avoir de la fleur (farine) pour l'atour de la Royne (Isabeau de Bavière), pour une livre de gosme, pour servir à empeser l'atour de la dite dame."

"Année 1454 – Pour une paelle (poële) à queue de fer, à faire empoix, pour le service de la Royne."

"Année 1575 – six livres d'amydon, pour servir à empeser les chemises de Monseigneur le Duc d'Alençon. Un quarteron de blanc d'Espaine aussi pour servir à empeser."

---

7) Paul Sébillot "Légendes et curiosités des métiers", opus cité.

Cette dernière citation nous introduit dans le XVIe siècle, où la mode des grandes collerettes tuyautées et celle des fraises "godronnées" assurèrent pour longtemps le triomphe de l'empois, essentiellement dans la haute société.

Un détail amusant, au passage : Henri III qui possédait un goût invincible pour tout ce qui concernait la toilette féminine jugea un beau jour que l'amidon ne donnait pas aux fraises un maintien suffisant. Il expérimenta lui-même et composa un empois plus ferme avec de la farine de riz. Courtisans et lavandières s'empressèrent d'adopter cette invention. Mais cet empois était dur à la peau, aussi recouvrait-on intérieurement la fraise d'une fine baptiste.

Au XVIe siècle, dans la bourgeoisie, le linge était le plus souvent lavé à la maison avec les soins nécessaires pour en prolonger la durée. Puis une fois bien repassé, bien parfumé, il était, ainsi que nous l'avons déjà dit, rangé dans des coffres puis, plus tard, dans un placard que dissimulait le dossier mobile d'un vaste siège. Il est évident que le linge n'était pas lavé par "la bourgeoise", mais sous son regard, par la lavandière rétribuée qui avait eu bien d'autres tâches domestiques à accomplir dans sa journée.

Toujours au XVIe siècle les lavandières avaient, pour repasser le linge, raidir et plisser l'étoffe, des fers creux où elles introduisaient des braises incandescentes, prélevées au foyer, dans la grande cheminée. Plus tard, les cendres furent remplacées par "un saumon de métal" porté au rouge.

227. *Petite blanchisseuse, d'après une lithographie de Gavarni. Les enfants, surtout les petites filles, étaient couramment utilisés à de petites tâches de porteurs. Les charges étaient quelquefois bien lourdes pour leurs frêles épaules !*

Petite blanchisseuse, d'après une lithographie de Gavarni.

228. **Le lavoir, par Jacob Becker** - *Dessin de Yan Dargent, peintre au XIXe siècle. Reproduction XVIIIe siècle.*
Cette reproduction illustre bien le lavoir comme le lieu de rendez-vous : lavandières, enfants, hommes, paysans, vieillards, chacun aimait passer par le lavoir "tailler une bavette".

Les lavandières passaient des marchés avec les grandes familles. *"En 1639, Vincent Leure, blanchisseur à la Grenouillère (quai d'Orsay à Paris) s'engageait à blanchir pendant un an la Maison du Duc de Nemours moyennant 135 livres par mois. Il devait être lavé chaque jour : 9 nappes, 48 serviettes, outre le linge de corps, provenant de 54 personnes composant la suite du Prince "*[8].

Quand elles étaient employées à la journée, on prétendait qu'elles étaient difficiles à servir et qu'il leur fallait toujours quelqu'un occupé à leur porter le linge, à leur donner de la soupe ou du café.

Un "parler" des lavandières apparaît déjà au XIIIe siècle, surtout dans les villes.

On dit aussi que les lavandières figurent parmi les personnes qui "aimaient à s'humecter le gosier".

---

8) Bulletin de la Société d'Histoire de Paris, année 1892.

Mais leur travail était dur. Sans répit, elles devaient laver le plus de linge possible dans leur journée, au lavoir ou au bateau-lavoir, par tous les temps, qu'il pleuve, qu'il neige ou qu'il vente, en hiver, ou que le soleil haut dans le ciel d'été ne brûle leur dos penché en avant : elles étaient là, au bord de la rivière, courageuses et acharnées. Les coups de battoirs qu'elles assénaient aux pièces à blanchir trouvaient un écho sur l'autre rive, dans les petits matins glacés jusqu'à la nuit tombante, seulement interrompus entre brossages et rinçages par des bouts de conversation !

Les lavandières étaient, dit-on, d'une loquacité sans égal et aimaient à amplifier les petits cancans de la ville, du bourg ou du village. *"Commérages bien anodins"* ,nous dit Paul Huguenin, *"car ils ne portaient pas de préjudice à ceux qui passaient sur la langue de ces dames !"*(9)

Le lavoir était aussi le siège du tribunal de la justice féminine, assez peu indulgente pour les hommes. Il ne faisait pas bon pour eux de passer par là à cet instant. Ils étaient aussitôt pris à partie et poursuivis à coups de battoir. Savonnés de haut en bas, resavonnés, rincés, les hommes passaient là de bien mauvais moments ! Ces critiques et malédictions en chœurs alternés sur les hommes, n'empêchaient pas les lavandières de s'en prendre les unes aux autres. Brosses, battoirs, seaux, valsaient à qui mieux mieux, quand elles ne s'attrapaient pas par le chignon !

9) *Paul Huguenin, opus cité.*

229. *Cette photographie, reproduction du tableau de P. Grégoire exposé au salon de 1903, nous montre une repasseuse. Sur le plancher, sous la fenêtre, un petit fourneau rond est installé, il chauffe les fers dont se sert la jeune femme. La fenêtre lui apporte une bonne source de lumière. L'intérieur est agréable, nous sommes au début des années 1900.*
(Coll. Lauxerrois)

Le nom de "Margot" a souvent été donné aux lavandières professionnelles, ou "papillon" aux hommes lavandiers. *"Comme cet insecte"*, nous dit Paul Sébillot, *"ils arrivaient de la campagne pour livrer le linge qu'ils portaient sur leurs épaules, dans la hotte"*.

Dans "L'Assommoir" d'Emile Zola, quelques vers d'origine populaire, illustrent Margot :

"Pan, pan, Margot va au lavoir,
Pan, pan, à coups de battoir
Va laver ton cœur
Tout noir de douleur."

Toujours à propos des Margots, on fit aussi leur éloge et, disait-on également, elles étaient celles qui aimaient le plus leur métier.

Au XVIIIe siècle, leurs conditions de vie étaient toujours aussi pénibles, elles avaient de petits moyens d'existence. Quand elles allaient sur les "bateau-à-blanchir", il leur fallait payer 4 sols pour y avoir leur place, plus 1 sol pour la location du baquet indispensable.

N'oublions pas de dire qu'elles devaient rendre exactement les pièces de linge qui leur étaient confiées, sous peine de payer celles qui manquaient, les pièces perdues ou endommagées.

230. ***Le lavoir sur l'Almont à Melun.***
Le lavoir est fort ancien ; si la couverture est en tuiles, il est fermé sur trois côtés par des planches. Les lavandières y sont au travail ; on aperçoit les grosses lessiveuses, le linge qui s'égoutte. Les potins vont bon train mais les lavandières frottent, brossent, rincent, à qui mieux mieux.
Sur la porte en bois, ces mots sont écrits à la craie :
"Clube Politique
des laveuses,
bureau
ici !"
Les lavandières furent-elles la cause de la vindicte masculine ? Dans les archives municipales de Melun, j'ai trouvé quelques traces de ce lavoir : en août 1949, à la suite d'un orage, un arbre tomba sur le lavoir et l'endommagea gravement. Le conseil municipal demanda une remise en état urgente de ce lavoir public. On l'appelait aussi le lavoir de la Fontaine Saint-Liesne... (Coll. Amatteis)

231. ***Brou***, *petite commune du canton de Lagny, est arrosée par le ru de Chantereine. Le lavoir photographié au début du siècle, fut malicieusement appelé "Chapelle de la Médisance" ! C'était un lieu très fréquenté par les lavandières et les laveuses dépendant d'une blanchisserie, ou lavant pour les habitants et invités des 3 châteaux situés sur le territoire de la commune. Le linge qui s'égoutte sur les barres et le nombre des lavandières, témoignent de sa grande activité !*
(Coll. Amatteis)

232. **May-en-Multien**, *canton de Lizy-sur-Ourcq. Sur la place du village chacun est présent pour la photographie, "anciens", enfants, jeunes femmes, agriculteurs et lavandières revenant du lavoir, tout le monde est là ! les grands mannequins remplis du linge lavé et rincé sont posés sur les brouettes ; il fait beau, personne n'est pressé !* (Coll. Amatteis)

Matériel de la lavandière au début du XXe siècle

- Pour transporter le linge : le pousse-pousse, la brouette, la hotte.
- Pour mettre le linge : la manne, le mannequin, le cuveau, la lessiveuse, à Varreddes la martingale.
- Pour protéger les genoux : en général, on disait le porte-genoux, le garde-genoux ; dans le nord du département, le coffre ; dans la région de Coulommiers, la lavette ; dans la région de la Ferté-sous-Jouarre, le bacotin ; dans la région de Moret-sur-Loing, la boîte à laver ; à Achères-la-Forêt, le cabas ; dans le Gâtinais, le bachot ; dans la région de Gouaix, la lavotte.
- Pour taper le linge : le battoir, la batte (Villeneuve-sur-Bellot).
- Pour brosser : la brosse de chiendent.
- Pour savonner : le savon de Marseille.
- Pour blanchir : la bouteille de 2 litres d'eau de javel.
- Pour contenir de l'eau chaude : la seille, le seau en bois ou en fer.
- Pour accrocher le linge : les pinces à linge en bois.
- Pour s'abriter : le parapluie.
- Pour égoutter le linge : le tréteau en bois.

233. *"Le lavoir individuel" à* ***Samoreau,*** *canton de Fontainebleau, est une très belle photographie des lavandières installées sur le bord de Seine. Leur journée sera dure et fatigante, tant de linge à laver ! Auront-elles terminé ce soir ?* (Coll. Amatteis)

233 bis. ***Saint-Mammès,*** *canton de Moret-sur-Loing. Cet agrandissement permet de bien voir le lavoir installé dans l'eau, sur le bord de la rivière. Remarquons également, "le gros baluchon" de linge, que la lavandière devra "essanger" avant de couler sa lessive, le soir chez elle, dure journée en perspective !* (Photo Amatteis)

Lavandières à la rivière

Autrefois, on disait "aller à la rivière" pour y laver son linge ; l'endroit était installé d'une manière très rudimentaire :

- à ciel ouvert, sur le bord de la berge, là où elle s'affaissait naturellement vers l'eau,
- dans une encoche creusée à même la berge, un madrier en plan incliné y était fixé par deux pieux enfoncés dans le fond de la rivière, près du bord,
- la berge étant en plan incliné, l'eau peu profonde, il était possible d'y installer "le lavoir", petit ponton individuel, muni de quatre pieds, posé bien d'aplomb sur le fond de la rivière, près de la berge. Ce lavoir permettait aux lavandières de rincer leur linge dans une profondeur plus grande. Chacune était propriétaire de son lavoir ; celui-ci restait sur la berge après son utilisation. Ce lavoir était commun au sud-ouest de la Seine-et-Marne.

Afin de mieux être protégées de l'humidité de la rivière, les lavandières s'installaient à genoux dans une boîte en bois, garnie de paille ou d'un coussinet. Cette boîte portait un nom différent suivant la région du département, ainsi que nous l'avons vu précédemment.

Une fois installées, les lavandières battaient leurs pièces à grands coups de battoir, les trempaient dans l'eau courante, les rinçaient, les tordaient de toutes leurs forces, afin de mieux les essorer. Il fallait être une rude gaillarde, ayant de bons bras bien robustes, pour mener à bien son ouvrage !

234. ***Paley**, canton de Lorrez-le-Bocage, est traversé par la rivière le Lunain qui se jette dans le Loing. "A la maison le travail ne manque pas. Il faut essanger la l'ssive sur "l'havier" et la mettre à couler. Puis la rincer à la rivière, à la brosse sur la pierre à laver et la taper allégrement du battoir, protégée des éclaboussures et d'l'iau par mon bachot"*[10]. (Coll. Amatteis)

10) *"Promenades en Gâtinais", opus cité.*

234 bis. ***Brinvillé** hameau de **Saint-Sauveur-sur-Ecole,** canton de Perthes-en-Gâtinais. Le lavoir cimenté est ici sur les deux rives de l'Ecole. Dimanche est le jour de repos des lavandières, alors, place aux hommes pour la photo !* (Coll. Amatteis)

235. **Mary-sur-Marne**, *canton de Lizy-sur-Ourcq, est un village datant du XIIe siècle, ancien fief, arrosé par la Marne. Ici, dans une de ses boucles, une lavandière à genoux dans son "coffre", frotte un linge de sa brosse de chiendent ; derrière elle, sa brouette contenant le linge déjà lavé et dans le cuvier tout proche, celui qui reste à frotter. Il fait beau, ce sont les premiers beaux jours du printemps, les arbres se mirent dans l'eau claire de la rivière ; au loin, on aperçoit des toits de fermes.* (Coll. Amatteis)

236. **Favières**, *canton de Tournan-en-Brie, est traversée par le ruisseau de la Marsange et se trouve à proximité des étangs d'Armainvilliers. Les lavandières sont installées au lavoir creusé dans la berge, de chaque côté du ruisseau. Il règne une grande animation parmi elles. Les berges furent aménagées, creusées et cimentées, un peu avant la Grande Guerre, en 1914.* (Coll. Amatteis)

237. *Mais, en 1985, l'herbe a repris ses droits : "Les vieux lavoirs sur les deux berges servaient aux femmes qui, "les pauvres", venaient y laver leur linge", m'a raconté une vieille dame dont la maison se trouve juste en face, sur la rive opposée. "Je les ai connus comme maintenant et ma maison date de 1930". Devant chez elle, il y a maintenant un banc, sur le haut du talus ; mais les lavoirs ne sont plus que souvenirs...*
(Photo Fatoux)

238. ***Ponthierry**, hameau de la commune de Saint-Fargeau, canton de Perthes-en-Gâtinais, est traversé par la rivière Ecole. Les femmes lavent ici dans des conditions très rudimentaires.*
(Coll. Amatteis)

239. *Très belle carte postale des lavandières dans les années 1900, sur les bords de Seine à* ***Bois-le-Roi****, canton de Fontainebleau.*
En regardant la carte postale plus attentivement, nous voyons les lavandières à genoux dans leur garde-genoux posé sur un petit ponton à quatre pieds, qui s'enfonce sur le bord de l'eau.
(Coll. Amatteis)

240. ***Dammarie-lès-Lys**, canton de Perthes-en-Gâtinais. Ici, c'est le lavage au ruisseau. Nous sommes bien loin du temps où la commune se groupait autour de l'Abbaye-du-Lys, fondée par Blanche de Castille.*

Sur la carte postale du début du XXe siècle, les lavandières terminent leur lavage ; leurs conditions de travail ne sont pas bonnes et n'ont rien de poétique : peu de place pour chacune et peu d'eau ! Elles semblent pourtant de bonne humeur, plaisantent et rient, tout en frottant et rinçant leurs pièces, tandis que le linge lavé s'égoutte sur les barres. D'autres laveuses attendent leur tour car le lavoir est plein ; patientes, elles participent à la bonne humeur générale, leur garde-genoux sous le bras.

(Coll. Amatteis)

Poésie

La laveuse

Sur un petit lavoir de planches, au courant de l'eau, une jeune fille lave… Une barque montée par des jeunes gens vient à passer…

Il lui sembla bien que l'on rit
Sur la barque pareille au cygne,
Il lui sembla bien qu'on la désigne
Et que l'on faisait des jeux d'esprit.

– Non ! se dit-elle, c'est une honte !
Oh non ! il n'oserait jamais !
Il m'aimait, je l'aimais ;
Qu'a-t-il dit sur mon compte ?

Et déjà loin le bateau
Quand en son cœur - Vive blessure !
Entre la pointe d'une injure
Comme la pointe d'un couteau.

Et triste, baissant la paupière,
Et d'horreur, prête à succomber,
La laveuse laisse tomber
Une larme dans la rivière…

Charot 1909
(Extrait de la Revue Brie et Gâtinais, année 1909)

241. *Cette carte postale nous indique Seine-Port et le château de Sainte-Assise. Il serait plus exact de dire : Lavandières à* **Ponthierry**, *car elles sont installées à un lavoir très rudimentaire sur berge, sur la rive opposée à Seine-Port. Elles ont déjà lavé une grande quantité de pièces, car les tréteaux croulent sous le poids du linge.*
Le château de **Sainte-Assise,** *date du XIIe siècle ; on trouve aux Archives Nationales : "Le molin qui est en ladite rivière dès le ponceau de Sainte-Assise" en 1369. Il appartient maintenant à la famille du Comte de la Granville.* (Coll. Amatteis)

Le Château de Sainte-Assise sur les bords de la Seine.

242. **Cély-enBière**, *canton de Perthes-en-Gâtinais où le ru de Rebais, affluent de l'Ecolle (ou Ecole) traverse la commune. Ces deux jeunes femmes sont installées à leur lavoir, bébé dort paisiblement dans son landau, le linge sèche sur les haies et l'étendoir, tandis que deux hommes du village contemplent cette scène et tiennent un instant compagnie aux lavandières.* (Coll. Amatteis)

243. ***Beaumont-du-Gâtinais****, canton de Château-Landon. Il n'y a pas grand monde dehors ce jour-là ! "La commune est traversée par une dérivation de la rivière Fusain. Une vanne réglait le débit de l'eau dans le bassin où se trouvaient l'abreuvoir et le lavoir. Les femmes y lavaient la laine des matelas et les sacs certains jours bien définis ; elles y faisaient leur lessive le lundi et le mardi. Les lavandières étaient bien connues pour leurs bavardages et leur gaieté ! A propos du Fusain, cette dérivation venait des douves du château."* (Coll. Amatteis)

(Entretien avec M. le maire de la commune, août 1985).

243 bis. **Château-Landon.** *Qu'il est loin le temps où les lavandières rinçaient leurs lessives dans l'eau claire du Fusain ! Sur cette carte postale, nous voyons un lavoir installé sur le bord de la berge. Derrière les lavandières, un grand mur longeant les propriétés où s'ouvrent quelques portes donnant sur la rivière. A gauche, au deuxième plan de la carte postale, un très vieux pont de pierre à deux arches et un lavoir qui, de nos jours, continue de se refléter sur la surface de l'eau.*
(Coll. Amatteis)

244. *Dans le canton de Bray, sur la rive droite, le lavoir de* **Mouy-sur-Seine,** *sur le ru d'Henrieu, est creusé dans la berge. Deux laveuses, ayant auprès d'elles cuveaux et lessiveuses, remplissent leur tâche.*
Le village fut construit au carrefour de deux routes : l'une allant à Donnemarie-en-Montois, l'autre vers Provins. Un détail intéressant : sur la première brouette, la grosse lessiveuse porte encore son étiquette avec la marque "Gallia".
(Coll. Amatteis)

Gouaix — Le Ruisseau et le Lavoir

245. *Le village de* ***Gouaix****, toujours dans le même canton, est traversé par un ru non identifié, utilisé par la commune qui installa un lavoir très rustique sur chacune de ses berges.*
Cette carte postale est un autre tableau de la vie de nos aïeux. C'est l'été, chacun est là, content de poser et de plaisanter un peu, tenant ainsi compagnie aux laveuses "chapotées". Malgré la paille qu'elles mettaient dans leur "lavotte", le soir leurs genoux étaient bien endoloris.

(Coll. Amatteis)

246. ***Esmans**, canton de Montereau-fault-Yonne, où le ru d'Esmans traverse la commune. Les lavandières semblent en pénitence face au mur ! Trois d'entre elles ont laissé leur lavage, le temps de la photographie, et posent ! Le boucher avec sa carriole tirée par un cheval s'est un instant arrêté lui aussi.* (Coll. Amatteis)

247. *Dans le canton de Bray-sur-Seine, la commune d'**Hermé** est proche du hameau Toury. Au lavoir de Toury, sur la berge du ru Hermé, les femmes sont venues terminer leur lessive.* (Coll. Amatteis)

249. *Le village de* **Montévrain**, *canton de Lagny, s'étage sur le flanc de la colline et descend jusqu'à la Marne. Oui, ce lavoir est pittoresque - avec ses parapluies et ombrelles - tout le déballage sur la berge : lessiveuses, seilles, linge qui s'égoutte sur le tréteau, la lavandière assise qui n'est plus jeune, les autres qui s'offrent le temps d'une pause, la photographie... tout nous offre ici une peinture digne d'un grand peintre !* (Coll. Amatteis)

250. *Le vieux pont du Filoir datant du XIVe siècle, à* ***Lizy-sur-Ourcq****, enjambe allégrement la rivière Ourcq, malgré six siècles de "bons services" !*
La lavandière, à genoux dans son coffre, a auprès d'elle le fruit d'une bonne journée de travail ! Son cuvier est vide, le linge lavé s'égoutte sur la barre à linge. Elle devra le mettre à sécher dans son jardin puis le repasser avant de le livrer à sa cliente.
Le lavoir rustique fut creusé dans le talus où la lavandière a posé sa brouette. Autres personnages de ce tableau du passé : le pêcheur et son jeune garçon ; leur barque est en travers de la rivière. Tout autour, la végétation est assez dense et donne de l'intimité au tableau. (Coll. Amatteis)

251. *A* ***Vincy****, hameau de la commune de* ***Vincy-Manœuvre****, canton de Lizy-sur-Ourcq. Son lavoir est installé sur le ru de la Gergogne. Les laveuses ont chacune leur planche à laver. Les cuviers, brouettes plus ou moins hautes, les enfants en sarrau, tout est bien en place pour la photographie, mais les laveuses devront tout de même avoir terminé leur lavage avant le soir.* (Coll. Amatteis)

252. ***Moret-sur-Loing**, les lavandières, dont le lavoir fut installé en contrebas des anciens remparts où la chaussée fut cimentée, sont au travail.*
Le pont qui enjambe la rivière du Loing date du XIVe siècle.
(Coll. Amatteis)

253. *Un deuxième lavoir fut installé dans les anciennes douves de la Place Forte qu'était **Moret** au XVe siècle. Peut-être les lavandières y venaient-elles déjà laver à cette époque-là ?* (Coll. Amatteis)

254. ***Moret-sur-Loing*** *: le pont et les laveuses.*
Sur cette carte postale c'est l'été, les grands parapluies donnent un peu d'ombre aux lavandières et leur font un décor original. Mais c'était aussi quelque chose de plus à ramasser et à porter sur la brouette ! (Coll. Amatteis)

Moret, dont l'histoire fait surgir de nombreuses figures féminines, cette seigneurie ayant souvent été confiée à de grandes dames. On trouve des traces écrites au XIIe siècle, dans les annales du Gâtinais, vers 1160 sous le nom de "Moreth", puis, plus tard au XIIIe siècle, dans le livre des Vassaux, sous le nom de "Mouret", vers 1222. Cette seigneurie entra dans le douaire de Jeanne de Bourgogne, femme de Philippe VI de Valois, puis de Marie d'Anjou, femme de Charles VII. N'oublions pas "la modeste Jacqueline de Breuil" dont Henri IV fut épris, qui était comtesse de Moret et, à ce titre résida au donjon.

Gardée par ses portes fortifiées datant du XIVe siècle et par les restes de ses remparts, dominée par sa belle église gothique du XIIe et XIVe siècle et son vieux donjon, l'ancienne seigneurie de Moret se reflète dans les eaux du Loing, que Sisley et ses amis fixèrent sur leurs toiles.

Non loin du vieux pont du XIVe siècle, la rue de l'Abreuvoir descend sur la berge de la rivière du Loing. *"Cette descente était empierrée de larges pierres usées par le passage des brouettes que portaient les lavandières. Les lavandières posaient leur brouette, décrochaient leur "lavoir" - sorte de petit ponton individuel - du mur où elles l'avaient accroché la veille, à l'aide d'une chaîne, à un crochet fiché dans le mur de la propriété, longeant le chemin de l'abreuvoir, non pas à cause des voleurs, mais par crainte d'une crue intempestive qui l'aurait emporté au fil de l'eau."*

Ceci me fut conté par Mme Bouquet, de Moret, en octobre 1985.

Une autre personne a évoqué ses souvenirs, M. Regard, qui, dans la revue de Moret et sa région, en 1978, raconte :

"L'installation sur la berge se faisait rapidement. "le lavoir" était avancé dans l'eau : les deux pieds bien d'aplomb sur un fond solide, le plancher au ras de l'eau. La lessiveuse placée d'un côté, de l'autre la bassine et le tréteau. Le "garde-genoux", sorte de caisse à trois côtés garnie de paille, pour les plus douillettes un petit coussin. Il servait à protéger de l'eau la laveuse agenouillée, et aussi à adoucir l'appui de ses genoux sur la planche.

La mise en place terminée, le travail commençait. Le linge chaud était saisi, savonné, brossé, battu, rincé, tordu, pour venir enfin prendre place sur le tréteau où il finissait de s'égoutter."

255. *A la sortie de* **Moret-sur-Loing**, *la route enjambe l'Orvanne vers Saint-Mammès ; autrefois, on rencontrait souvent ce genre de "lavoir volant" sur les rives de nos jolies rivières. Mais, on peut aussi constater combien les cours d'eau avaient leur lit encombré par les ajoncs et herbes qui croissaient à plaisir.*
La lavandière, située au premier plan de la carte postale, n'est pas jeune et pourtant elle vient encore à la rivière ! Par contre, les deux pêcheurs offrent l'image paisible de gens heureux, passant un moment agréable à la pêche. (Coll. Fatoux)

256. *A l'entrée de* ***Saint-Mammès****, canton de Moret-sur-Loing. Voici deux lavandières en plein travail, installées sur la berge inclinée de la Seine ; on voit très nettement les deux lavoirs volants, les garde-genoux, les planches à laver qu'elles ont mis en place. Elles ont vraiment beaucoup de linge à frotter, leur journée sera dure.* (Coll. Amatteis)

256 bis. ***Champagne-sur-Seine,*** *même canton. Les lavandières ont installé "leur lavoir" au bas de la descente du talus, barrant ainsi le chemin à qui voudrait passer. C'est le jour du rinçage des draps ; pensons à la fatigue des gestes répétés, à leurs efforts pour soulever les grandes pièces de linge lourdes de l'eau qu'elles contenaient. Frotter, rincer encore et enfin, tordre les grosses toiles ! Les bras étaient le soir tout endoloris, le dos brûlait et les genoux engourdis étaient raides !...*
(Coll. Amatteis)

257. ***Vinantes,*** *canton de Dammartin-en-Goële. Sur la Beuvronne il y a grand déballage de linge ; les lavandières brossent avec énergie, les lessiveuses sont de taille importante, vides pour l'instant. Tout est ici signe de travail, de persévérance et de courage car ce n'est pas l'été et la froidure se fait sentir.* (Coll. Amatteis)

258. *Dans le canton de Lizy-sur-Ourcq, le vieux village mérovingien de* ***Congis*** *est traversé par la Thérouanne. Des ponts l'enjambent de loin en loin qui ont permis cette photographie de famille ! Chacun y pose avec plaisir, tandis que le chien barbote et que la laveuse - à son lavoir privé - donne du battoir, mais marque tout de même un arrêt pour regarder le photographe. Le personnage en chapeau, canne à la main et gants me fait penser qu'il est peut-être "à l'aise" et rentier !* (Coll. Amatteis)

259. ***Pontault*** *dans le canton de Roissy-en-Brie. Il règne une grande animation au lavoir, sur la berge du ruisseau Morbras, affluent de la Seine. Les lavandières prennent un peu de bon temps et les badauds aussi !* (Coll. Amatteis)

260. ***Faremoutiers****, canton de Coulommiers, fut à l'origine une abbaye de femmes, fondée par Sainte-Fare, puis un village mérovingien au VII*e *siècle.*
La "Lavanderie" me semble un bien joli mot pour désigner le lieu pavé sur la berge, face à l'abreuvoir, sur la rive opposée où les femmes viennent laver. Mais, c'est aussi le petit ponton, muni de quatre pieds, que les femmes posaient sur le bord de la berge. Elles se mettaient à genoux dans leur "bacctin".
Le vieux pont gallo-romain est également plein de charme et porteur de tant de souvenirs ! (Coll. Lauxerrois)

261. ***Nanteuil-sur-Marne****, canton de la Ferté-sous-Jouarre, avec le pont de fer à trois arches reposant sur des piles en maçonnerie datant du second Empire.*
Les lavandières sont à leur ouvrage au lavoir rudimentaire, sur les bords de Marne. Mais elles font un instant la pause pour sourire au photographe ! (Coll. Amatteis)

263. *Près de* **Combs-la-Ville**, *au moulin de Jarcy, toutes les conditions étaient réunies pour permettre à la meunière de faire la lessive sur place. Point n'était besoin d'aller à l'Yerres ; l'eau qui coulait au moulin et au puits dans la cour, offrait de bonnes possibilités pour le rinçage et le lavage.*
La grosse lessiveuse est là, posée sur son fourneau rond, dont le feu ronfle de plaisir, afin d'opérer la coulée... A gauche de la carte postale, un grand cuveau est placé sous l'orifice de la pompe. A côté du fourneau, sur un escabeau de fortune composé de deux chaises face-à-face, un autre cuveau où la meunière frotte des pièces de linge sur la planche à laver.
A droite, une femme porte la brouette chargée de linge qu'elle va étendre sur l'étendoir.
Le moulin de Jarcy est situé dans un des plus jolis coins de la vallée de l'Yerres, à l'extrême limite de la Seine-et-Marne, sur la D33. Il dépendait autrefois d'une abbaye qui fut détruite à la Révolution. Il est actuellement occupé par une Hostellerie, dans un cadre de bois et de prairies qui lui constituent un décor très pittoresque. (Coll. Amatteis)

Séchage

Lorsque les pièces de linge étaient bien égouttées, les lavandières les étendaient soit sur l'herbe au soleil, soit sur les haies ou bien encore sur les étendoirs, au jardin.

Si le temps était incertain, le linge était ramené à la maison par "hottées" ou par "brouettées", dans les hauts greniers bien aérés où il séchait sur des perches ou sur des cordes.

Le meilleur de tous ces procédés de séchage, était le linge séché pendant que la laveuse rinçait les plus petites pièces et c'était autant de gagné !

262. *Le pont du chemin de fer appelé "Le Nouveau Pont Eiffel" construit entre 1900 et 1910 par l'entreprise Eiffel, constructeur de la Tour Eiffel à Paris, se situe sur la Marne au hameau de Parousin maintenant intégré à la commune de Nanteuil. Il fut un objectif militaire pendant la Deuxième Guerre mondiale et détruit en 1940 par le Génie français ; reconstruit en 1943 sur l'ordre des autorités d'Occupation, il fut, au mois de juin 1944, l'objet de six bonbardements de l'aviation américaine qui réussit à le détruire, non sans avoir largué plus de deux mille bombes de fort tonnage qui anéantirent les habitations de Parousin ainsi qu'une grande partie de Nanteuil qui dut être entièrement évacuée ! La commune reçut, le 11 novembre 1948, la Croix de Guerre avec étoile de bronze avec citation.*
Sur la berge, quelques lavandières au lavoir, toujours dans les années 1900 ; le lavoir est mieux installé avec une planche à laver fixée dans l'eau par des pieux. C'était aussi, à cette époque-là, la descente à l'abreuvoir. (Coll. Amatteis)

(Entretien avec le maire adjoint, octobre 1985)

264. *C'est ainsi que dans un vieux hameau du XIIe siècle, ancien fief de la commune de* ***Mouroux****, canton de Coulommiers, se trouve encore de nos jours le* ***lavoir de la Gigardelle*** *alimenté par la fontaine du même nom ; les lavettes, brouettes, battes et mannequins se distinguent nettement sur la photographie. Les lavandières frottent leur linge et sourient le temps d'être fixées sur la photographie ; les enfants en sarrau, le rentier légèrement appuyé sur sa canne, tout est ici tableau pittoresque du début du siècle.*
A cette-époque là, on appelait le photographe dans les plus petites de nos communes et c'était un événement, aussi chacun avait-il à cœur d'être présent le jour de sa venue. Ces cartes postales sont devenues des témoins précieux du début du XXe siècle et sont, en général, de beaux tableaux de vie paysanne. (Coll. Amatteis)

265. *Au hameau le* ***Charnois-sur-Tresmes****, de la commune de Mouroux, toujours dans le canton de Coulommiers, le lavoir est sur la place, un peu en contrebas de la source-fontaine de* ***Montrenard****, où une villageoise vient de puiser de l'eau. Cette source alimente le lavoir et va se jeter dans le ruisseau du Liéton, affluent du Grand Morin. La fontaine est protégée par une construction en maçonnerie, recouverte de terre.*
Les habitants du hameau sont là, chacun à leur place, s'activant à leur tâche. (Coll. Amatteis)

CHAPITRE 8

Les lavoirs

1 / Les lavoirs à ciel ouvert

Ils se composaient essentiellement d'un bassin rectangulaire cimenté et entouré d'une bordure de pierres plates dites "carreau à laver" ou bien de gros madriers en chêne, à fleur d'eau, en plan incliné.

Ils étaient situés près de la source ou de la fontaine qui les alimentait, souvent au centre du village ou du hameau.

Ils datent de la fin du XVIIIe siècle.

Là encore, ces lavoirs étaient le lieu de réunions animées où, souvent, les hommes allaient et venaient, s'arrêtant un moment entre leurs travaux agricoles.

Leurs noms étaient pittoresques, comme ceux des fontaines et des sources.

266. *Dans un autre hameau de* **Montbrieux**, *de la commune de* **Guérard**, *voisine de Mouroux,* **la Fontaine-aux-Carmes** *s'écoule dans le grand bassin propre et cimenté. Les draps s'égouttent sur la barre à linge, les bouteilles d'eau de javel, les seaux, les battoirs et les brouettes sont ici preuve de vie et d'activité. Il fait beau, aussi le lavage du linge est-il moins pénible.*
Pourquoi le nom de la Fontaine-aux-Carmes ? Sans doute allons-nous rejoindre les légendes sacrées des fontaines et dire qu'elle fut créée par des carmes, un jour qu'ils se rendaient à leur monastère et qu'ils eurent une soif ardente ! (Coll. Amatteis)

267. *Nous trouvons de nombreux lavoirs ouverts dans le canton de Crécy-la-Chapelle, ainsi à* ***Coutevroult****, d'après les archives municipales de la commune, le registre des délibérations nous apprend : "En 1897, 20 novembre, le conseil municipal, considérant que la commune est dépourvue d'eau pour le lavage du linge, décide qu'il y a lieu de rechercher un endroit propice pour établir un lavoir. Après examen, le conseil décide qu'il y a lieu d'en établir un sur le ru de Cottray et que pour l'établissement, il y a lieu d'acheter à M. Bernadé Armand, 39 centiares de terrain et à M. Meignan Jules Victor, 44 centiares.*
1898, 15 mai, le conseil municipal, vu le manque d'eau qui se produit périodiquement dans la commune, décide de construire un lavoir à Cottray sur le ru allant à Misère.
Suivant le devis présenté par M. Prévost Victor, Me Maçon à Coutevroult, la dépense s'élèverait à 675,67 F plus 30,00 F pour acquisition du terrain d'après le mesurage dressé par M. Legros, géomètre à Bailly-Romainvilliers ; total de la dépense : 705,67 F".
Ce lavoir de la fontaine de Cottray fut construit et connut, au cours des années, divers travaux. Sur cette carte, il est vide à cause des travaux de réfection qu'il nécessite. La lavandière qui se penche au-desus du bassin se désole sans doute du manque à gagner... pas de lessives... pas d'argent !
Ce sont encore les archives municipales qui nous en donnent l'explication ;
"1902, 24 août, le conseil municipal décide de faire construire une bonde au lavoir de Cottray.
1905, 21 mai, le même conseil vote l'établissement d'un chemin d'accès au lavoir de Cottray, décide d'acquérir une partie d'une parcelle appartenant à Mme Vve Bocquet, lieu dit "le Haut de Coutevroult", section C, no 89 partie et 90. Il en sera acquis une superficie de 70 m^2 89 dm^2, pour le prix de 100 francs.
1920, 11 septembre, le conseil décide que la commission des bâtiments communaux aura à donner son avis à la prochaine séance sur les travaux à effectuer au lavoir de Cottray.
1925, 9 août, la vanne sera remplacée par une bonde avec bouchon de bois ; le travail est exécuté par M. Aimé Prévost". (Coll. R. Martin)

268. *Photographié de nos jours, le lavoir situé à "****la Fontaine de Cottray****", qui signifie "coteau", a bien supporté les années écoulées. Des drains ont assagi ses débordements, qui, à la sortie du lavoir, sont évacués par le ru de Cottray et par le ru de Misère. A peu de distance du lavoir on trouve encore le vieux puits, mais la construction de l'autoroute A4 a coupé le chemin qui menait au lavoir et ainsi sacrifié de nombreux arbres qui faisaient le charme de ce lieu", nous dit M. Martin, dans son "Historique du village de Coutevroult", 1984.* (Photo R. Martin)

269. ***Moulignon***, *un des hameaux de* ***Quincy-Voisins****, dans le même canton. Le lavoir fut creusé afin de trouver la nappe phréatique ; il est alimenté par un des nombreux rus non identifiés qui sillonnent le plateau ; celui-ci coule à gauche du lavoir.*
Au premier plan de la photographie, une lavandière, qui n'est plus toute jeune, ne semble pas faire un grand lavage, néanmoins, sa bouteille d'eau de javel est à côté d'elle, fidèle auxiliaire de la lutte contre les taches ! Les deux autres laveuses sont aussi absorbées dans leur lavage. A droite du bassin, un homme et sa hotte de vendangeur nous rappellent que la vigne poussait en abondance dans la région. Plus haut, sur le talus, l'âne attelé à la carriole, broutte en attendant sa maîtresse qu'il ramènera à la ferme ; le linge sèche sur la haie. Un homme contemple la scène…

(Coll. Chèvremont)

270 bis. ***Tournan-en-Brie,*** *le lavoir à ciel ouvert fut offert par le seigneur de Tournan, duc de Penthièvre, à la ville en 1783 et construit dans les fossés de la ville fortifiée. La source qui l'alimente vient des terres supérieures les collines avoisinant Tournan. Le lavoir était, au moment de sa construction, situé à l'angle de la rue de la Croix-Saint-Denis et de la rue du Four au ban. Après la Révolution, la rue de la Croix Saint-Denis fut débaptisée et devint la rue de la Montagne ; la rue du Four à ban est, de nos jours, appelée rue Marcel Micheau. Au premier plan de la photographie, la vanne qui règle le débit de l'eau. La source est protégée par une construction en pierre portant la date de 1783 gravée dans la pierre. On aperçoit au-dessus, côté rue de la Montagne, une pompe à balancier installée pour les besoins en eau potable des habitants de ce quartier de Tournan.*
(Photo Fatoux)

(Entretien avec M. Moreau, maire adjoint de la commune, mars 1986)

☞

270. *Dans la même commune, le hameau de* ***Ségy,*** *ancienne commune rattachée à celle de* ***Quincy*** *en 1807, était également un ancien fief datant du XI*[e] *siècle. C'est actuellement la grande ferme dont il reste une tour du domaine fortifié. Le petit lavoir est alimenté par un petit ru non identifié, qui se jette dans le ru du Mesnil, affluent du Grand Morin.*
Les deux villageoises sont fort occupées à leur lavage et ne prennent même pas le temps de lever la tête pour regarder le photographe ! Les pièces de linge s'égouttent sur la barre à linge.
Sur les murs des maisons, la vigne grimpe, bien entretenue. Du linge sèche sur la haie près de la maison.
(Coll. Chèvremont)

271. **Villaré-Citry**, *canton de la Ferté-sous-Jouarre. Le lavoir fut établi très en contrebas de la place, à plus de deux mètres de profondeur ; il y avait onze marches pour y accéder. Il n'est plus utilisé depuis une dizaine d'années ; la fontaine-pompe à balancier se trouvait toute proche, elle ne fonctionne plus guère de nos jours. La municipalité fit analyser l'eau qui se révéla impropre à la consommation à cause du taux de nitrate qu'elle contenait. Le lavoir et la fontaine étaient alimentés par une même source en provenance de "la Plâtrière", située sur la route de Bussières, à peu de distance de Villaré. Les habitants du village disent que l'eau du lavoir venait de la Plâtrière, de la source "des Fondies" ; ce sont des trous d'eau qui se remplissent mystérieusement tous les ans, à la fin de l'hiver, après la neige, le dégel et les pluies. La Plâtrière n'étant plus exploitée depuis fort longtemps, les galeries se sont en partie écroulées, mais, après chaque hiver, elles semblent s'effondrer un peu plus, faisant place à ces trous d'eau, où l'on trouve même des poissons ! Personne au village ne sait expliquer ce phénomène.*
Sur cette carte postale du début du XXe siècle, les laveuses ont descendu leur linge à laver dans leurs grands mannequins ; les brouettes sont évidemment restées en haut des marches. C'est un jour d'été, c'est la grande lessive, il y a beaucoup de linge qui égoutte sur les barres fixées le long du mur du lavoir. Si les beaux jours permettaient aux laveuses de venir régulièrement au lavoir, en hiver leurs conditions de lavage étaient très dures, sans aucune protection au-dessus de leur tête, l'eau glacée où leurs mains plongeaient constamment, toutes engourdies et endolories, la station prolongée dans leur garde-genoux et la fatigue du lavage, leur faisaient sûrement aspirer au repos près de l'âtre, chez elles. (Coll. Amatteis)

(D'après un entretien avec Mme Prainte, de Villaré.)

272. ***Voulangis**, dans le même canton. Le lavoir fut installé sur le haut du village, il était alimenté par un ru non identifié.*
C'est l'hiver, il n'y a pas grand monde au lavoir ce matin-là ! Seule une villageoise a affonté les frimas pour terminer sa lessive, tandis que son petit-fils l'attend assis sur la brouette. Deux hommes sont en train de bavarder avec elle. Mais l'eau est froide, glacée, il est pénible de rester longtemps à genoux, les douleurs sont là, bien présentes avec l âge… (Coll. Chèvremont)

273. *Sur les rives du Petit Morin, dans le canton de Rebais, à **Saint-Cyr-sur-Morin**, le hameau de **L'Hermitière** a son lavoir établi près de la source. Il y avait, dans les temps anciens, un domaine et une maison du nom de l'Hermitière qui fut détruite en 1602. Ici aussi, le lavoir était un lieu de promenade très plaisant, au milieu des bois, ainsi qu'en témoignent les personnes assises sur le tronc d'arbre.* (Coll. Amatteis)

274. **Chambry**, *canton de Meaux, vieux village, dont l'église date du XIIe siècle, eut longtemps son lavoir sur la place de la Fontaine. Il était entouré d'un muret en contrebas de la route qui l'encerclait. Manifestement, toutes ces belles personnes étaient venues pour se faire photographier. A droite, au café Maille, la famille Maille-Fontaine. Au premier étage de la maison, la statuette de Saint-Nicolas, sculptée dans une bûche de pommier, et le bouquet offert par les jeunes (composé de lierre et de bruyère) le jour de la fête du saint, le 6 décembre, et les trois carrioles attelées à leur cheval sont bien dans le décor.*

Trois dames sont appuyées à la fontaine d'où jaillit l'eau actionnée par une pompe à balancier. Le lavoir, la fontaine et l'abreuvoir ont disparu en 1909, la place comblée est, de nos jours, occupée par le monument aux morts. Le lavoir fut jugé incommode et insuffisant, aussi la municipalité choisit-elle de construire un autre lavoir couvert, derrière le presbytère, qui fut alimenté par une autre source. (Coll. Fatoux)

2 / Les petits lavoirs privés

Alors que partout en Gaule, villages et bourgs prenaient de l'importance et se développaient, dès le XIIe siècle, d'autres lieux de lavage furent conçus.

Ces "lavoirs" couverts d'un toit de chaume, fermés de planches sur trois côtés, ont disparu depuis longtemps.

Les petits lavoirs privés que nous allons rencontrer maintenant furent construits sur le même type d'architecture : murs montés en pierre lorsqu'ils étaient au bord de la rive, au bout d'un jardin, toit à une pente très inclinée, comme ceux de :

276. *Ils ressemblaient peut-être, à celui-ci sur les rives du Loing, couvert et entouré de roseaux séchés, dans les environs de* ***Souppes-sur-Loing*** *(canton de Château-Landon).* (Coll. Fatoux)

275. ***Voisenon****, dans le canton de Melun-nord, est traversé par le ru le Jard qui se jette dans l'Almont. Le grand Jard était, en 1171, un ermitage sous le vocable de Saint Jean-Baptiste, qui fut érigé en abbaye en 1176. Le ruisseau traverse le lavoir près d'un vieux pont de pierre ; les lavandières préfèrent rincer leurs pièces dans l'eau courante. Les messieurs, eux, sont là pour la photo ! Il y avait, en 1913, une blanchisserie tenue par M. Parquet et une blanchisseuse Mme Andry, nous signale l'annuaire commercial de Seine-et-Marne (année 1913).* (Coll. Amatteis)

277. **Grez-sur-Loing**, *canton de Nemours. Les lavoirs sont à une ou deux places, se mirant dans l'eau de la rivière. On aperçoit, sur la gauche de la carte postale, l'église du XII*e *siècle, précédée d'un clocher-porche et le vieux donjon ou tour de Ganne du XII*e *siècle, où Louise de Savoie, mère de François 1*er*, mourut en 1531.* (Coll. Amatteis)

279. ***Villecerf**, canton de Moret-sur-Loing. Le village est situé le long de la vallée de l'Orvanne ; ses rives sont, à certains endroits, entourées par les marais. On va de lavoir en lavoir dans ces lieux pleins de charme et de poésie. Ils sont, en général, situés à l'extrémité des propriétés qui longent la rivière. En bois et très rustiques, ils servent, de nos jours, d'abri pour les pêcheurs. Cette rivière si verdoyante en été, dont les feuillages des arbres se mirent sur l'onde claire, tellement calme et paisible, ne laisse pas présager ses crues fantaisistes et intempestives !* (Photo Fatoux)

278. *Le village d'**Etrépilly**, dans le canton de Lizy-sur-Ourcq, est arrosé par la jolie rivière de la Thérouanne, affluent de la Marne. Le vieux lavoir en lattes de bois, dont le toit fut autrefois couvert de chaume, trempe dans l'eau, ainsi que le pêcheur cherchant fortune !*

(Coll. Amatteis)

Les petits lavoirs privés étaient également très nombreux dans les bourgs et villes du département. Leur toit était à une pente très inclinée au-dessus de l'eau, ils étaient construits le long des canaux de dérivation, fossés ou brassets et faisaient partie de la maison ou du mur de soutien de cette dernière, ainsi que nous allons les découvrir maintenant :

280. ***Crécy-en-Brie,*** *de nos jours* ***Crécy-la-Chapelle,*** *où "Crisecus" au VIIe siècle, était le nom d'un Gaulois, latinisé Crixsius suivi du suffice "acum", se retrouve dans les "Chroniques de Frédégaire", ainsi que des sépultures datant de l'époque néolithique et des pièces de monnaie romaines, permettent de situer cette commune dès la plus haute antiquité. On peut dire que dès le Xe siècle, l'établissement du régime féodal avait placé cette région en zone frontière entre le Roi et les comtes de Meaux et, plus tard, entre ceux de Brie et de Champagne, ce qui explique la position de cette place forte, placée dans une île du Morin. Ce fut le seigneur Hugues de Montlhéry qui fit creuser plusieurs "brassets", anciens fossés des murs d'enceinte de cette place forte. Ce système de défense fut encore renforcé par une double muraille flanquée de nombreuses tours, 99 après la guerre de Cent Ans, dit la légende !*
Cette carte postale, quai des Tanneurs, nous montre les lavoirs dont certains étaient à "bacs flottants". Le tannage des peaux fut l'industrie la plus ancienne et la plus longuement pratiquée à Crécy. En 1834, il y avait encore huit tanneries dans la commune, la dernière disparut en 1925.
On peut encore voir deux anciens séchoirs à claire-voie : l'un est situé quai des Tanneurs (sur la carte postale il est au 2e étage de la grande maison à droite sur le quai) ; l'autre se trouve le long du "Nouveau Brasset"(1). (Coll. Fatoux)

1. *D'après la brochure de Crécy-en-Brie, texte de Sabine Gervais, 1939, et les Essais Historiques de Michelin, 1829.*

281. *Sur le Grand Morin, deux autres petits lavoirs privés. Celui de gauche est vide, la lessive est terminée, il fait beau, aussi sèche-t-elle sur la terrasse. Par contre, celui de droite est occupé par deux jeunes femmes en plein travail, un chapeau les protège du grand soleil. Le Grand Morin contourne Crécy qui fut construit dans une boucle de la rivière.* (Coll. Amatteis)

282. *Les petits lavoirs privés à* **Coulommiers,** *situés sur "le Brasset des Religieuses", dont l'origine remonte à l'époque où Coulommiers n'était qu'une bourgade. Les comtes de Champagne, voulant construire une forteresse à l'emplacement stratégique de ce carrefour de routes anciennes, firent creuser ce brasset par les habitants afin de les mettre à l'abri des fauves et des pillards ou bandes, qui détruisaient tout sur leur passage. Il porta successivement le nom de "brasset Brenneur", de "la Tour", de "la Ville" et enfin "des Religieuses". Il prend naissance au-dessus du moulin de l'arche, coule près de la vieille église – qui a maintenant disparu – et va derrière l'Hôtel de Ville rejoindre le cours de la rivière du Grand Morin*[2]. (Coll. Lauxerrois)

244 283. ***Tournan-en-Brie*** *est traversé par deux ruisseaux, la Marsange et son affluent le ru des Boissières. Près du grand hôtel du Lion d'Or, la rue de l'Abreuvoir descend doucement vers ce qui était encore, en 1900, l'abreuvoir. Nous apercevons trois petits lavoirs privés, en enfilade le long du ruisseau ; deux d'entre eux sont occupés par des laveuses lavant leur linge ; la rive opposée était encore, en ce temps-là, bordée de vieux saules, fréquentée par les pêcheurs. Au premier plan de la carte postale, se trouvait l'abreuvoir. La Marsange se départageait à cet endroit-là en deux bras, un "bras mort", ou bief, à droite de la carte et un "bras vif" canalisé, à gauche, qui traversait le bourg et se jetait près du moulin à eau qu'il alimentait en partie.*

Aujourd'hui, le canal est couvert, c'est la rue des Glacis ; un peigne métallique arrête les feuilles mortes et les détritus devant une vanne qui régle le débit de l'eau dans le canal. Le moulin à eau, situé au bas de la rue du Moulin, n'existe plus ; son emplacement est actuellement en voie d'aménagement en espaces verts par la municipalité. Le bras mort rejoignait aussi, au moulin, le canal, avant de confluer un peu plus bas avec le ru des Boissières. Notons en passant les appellations de ce ruisseau qui, traversant le bourg, devient le ru des Demoiselles – les demoiselles étant les filles du seigneur de Tournan, duc de Penthièvre – puis dans la plaine, il prend le nom de ru de Granchard et s'alimente des fontaines-sources Segrain, dans le bois des Grands-Champs, près des Chapelles-Bourbon. (Coll. Amatteis)

(Entretien avec M. Moreau, adjoint au maire, société d'Histoire de Tournan-en-Brie, mars 1986).

284. *Sur la photo prise de nos jours, nous ne voyons plus qu'un seul lavoir, ainsi que les changements survenus autour de l'ancien abreuvoir.* (Photo Fatoux)

285. ***Provins**, sur les deux photographies, les petits lavoirs privés sur le Durteint ; de même que la Voulzie et Fausse-Rivière, le Durteint déroule ses sinuosités à travers la ville basse. Ils sont alimentés en eau de Seine depuis 1921, ainsi que nous l'avons écrit au chapitre "Eau potable".* (Photo Fatoux)

286. *Les petits lavoirs privés en enfilade sur le Durteint, dans la ville basse à* ***Provins,*** *où les nombreux teinturiers étaient étabis sur son cours. En effet, l'eau de cette rivière possédait des vertus particulières appréciées pour la teinture des fameux draps noirs de Provins. Dès 1230, ceux-ci furent largement commercialisés en Italie, en Allemagne, en Espagne, en Sicile, en Hollande, en Flandre et en Angleterre.* (Photo Fatoux)

287. ***Salins****, petite commune dans le canton de Donnemarie-Dontilly, est arrosé par le ru de l'Etang ; elle avait également ses petits lavoirs privés ; celui-ci, photographié de nos jours, a perdu son toit et son mur de protection, mais a conservé les marches d'accès à la maison et sa pierre à laver ; un cuvier en bois, témoin du passé, est là aussi dans un coin, devant les volets fermés de la maison toute crépie de blanc.* (Photo Fatoux)

288. ***Nemours**, la rivière des Petits Fossés, cours Victor-Hugo, entourait autrefois la ville fortifiée, au XIIe siècle ; les murailles d'enceinte furent démolies, des maisons particulières furent construites sur leur emplacement et chacune y ajouta son lavoir. Nous les voyons ici, en enfilade, se mirant sur l'eau claire par une belle journée d'été.*
Au premier plan de la carte postale, une brouette chargée d'un cuvier est située sur le quai Victor-Hugo près du lavoir communal que nous ne voyons pas.
Deux grands écrivains français ont séjourné à Nemours. Victor- Hugo, qui descendait souvent à l'auberge de l'Ecu, s'y trouva le 2 octobre 1841, date à laquelle il signa deux petits croquis à la plume de l'église et du château, et Honoré de Balzac qui, venant de Bourgogne, laissa un portrait assez idyllique de la ville.. Il y séjourna au pavillon d'Hulay au bord du Loing "La Bouleaunière", auprès de Madame de Berny, l'inspiratrice du "Lys dans la vallée" ; il y écrivit "Ursule Mirouet" en 1841.
(Coll.Picault)

289. ***Souppes-sur-Loing**, le long de la rivière, les petits lavoirs privés se succèdent ainsi que les grands lavoirs en alignement, comme celui que nous voyons près de l'église. Les lavoirs étant maintenant inutilisés, ils ont souvent été transformés en garage à bateaux.* (Coll. Fatoux)

290. ***Château-Landon**, dans le sud du département, voit la rivière le Fusain parcourir sa ville basse, le long des anciens fossés entourant la ville. L'ancien moulin, bien restauré a gardé sa belle roue à aubes, les lavoirs privés s'échelonnent tout le long des anciens remparts. Là-haut, sur son piton rocheux, l'abbaye Saint-Séverin veille....*
La petite ville serait le berceau de la famille Ingelgérienne qui posséda l'Anjou et dont est issu Henri Plantagenêt, roi d'Angleterre. Le saviez-vous ? Rassurez-vous, moi non plus ! (Photo Fatoux)

3 / Les lavoirs couverts

Ils furent couverts vers le milieu du XIXe siècle, souvent sous le second Empire, afin de mieux protéger les lavandières et améliorer ainsi leurs dures conditions de travail. La plupart du temps les bassins existaient déjà.

Leurs formes architecturales furent très variées. J'ai relevé 8 architectures différentes, qui m'ont amenée à la classification suivante :

1/ Les lavoirs couverts d'un toit à une pente,
2/ Les lavoirs couverts d'un toit à deux pentes inclinées vers le bassin,
3/ Les lavoirs pourvus d'un abri, toit à une ou deux pentes établies sur chaque longueur du bassin,
4/ Les lavoirs couverts d'un toit à quatre pentes,
5/ Les lavoirs d'une architecture unique,
6/ Les lavoirs dits en forme d'atrium romain, dont les trois ou quatre pentes du toit sont inclinées vers le bassin,
7/ Les lavoirs à bac flottant,
8/ La mairie-lavoir de Noisiel.

1/ Lavoirs couverts d'un toit à une pente

dont voici un croquis, coupe sur moitié d'un côté[3].

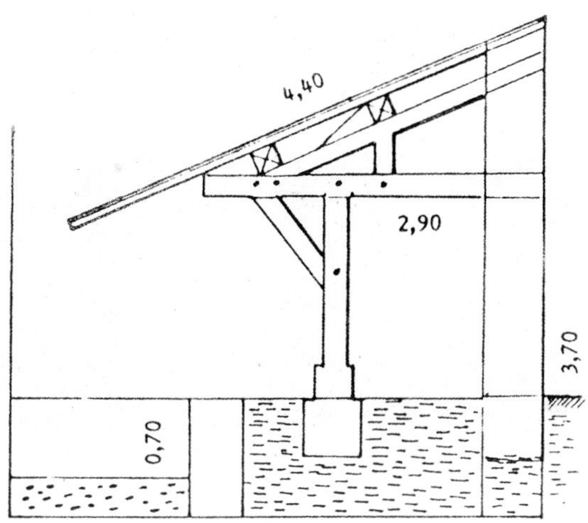

Coupe sur moitié d'un coté

☞ 291. ***Boissy-le-Châtel,*** *canton de Coulommiers. Cette commune avait de nombreux lavoirs dont cinq font encore partie du paysage de Boissy. Le lavoir de Sainte-Marie se trouve en bordure du Grand Morin. Restauré par la commune, il se reflète paisiblement sur l'onde claire de la rivière. Au-delà du lavoir, le pont de fer qui enjambe le Morin permettait autrefois au chemin de fer d'amener les marchandises à l'usine Sainte-Marie, située à proximité. Elle était composée de la réunion de deux moulins à blé. En 1830, l'usine passa aux mains de la Société Anonyme des Papeteries du Marais qui y installa de nouvelles machines ainsi que des cuves pour la fabrication du papier à la main. Au début du XXe siècle, la force motrice était donnée par deux roues à palettes et une machine à vapeur de 170 chevaux. On y fabriquait des papiers de belle qualité utilisés pour des impressions de lithographies ou en taille douce, ainsi que des papiers parcheminés pour les actions et les obligations. La perfection des produits de cette usine est due principalement à la supériorité du blanchiment et aux eaux pures et limpides du Morin. L'usine employait, dans les premières années de 1900, 80 personnes ; elle connaît toujours actuellement une grande activité.*

(Photo Fatoux)

3) *Will Darvillé, opus cité.*

292. ***Soignolles-en-Brie****, sur les rives de l'Yerres, avait deux lavoirs. Celui-ci était près du moulin, bien ombragé en été, la tâche de laver et rincer se trouvait facilitée par la fraîcheur de l'air et de l'eau. Le deuxième lavoir fut construit au centre du village, une source l'alimentait. Deux jeunes lavandières ont, le jour de la photographie, choisi les lavoirs volants voisins, tandis qu'un pêcheur solitaire, sur la rive opposée, taquine le goujon !* (Coll. Amatteis)

Droit féodal

Banalités des fours, pressoirs, moulins, lavoirs :

Au Moyen-Age, le droit de banalité consistait dans l'obligation où se trouvaient les habitants des terres seigneuriales, de se rendre au moulin, au four, au pressoir, au lavoir établis par le seigneur, pour y faire moudre leur blé, cuire le pain, faire leur boisson et leur lessive, moyennant une redevance imposée selon l'usage de la seigneurie, sous peine d'amende et de confiscation contre ceux qui auraient tenté de se soustraire à cette règle.

Dans bien des cas et particulièrement à l'époque de leur création, les établissements banaux avaient rendu des services réels aux populations rurales, que leurs chétives ressources mettaient dans l'impossibilité de se pourvoir d'un four, d'un pressoir et encore moins d'un moulin. La rétribution qu'elles étaient tenues de payer au seigneur était largement compensée par les avantages qu'elle leur procurait.

Les servitudes banales, reconnues pour les fours, les pressoirs et les moulins, s'étendaient quelquefois à certains établissements d'utilité publique créés aux frais du seigneur pour la commodité des habitants. Nous en citerons, comme preuve, un acte du 17 janvier 1672, par lequel les habitants de Dammartin, notamment un procureur spécial, chargé de suppléer le prince de Condé, comte de Dammartin, de vouloir faire établir à ses frais,

"Un lavoir auquel ils s'obligent
d'aller faire leurs lessives, et promettent,
pour, en quelque façon, indemniser mon dit seigneur le prince,
des deniers qu'il lui conviendra payer et débourser à cet effet,
de payer à son Altesse Sérénissime et à ses successeurs, comtes de Dammartin,
à raison de deux sols six deniers pour chacune lessive".

"Dans ledit bourg de Dampmartin, les habitants ont une certaine incommodité, tant pour faire blanchir leur linge que pour aucunes choses que le manque d'eau peut produire, et néanmoins pouvant estre facilement secourus par le moien d'une source qui produit de l'eaü en abondance lorsqu'elle est débouchée. Elle est vulgairement appelée la saine fontaine, située dans l'une des rues des faubourgs dudit Dampmartin, et à l'effet de ce que ledit procr' fera prière à S.A.S. de vouloir bien (s'il luy plaît) faire nettoyer ladite source, laquelle est comblée d'immondices et au bout d'icelle faire faire ledit lavoir, qui puisse estre utile ausdits habitants..."[4]

293. ***Vosves***, *hameau de* ***Dammarie-lès-Lys***, *canton de Melun-nord, que traverse le ru de la Mare-aux-Evées, prenant sa source dans la forêt de Fontainebleau. Vosves est un ancien fief ; son église, datant du XIe siècle, est sous le vocable de saint Martin.*
Pour bien comprendre cette carte postale peut-être est-il bon de rappeler quelles étaient les conditions de vie des habitants au nombre de 500 de Dammarie et de ses hameaux, Farcy et Vosves au XVIIIe siècle.
Ils vivaient pour une grande part de ce qu'ils récoltaient ; le pain constituait leur aliment de base, ainsi que les farineux : pois, fèves, châtaignes, car on ne connaissait pas encore la pomme de terre ; il y avait aussi le lard, les laitages, les harengs, la morue ; la viande constituait à cette époque-là un mets de luxe, mise à part la viande des porcs qu'ils élevaient et qu'ils salaient et la volaille, sans oublier le gibier, quand ils arrivaient à braconner sans se faire prendre ! La vigne sur la Butte-Rouge tenait aussi une grande place et occupait beaucoup de leur temps ; leur lopin de terre qu'ils cultivaient de blé, d'orge, leur procurait la farine pour l'hiver. Mais ce n'était pas la richesse et si, deux siècles ont passé jusqu'à cette carte postale, il est vrai qu'il y avait encore beaucoup de petites gens qui vivaient souvent chichement[5].
Au premier plan, à droite, deux vieillards vont se restaurer, ils font chauffer sur un tout petit réchaud leur déjeuner ; derrière eux, sur la barre, du linge qui sèche. Au lavoir deux laveuses font leur lessive, tandis qu'un jeune garçon allongé sur l'herbe contemple les deux vieux ; que pense-t-il, lui qui a sûrement un toit pour dormir ? (Coll. Amatteis)

4. *Revue de la Goële, oct. 1879.*

5. *D'après René Housson, opus cité.*

294. ***Oissery**, canton de Dammartin-en-Goële, situé à l'extrême nord du département est arrosé par la rivière Thérouanne qu'enjambe ici un vieux pont de pierre à une arche, sur lequel passe un cheval tirant un fourgon. Pas grand monde au lavoir ; c'est dimanche, la famille est venue y faire un tour et se faire photographier !* (Coll. Chèvremont)

Sablonnières et ses lavoirs

295-1 *En 1958, le lavoir du ru d'Avaleau fut acheté par la commune à M*me *Masson, nièce de M*me *Veuve Delacour, pour la somme de 40 000 F y compris 1 are 06 de terrain et la moitié du ru. Il fut agrandi avec les matériaux subsistant du bateau-lavoir, établi sur le Petit Morin, qui coula lors de la grande crue en février de la même année. Les commodités furent installées, le toit fut couvert par les tôles en zinc du bateau-lavoir ; six à huit lavandières pouvaient y laver en même temps. Le lavoir communal a, depuis 1958, continué d'être utilisé par les villageoises ; la machine à laver ne l'a pas complètement détrôné, car, de nos jours, il est toujours fréquenté. Les crues du ru le rendent toutefois impraticable à ces moments-là, aussi la commune doit-elle le faire nettoyer de ses boues après les crues.*
Dans les livres des Délibérations de la commune, on trouve des travaux de curage entrepris en 1958 par M. Crapart de Sablonnières, pour la somme de 94.325 F ; de maçonnerie par M. Couteau de la même commune, pour 390 400 F ; des vannages neufs fournis et installés par M. Bataille de Sablonnières, pour 26 609 F, ainsi que les honoraires de M. Lenoir, géomètre de Jouy-sur-Morin, s'élevant à 5.000 F. (Photo Fatoux)

295. **Sablonnières et ses lavoirs :** Le territoire de Sablonnières, canton de Rebais, est arrosé par le ru d'Avaleau et le Petit Morin, sans compter les nombreuses sources qui jaillissent à mi-pente des plateaux, dans les bois et les prés, au creux des vallons. On ne trouve aucune trace de lavoirs construits avant les années 1880. Les villageoises se rendaient sur les berges aménagées des deux cours d'eau ; celles des hameaux de la Noue, du Jariel, de Marlande, du Bois Frémy et du Vautron lavaient dans les mares ou au bord des sources jaillissantes. A cette époque-là, deux lavoirs furent construits par deux propriétaires et furent de ce fait, payants. L'un se trouvait dans un champ, à côté de l'ancien cimetière et appartenait à M. Debethune ; il était alimenté par la source des Aulnettes. On trouve, de nos jours, la rue des Aulnettes dans le village.
Le deuxième lavoir, illustré par la carte postale ci-dessus, était situé sur le ru d'Avaleau, au pont Bleu et appartenait à la famille Delacour. Construit en pierre, couvert d'un toit de petites tuiles à deux pentes, il permettait à quatre lavandières d'y laver en même temps. Le niveau du ru était réglé par quatre vannes, une planche posée en travers du ru, en facilitait la manipulation. Au moment des crues du ruisseau, le lavoir était toujours inondé et rendu impropre aux lavages. Ce lavoir privé et payant est toujours resté dans la même famille. (Coll. Amatteis)

295-2 En 1897, le conseil municipal considérant les mauvaises conditions de lavage des habitants des hameaux de la Noue, le Jariel, Marlande, Bois Frémy et Le Vautron, décida la construction de petits lavoirs couverts. Ci-dessus, le lavoir du hameau de la Noue fut construit, après l'acquisition des terrains nécessaires, par MM. Couteau et Pamplune, entrepreneurs, pour la somme de 1 361 F. En 1937, l'ancienne conduite d'amenée d'eau du lavoir, en mauvais état, fut remplacée par 26 m de tuyaux en acier jutés et asphaltés de 0.06 de diamètre, au prix de 1 149 F par la Société Entrepose, adjudicataire des eaux de la commune de Bellot.

Ainsi que nous le voyons sur cette photo prise de nos jours, le lavoir n'est plus guère utilisé ; l'eau stagne dans le bassin en ciment armé malgré l'écoulement constant de la source ; les herbes ont envahit les alentours où les agriculteurs voisins entreposent leurs machines agricoles, elles aussi inutilisées et rouillées. Les habitants des hameaux ont tous des lavoirs en ciment armé installés dans leur buanderie. L'eau courante permet aux femmes de faire leurs rinçages et lavages si elles le souhaitent, sans pour cela dédaigner la machine à laver automatique ! (Photo Fatoux)

295-4. *Le lavoir du hameau de Vautron fut construit en 1900 par MM. Couteau et Pamplune, entrepreneurs, pour la somme de 1 429,18 F. De gros travaux furent entrepris de 1948 à 1950 par M. Lesieur, architecte, entraînant la dépense de 267 452 F. Au cours d'un entretien, en mars 1986, Mme Lourdu, habitante du hameau, me conta ses souvenirs sur le lavoir. Sa "lavette" garnie de paille pour éviter un peu l'ankylose due à la longue station agenouillée, chargée sur la brouette avec la grosse lessiveuse, elle se rendait au lavoir bien souvent, autrefois. Elle n'y va plus guère car la source qui l'alimentait coule faiblement à cause des drainages effectués sur le plateau. Le hameau est à mi-pente du plateau, Sablonnières étant dans le bas, dans le creux du vallon.*

295-3. *Le lavoir des hameaux de Marlande et de Jariel se trouve dans le bois de Frémy qui descend jusque dans le creux du vallon. Pour trouver ce lavoir il ne faut pas craindre de marcher dans le sentier herbeux et bien souvent boueux (quand il pleut) qui descend en pente douce ; il est bien caché au milieu des arbres ; les habitantes des hameaux devaient faire au moins huit cents mètres poussant leur brouette chargée de linge pour y accéder, et la route devait leur sembler bien longue le soir au retour, avec la charge de leur linge à peine égoutté ! Ce lavoir fut construit en 1931-32 sur un terrain d'une superficie de 1 are 12, au lieu dit "La vigne aux chardons" acheté à Mme Veuve Legouge à raison de 30 F l'are. Il est couvert d'un toit en tôle ondulée et est fermé sur les côtés de murs en briques, avec un réservoir en ciment armé en guise de bassin. Il est alimenté par une source et fut exécuté par les entrepreneurs Couteau Frères. Le coût de sa construction s'éleva à 6.050 F, somme à laquelle il fallut ajouter 1 180 F pour l'acquisition de 40 m de tuyaux de fonte achetés à M. Coustard, de Provins.*
Si l'eau continue de glouglouter joyeusement dans le bois et dans le bassin, le lavoir et ses alentours, encombrés de broussailles, ne sont plus guère fréquentés de nos jours. (Photo Fatoux)

295-5. *Le lavoir au Bois Frémy, sur la route d'Orly-sur-Morin, et celui du hameau Le Rousset, ont été construits vers 1900 ; ils connurent des travaux d'entretien au cours des années 1948-50 ; ils sont toujours utilisés par les habitantes des hameaux, de temps en temps, pour rincer leurs grosses pièces et leurs tapis.* (Photo Fatoux)

(Les commentaires ont été établis, dans leur ensemble, d'aprés les extraits des livres de Délibérations du conseil municipal de la commune, aimablement fournis par M. Barès, maire de Sablonnières, en avril 1986).

296. ***La Ferté-Gaucher** et son vieux lavoir rustique fait de planches de bois, est situé sur la rive du Grand Morin. Deux lavandières se penchent en avant, afin de paraître sur la photographie. Un père avec ses deux garçons vont en barque sur la rivière. Sur un vieux ponton de bois aux planches disloquées, un jeune garçon pêche à la ligne ; ses deux camarades le regardent, oisifs.* (Coll. Fatoux)

297. ***Jouy-sur-Morin***, *canton de la Ferté-Gaucher. Le Moulin de "la Chair-aux-gens" surplombe un petit lavoir privé dépendant du moulin, sur les bords du Grand Morin. Sur la rive opposée, le lavoir communal est également désert ce jour-là. Au XVII*[e] *siècle, le moulin de "la Chair-aux-gens" n'était qu'un moulin à blé peu important, pouvant moudre de 8 à 9 boisseaux à l'heure. Après la Révolution, puis vers les années 1828, il fut transformé en chamoiserie, puis en papeterie. La Société Anonyme du Marais s'en rendit propriétaire en 1842, Il fut revendu en 1902 à un entrepreneur de plomberie, qui le loua pour l'exploitation d'un produit pharmaceutique"*[(6)]. (Coll. Fatoux)

6) Extrait du livre de A. Bazin, "Etudes sur la rivière du Grand Morin", opus cité.

298. ***Saints***, *dans le même canton. Les lavoirs, éloignés de la commune, sont accolés au pont Mussien qui enjambe la rivière Aubetin. Du haut du pont, deux hommes ont arrêté leur tombereau attelé à un cheval et contemplent le spectacle des laveuses en pleine lessive ; sur la berge, les brouettes attendent leur charge ; le linge s'égoutte sur les barres à linge. Le lavoir qui fait face, à droite de la carte postale, est fermé sur le côté, aussi ne voit-on pas les lavandières.*
(Coll. Chèvremont)

299. ***Couilly-Pont-aux-Dames****, canton de Crécy-la-Chapelle. Le lavoir, repeint à neuf, semble vous inviter à venir y rincer votre lessive... et "les anciens" s'y sont donné rendez-vous.*
*Ce vieux village mérovingien avait une abbaye datant du XII*e *siècle, entourée de bois, dont la majeure partie est devenue propriété communale et fut vendue pour y construire un lotissement ; la vie y est bien différente de nos jours !* (Coll. Amatteis)

301. *Le lavoir est couvert d'un toit de tuiles, soutenu par des demi-fermes de charpente, appuyées sur des bois portant sabots de pierre. Le sol est pavé de grosses dalles dont le ciment est quelque peu disjoint. Sur la barre à laver, deux coffres garnis de coussins que les lavandières "modernes" laissent jusqu'à leur prochaine lessive. Une vanne règle le débit de l'eau devant le lavoir.*
(Photo Fatoux)

300. ***Maisoncelles-en-Brie**, dans le même canton, est traversé par le ru de la Fosse-aux-Coqs. C'est une charmante petite commune dont le château et sa ferme datent de 1710 ; son église du XIIe siècle est dédiée à Saint-Sulpice ; son joli lavoir est toujours utilisé de nos jours.* (Coll. Amatteis)

303. ***Tournan-en-Brie*** *que traverse le ru de la Marsange ; il coule sous les ombrages des arbres qui se reflètent ici finement, sur son onde, en cette journée de début de printemps. Peut-être était-ce un dimanche, car le photographe ne rencontra personne y faisant sa lessive ?* (Coll. Fatoux)

302. ***Sainte-Aulde***, canton de la Ferté-sous-Jouarre, a son lavoir du ru de Belle-Mère situé à l'entrée du village, en venant de la Ferté, à gauche de la route, un peu dans les bois. Le toit du lavoir s'est effondré il y a quelques années à cause des poutres qui étaient pourries ; c'était devenu le lieu de prédilection des enfants du village, inventant toutes sortes de jeux, aussi Monsieur le maire de la commune fit-il enlever tout ce qui présentait un danger en 1985 ; seul subsiste le bassin vide. Le ru de Belle-Mère continue de couler et va se jeter dans la Marne, non loin de là.
Sur cette carte postale des années 1900, les lavandières du village présentes sont un témoignage de vie ; l'une d'entre elles transporte sa brouette vide, ses hanches ceintes de son grand tablier blanc ; derrière elle le linge s'égoutte sur les barres, d'autres laveuses sont à leur ouvrage, s'arrêtant pour regarder le photographe. Au premier plan de la carte, l'abreuvoir, creusé dans la pierre, où venaient se désaltérer les animaux. (Coll. Amatteis)

(Entretien avec M. Page, maire de la commune, mars 1986.)

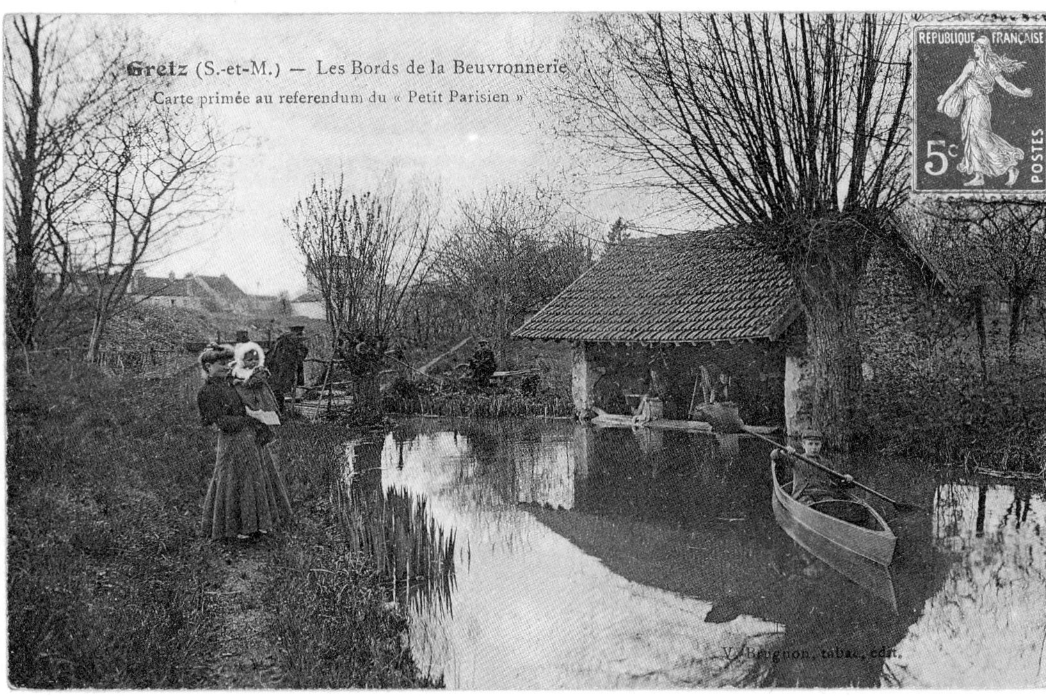

304. *Dans la commune de* **Gretz-Armainvilliers**, *canton de Tournan-en-Brie, le château du Mesnil était traversé par le ru de la Buronnerie, où se trouvait le lavoir que nous voyons sur la carte postale, dont l'intitulé porte une erreur. L'étang fut asséché, le lavoir disparut ; son emplacement est devenu "la place des fêtes". Le bourg est passé, au cours des ans, de 1.500 habitants à 7.000 de nos jours, ce qui explique les grands changements survenus en ces lieux.* (Coll. Amatteis)

305. ***A Villiers-Saint-Georges***, *le château de la Basse-Cour, dont on retrouve la trace dans le rôle des fiefs en 1249, est entouré de douves. Lorsque le niveau de l'eau est bas, on aperçoit, sur la face sud du château, les piles de l'ancien pont-levis. Le lavoir, situé sur la face est du château, subsiste toujours, niché entre le mur du château et le pont. Le château fut vendu et appartient de nos jours au cinéaste de la télévision Patrick Germain, mais le parc et les terres font encore partie des biens appartenant aux héritiers des anciens propriétaires.* (Coll. Amatteis)

(Entretien avec M. le maire de la commune de Villiers-Saint-Georges.)

306. ***Saint-Germain-Laval***, *canton de Montereau-fault-Yonne. Le lavoir fut construit sur la rive du ru de l'Etang, en contrebas de la route départementale 18 vers Courbeton. Une vanne réglait le débit du bassin ; le lavoir existe toujours, en assez mauvais état, mais protégé par la commune ; il est en voie de réfection.* (Coll. Amatteis)

307. **Donnemarie-Dontilly** *est traversée par la rivière Auxence, canalisée. Le lavoir communal est accoté contre le mur de soutien de la route. De nos jours, la bande de terre herbue, que nous voyons au premier plan de la photographie, nous rappelle qu'autrefois des étendoirs y étaient installés. Donnemarie n'est séparée de Dontilly que par la rivière Auxence, sur laquelle existe un pont en grès d'une construction remaquable. Ce pont date du XVII*e *siècle ; jusqu'à ce moment-là, la rivière était franchie à l'aide d'un gué.* (Photo Fatoux)
(D'après les notes de M. Aug. Lenoir, Almanach Historique de Seine-et-Manre, année 1866).

308. **Diant**, *canton de Lorrez-le-Bocage, est situé sur l'Orvanne. Ce village est d'origine celtique, son nom était Diantenis ; les habitants s'appellent les Darginiots ou Dianais.*
Le vieux lavoir fut toujours très fréquenté par les lavandières de la commune ; une vanne réglait le débit de la rivière. (Coll. Amatteis)

309. ***Grez-sur-Loing***, *canton de Nemours. Le vieux pont de pierre enjambe la rivière où les lavoirs sont toujours présents et se reflètent sur l'onde claire.* (Coll. Amatteis)

310. ***Nemours*** *et le vieux lavoir du château où les lavandières venaient faire leurs lavages, dans le ruisseau qui circulait autour. Le linge sèche sur l'herbe, car il faut beau, ou bien, posé sur les tréteaux, il finit de s'égoutter. Mais, au lavoir il n'y a personne, les lavandières lui ont préféré l'espace au soleil…* (Coll. Amatteis)

311. ***Glandelles***, *canton de Nemours, avait son lavoir établi sur la rive droite du Loing. Trois marches permettaient d'y laver, suivant le niveau de la rivière. La toiture est aux trois-quarts effondrée en ce début du XXe siècle, aussi, les habitants en ont-ils perdu le souvenir de nos jours. Glandelles était un ancien fief, datant du XIIe siècle.* (Coll. Picault)

312. ***Saint-Loup-de-Naud***, *canton de Provins. Le vieux lavoir est toujours situé près de la source du Dragon, propriété de la ville de Paris depuis 1921. Le ru, alimenté en eau de Seine, coule entre les jardins potagers, serpentant comme le corps du dragon dont il porte le nom. Les marais, qui autrefois couvraient ces lieux, ont été en partie asséchés et sont maintenant cultivés* (Photo Fatoux)

313. *L'ancien lavoir communal sur la Voulzie, dans la* ***ville basse*** *à* ***Provins,*** *tombe peu à peu en ruine, gardant jalousement ses souvenirs. Il est situé face à la rue des Bains et reçoit encore les regards distraits des passants indifférents !* (Photo Fatoux)

314. ***Ponthierry****, hameau de la commune de* ***Saint-Fargeau****, canton de Perthes-en-Gâtinais, est traversé par la rivière Ecole qui coule ici, en contrebas de la route, entre deux lavoirs couverts d'un toit dont la pente est fortement inclinée au-dessus de l'eau. A droite de la carte postale, la descente à l'abreuvoir ; à gauche du lavoir, quelques marches pour y accéder depuis la chaussée.*

315. ***Saint-Germain-Laxis***, *canton de Melun-nord. "Le bassin du vieux lavoir fut construit en 1833, pour la somme de 985,12 F, sur une partie de terrain achetée par la municipalité à Mme Colin. A l'origine était une vieille fontaine, située proche des portes de la ferme dite "de la Fontaine". L'implantation du lavoir fut modifiée d'une douzaine de mètres ; en 1874, il fut couvert d'un grand toit de tuiles.*
Dès le lundi, la vie s'organisait autour du lavoir et du lavage de la lessive, coulée dans les lessiveuses, à la maison. Il y avait le jour "des polonaises" qui, moins pressées attendaient le milieu de la semaine ; elles en profitaient pour évoquer dans leur langue, leur lointaine patrie.
Le vendredi, avant 16 heures, était le seul jour réservé aux lavages autres que le linge : vieux sacs, vieux chiffons, parfois des légumes, car c'était le jour du nettoyage du lavoir, assuré par les gardes champêtres.
Le lavoir est alimenté par une source de la propriété voisine par l'eau du ru, amenée par canalisation souterraine depuis un barrage, au pont du centre ; la régularité de l'eau s'effectuait par une vanne mobile et l'évacuation des eaux usées par une gargouille vis-à-vis du même ru. Le lavoir fut toujours entretenu par les municipalités successives."(7) (Photo Fatoux)

7) D'après l'ouvrage de M.B. Caron "Saint-Germain-Laxis, un village qui m'a vu naître".

2 / Lavoirs couverts d'un toit à deux pentes (ouverts ou fermés sur les côtés) :

316. *Ce vieux lavoir est magnifique ! Il a les pieds dans l'eau de la rivière Fusain à* **Château-Landon**. *La ville haute domine le vieux moulin du XVIIe siècle alimenté par la rivière, qui faisait tourner la belle roue à aubes si bien conservée de nos jours. Le niveau actuel du Fusain est plus élevé qu'autrefois. Le lavoir est couvert d'un toit de tuiles, supporté par les demi-fermes de charpente et des gros piliers que l'usure des ans ne semble pas avoir affectés. Il est situé en contrebas de la route et du chemin qui longe le Fusain, un seul de ses côtés est fermé par un mur cimenté.*

317. *Ce lavoir situé sur la rivière Fusain, à l'entrée de la ville de* **Château-Landon** *est encore une présence très évocatrice du passé ; c'était un des lavoirs communaux de la ville.* (Photo Fatoux)

Plan

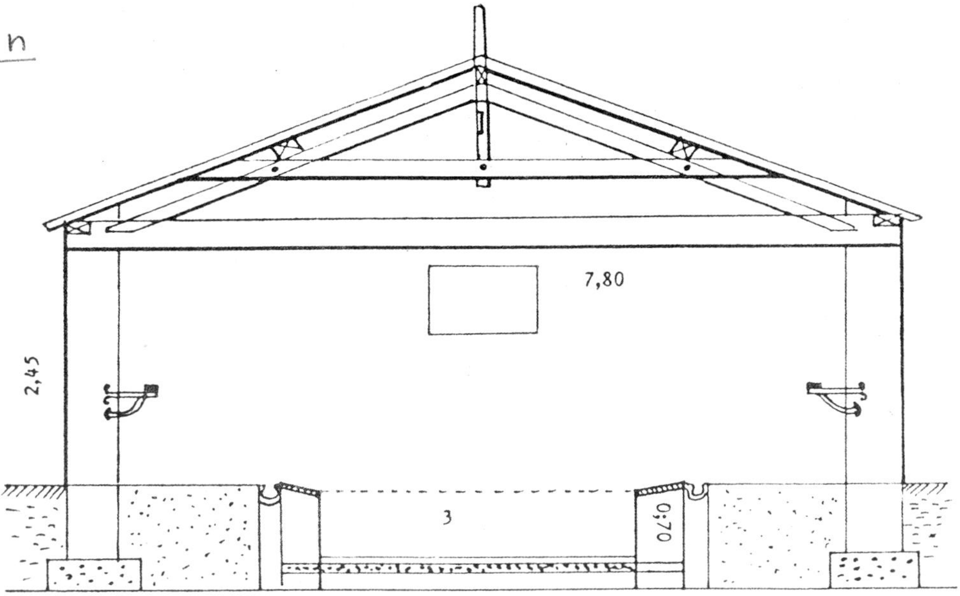

Coupe en travers

D'après Archives Départementales

318. *Le lavoir du ru de Maubuée fut construit pour servir aux habitants de la cité ouvrière de l'usine de chocolaterie Menier, dans les années qui suivirent 1874, date de la construction de la cité ouvrière. Il fut tout d'abord simple bassin cimenté, établi à côté du ru, mais alimenté par ses eaux, puis couvert d'un toit à deux pentes en 1929, ainsi que nous le confirme cet accord du Préfet de Seine-et-Marne, signé le 30 avril 1929, à Melun, que nous publions dans son intégralité ci-dessous. Le lavoir n'existe plus de nos jours. Il était situé sur le chemin départemental 10, près de l'actuel cimetière de Noisiel, nous a confirmé M. Logre. Le ru de Maubuée prend naissance dans l'étang de Croissy et se jette dans la Marne à Noisiel.* (Photo Logre)

(Entretien avec M. Logre, membre de la société d'Histoire : "Connaissance du Val Maubuée", mars 1986.)

Ru de Maubuée - Commune de Noisiel

Avis du subdivisionnaire

Vu la pétition du 18 mars 1929, adressée à M. le Préfet, par laquelle M. Menier Gaston, demeurant à Noisiel, demande l'autorisation d'agrandir le lavoir actuel de la cité ouvrière de Noisiel,
Vu l'arrêté réglementaire du 8 septembre 1906, approuvé le 14 décembre 1906, par le ministre de l'agriculture et notamment l'article ainsi conçu :
– quiconque veut établir un ouvrage au-dessus d'un cours d'eau en le joignant, doit soumettre au Préfet les dispositions qu'il se propose d'adopter,
– dans un délai de deux mois, le Préfet doit faire connaître au pétitionnaire si l'ouvrage projeté intéresse ou non le régime ou l'écoulement des eaux,
– dans le cas de l'affirmative, l'ouvrage ne pourra être exécuté que dans les conditions fixées par le Préfet,
– dans le cas de la négative, ou si dans un délai de deux mois, il n'a pas reçu de réponse, le pétitionnaire pourra exécuter l'ouvrage sans autre formalité,
Considérant que les ouvrages à construire sont en dehors du lit actuel dudit ru et qu'ils font suite à ceux existants,
Considérant que l'installation actuelle n'a jamais occasionné de désagréments au point de vue de l'écoulement des eaux et de leur pollution,
Est d'avis qu'il y a lieu d'informer M. Menier Gaston que l'administration ne s'oppose pas à l'exécution du projet qu'il lui a communiqué,

A Lagny, le 10 avril 1929,
signé : Perez
Approbation du Préfet, à Melun, le 30 avril 1929

(Archives municipales de la mairie de Noisiel)

319. ***Varreddes**, canton de Meaux. Le lavoir que l'on voit ici, communément appelé par les "Ravetons" "Lavoir du Déversoir", éloigné d'un kilomètre du village, était malgré tout bien fréquenté autrefois. Il fut même couvert par la municipalité vers la fin du XIXe ; il protégeait mieux les lavandières des intempéries. Les "Ravetonnes" se rendaient au lavoir poussant leur fameux "pousse-pousse" qui leur évitait la fatigue d'une lourde charge sur une brouette ordinaire.*

(Coll. Daudu)

320. *En partie caché par la végétation qui a envahi ce lieu, le lavoir du déversoir continue de recevoir l'eau du canal qui s'écoule dans sa gouttière en ciment, sur une hauteur de 15 m de dénivelée.*

(Photo Fatoux)

321. ***Crégy-les-Meaux*** *fut construit sur le haut des coteaux dominant la Marne et la ville de Meaux ; il n'y avait pas de lavoir au village. Il fallait descendre le coteau par la sente du couvent des carmes, puis passer le pont au-dessus du canal de l'Ourcq (lorsque celui-ci fut creusé), pour aller laver le linge au lavoir. Ce dernier est alimenté par une source qui descend du coteau de Crégy jusque sous le canal, où elle jaillit au bas du talus. Elle fut autrefois un point d'eau, puis un lieu de lavage ; le bassin fut construit après le creusement du canal ; couvert à la fin du XIXe siècle, il fut fermé sur deux côtés au début du XXe siècle. Le lavoir de Crégy est, depuis l'automne 1985, nettoyé et progressivement remis en état par la municipalité.* (Photo Fatoux)

321 bis **Egreville,** *dans le même canton. Le Grand Marchais (mare en Gâtinais) asséché et comblé dans les années 1950-55 offre de nos jours un aspect bien différent ; le lavoir couvert de tuiles fait maintenant partie d'une propriété privée et sert de remise. Le jour de la photographie, prise au début des années 1900, les lavandières étaient fort occupées à leur lessive, les pièces lavées égouttaient sur les poutres soutenant le toit, bavardages et rires s'échangeaient entre les coups de battoir...*
Egreville, c'est aussi le château datant du moyen-âge, qu'Anna de Pisseleu, duchesse d'Etampes et favorite de François 1er, fit reconstruire au XVIe siècle. Ce château fut à nouveau remanié au XVIIe siècle par le maréchal de Châtre, un des chefs de la Ligue, qui rendit Orléans à Henri IV moyennant une somme énorme et la confirmation de tous ses titres, dont celui de maréchal. Le compositeur Jules Massenet (1842-1912) passa les dernières années de sa vie et y termina "le Jongleur de Notre-Dame", son chef-d'œuvre. Il fut inhumé au cimetière d'Egreville ; le château appartient aujourd'hui à la famille du compositeur. (Coll. Amatteis)

322. **Voulx**, *canton de Lorrez-le-Bocage, est arrosé par la rivière Orvanne. Les lavoirs des Vannes, à gauche et à droite de la carte postale, sont alimentés par l'eau de la rivière que règlent deux vannes importantes, offrant un plan d'eau assez conséquent. Des passerelles et des ponts enjambent l'eau claire de l'Orvanne et l'on va ainsi de lavoir en lavoir.*
L'église datant du XIIIe siècle, fut agrandie au XVe siècle ; elle est d'inspiration templière avec un seul bas-côté ; son clocher trapu domine l'ensemble de ce vieux bourg d'origine celtique.
(Coll. Fatoux)

324. ***Hondevilliers***, *dans le canton de Rebais, le lavoir est situé à la sortie du village, vers Sablonnières. Il est fermé sur trois côtés et protégé de la route par un épais muret formé de grosses pierres. Quatre lavandières sont à leur tâche ; c'est le lavoir communal ; une femme du village revient avec sa brouette, chargée d'un panier rempli de linge lavé et rincé, ainsi que de son seau ; un grand tablier blanc ceint ses reins ; au lavoir les quatre laveuses se sont arrêtées le temps d'une photographie !* (Coll. Amatteis)

323. *L'ancien lavoir de* ***Salins****, canton de Montereau-fault-Yonne, commune traversée par le ru de l'Etang. La vanne assurait la régularité du débit d'eau nécessaire au lavoir. Celui-ci est, de nos jours, inclus dans une propriété privée, transformé en abri de jardin et réserve des outils de jardinage, de son propriétaire.* (Photo Fatoux)

325. *Le voici photographié au mois d'août 1985. Le tracé de la route a subi, au long des années, des modifications, il en est plus éloigné maintenant. Au cours de mon passage dans ce village, j'ai eu l'occasion de parler avec M. Hortereau, maire de la commune, amoureux de son coin de Brie et toujours avide d'en apprendre davantage sur le passé de son village. Il me dit que le lavoir fut couvert et entouré sous le second Empire. Avant, c'était juste une mare où coulait la source de Saint-Potentien située de l'autre côté de la rue. Cette source a toujours alimenté le lavoir.* (Photo Fatoux)

326. **Rupéreux**, *canton de Villiers-Saint-Georges. Le lavoir est situé dans la rue principale ; il est fermé sur trois côtés, alimenté par une source formant le ru du Barcq qui va se jeter dans le ru de Villars, au nord de Provins, il est là, solitaire…* (Coll. Amatteis)

327. **Saint-Brice**, *hameau de la commune de Provins. Le lavoir est situé sur le ru de Saint-Brice, où, à la fontaine du même nom, l'eau déliait la langue des enfants !*
Le vieux lavoir est fermé sur deux côtés. Par cette belle journée, les lavandières sont venues accomplir leur tâche, accompagnées de leurs jeunes enfants. En contrebas du lavoir, l'abreuvoir. (Coll. Amatteis)

328. **Tigeaux**, canton de Rozay-en-Brie. Le lavoir est de nos jours toujours en fonction ; il est alimenté par une source qui fut déclarée "non potable" ; il est situé à côté du Cul-d'Eau, ruisseau qui se jette dans le Grand Morin. Même à notre époque quelques laveuses viennent y laver leur linge et y puiser de l'eau. Une affiche est pourtant apposée au lavoir "Eau non potable", mais les habitants qui viennent en chercher pour leur consommation personnelle, prétendent qu'ils en ont toujours bu, qu'ils n'ont jamais été malades et continuent à en boire !
Tigeaux est alimenté en eau potable, par une source puisée dans la nappe phréatique sur le territoire de la commune de Dammartin-sur-Tigeaux. (Coll. Amatteis)

(Entretien avec Mme la secrétaire de mairie, 24 octobre 1985.)

329. *Toujours à* **Tigeaux**, *ce joli lavoir si bien conservé est situé à l'angle de la D20 et de la D21 ; il est alimenté par une source qui se jette dans le Grand Morin à une centaine de mètres plus bas.* (Photo Fatoux)

330. **Rebais**. *Le lavoir à gauche de la carte postale, sur une dérivation du ru de Rebais dont une vanne réglait le débit, et son abreuvoir, tous deux en contrebas de la route protégée par un mur, ont aujourd'hui disparu ; ils ont laissé la place à un square. Le nom de Bacchus étonne en ces lieux.*
(Coll. Amatteis)

331. **Lescherolles**, *canton de La Ferté-Gaucher, dont le territoire de la commune est arrosé par quatre rus : le ru de la Pâture, du Bois des Brosses, le Ravin des Bréaux et de la Gloyère. Le vieux lavoir en angle droit est séparé de l'abreuvoir par un muret formant bassin d'où l'eau s'écoule ensuite vers le ru.*
(Coll. Amatteis)

332. ***Saint-Germain-sur-Ecole**, canton de Melun-sud, avait deux moulins à eau situés en aval et en amont de la rivière Ecole. Le lavoir est situé rue du Moulin, à l'entrée du village, il est protégé par la commune et doit être restauré prochainement. Le Petit Moulin ou moulin de Vaudrenas est maintenant une propriété privée et une maison d'habitation.*
Sur la carte postale, nous apercevons un grand cuvier, le sol du lavoir est pavé mais personne n'y travaille. (Coll. Amatteis)

333. ***Fontaine-Fourches**, canton de Bray-sur-Seine, où le lavoir était installé près de la fontaine Saint-Martin qui l'alimentait. Les lavandières s'installaient en été sur les deux longueurs du bassin pour laver, ce qui permettait à douze d'entre elles d'avoir une place les jours de grosse lessive. Le lavoir existe toujours ainsi que les trois autres établis dans la commune. La fontaine Saint-Martin est protégée par une grille qui l'entoure. Son eau était utilisée par les bouilleurs de cru pour couper l'eau-de-vie, en raison de sa pureté. Dans la commune les lavandières utilisaient aussi les garde-genoux ; elles vont encore actuellement laver certaines pièces aux lavoirs.* (Coll. Amatteis)

(Entretien avec M. le maire de la commune, août 1985.)

334. *Le château de* ***Flamboin*** *est situé sur le territoire de la commune de* ***Gouaix****, dans le même canton. La carte postale du début du siècle nous montre un très vieux lavoir accoté au château. Ce jour-là, seule une partie du lavoir semble être utilisée. La jeune femme qui est en train de donner du battoir, est venue avec ses enfants ; elle lave le linge de la famille, qu'elle fait égoutter au fur et à mesure sur les cordes placées sous l'auvent du toit. Personne ne semble se souvenir de ce lavoir dans la commune. Une chose est certaine, il n'existe plus. Le château de Flamboin date du XIII*[e] *siècle, il a subi les outrages des ans et seule la tour donjon subsiste de nos jours. Il était à la fois demeure seigneuriale, ferme et maison-forte. Il a appartenu à la famille Du Tillet qui tenait l'office du greffier en chef du Parlement et fournit deux évêques à Meaux, pendant les Guerres de Religion. Il dut repousser les huguenots à deux reprises, en 1576 et 1581.*
Il y a une quinzaine d'années, les propriétaires installèrent dans les communs du château, une fromagerie et fabriquèrent "le rambol", pâte de gruyère parfumée aux noix. Cette fromagerie a pris un grand développement ; c'est actuellement une société importante : Bongrain S.A. Le propriétaire du château et de la fromagerie, M. Le Groumellec, continua l'exploitation de la fromagerie après M. Siclet. (Coll. Amatteis)

(Entretien avec M. Dutillet, membre de la Société d'Histoire de Provins, décembre 1985.)

335. ***Donnemarie-en-Montois***, *de nos jours* ***Donnemarie-Dontilly***. *Le lavoir, rue Radepont, est resté le témoin muet d'un lieu qui, bien avant le XVI*[e] *siècle, fut et demeura très animé. Simple bassin, il fut primitivement alimenté par la petite rivière de l'Auxence. Au XVI*[e] *siècle, après les nombreuses guerres civiles et la guerre de Trente Ans, les fortifications de "Dom-Marie" furent rebâties. A une distance de 1 km à l'ouest de la ville, l'Auxence fut canalisée et amenée à Dom-Marie dans les fossés de ces fortifications. Un petit canal de dérivation circulait à l'intérieur de la ville jusqu'au lavoir. Nous le voyons, à gauche sur la photo ; l'eau des fossés alimentait aussi un moulin, au bas de la ruelle du moulin. Le lavoir fut couvert sous le second Empire. Face au lavoir, de l'autre côté de la rue, une dame âgée, accoudée à sa fenêtre, profite du soleil avec son fils. Je lui demande si elle a utilisé le lavoir, elle me répond en souriant :*
– "Oui, j'ai lavé là, en face. J'ai été blanchisseuse de métier, pendant 30 ans ; je travaillais pour les hôtels-restaurants de la ville qui coulaient leur lessive ; je devais laver, frotter, brosser, rincer, faire sécher, repasser et rapporter le tout dans la semaine, impeccable. J'ai lavé au lavoir jusqu'à la fin de la deuxième guerre ; vers 1950, j'ai perdu la pratique d'un hôtel qui avait acheté une machine à laver, ensuite les autres hôtels ont suivi le mouvement. Oui, c'était dur de laver. En hiver, mon mari me cassait la glace, un rond devant, autour de moi, et il fallait laver "à la bise" ! Le ru avait beaucoup d'eau qui coulait vite, gare à moi quand je lâchais une pièce, pour la rattraper ! Oui, j'en ai gardé des traces sur mon corps tant c'était dur de laver par tous les temps, par toutes les saisons, si longtemps à genoux et veiller tard dans la nuit pour rendre le linge en temps voulu. J'ai été opérée d'une hanche et maintenant j'ai de l'arthrose dans les genoux et dans les poignets ; aux changements de température et de saison je souffre beaucoup... Ah ! il y en avait du bruit et de l'animation par ici ! Le lavoir était toujours plein de laveuses et toute la ville y venait ; maintenant, c'est fini, c'est triste !"
Les affluents de l'Auxence furent captés, afin de venir grossir le débit de la rivière.
Deux sources alimentent la ville de Donnemarie-Dontilly en eau potable maintenant. Elles furent captées et amenées à deux châteaux d'eau situés sur le plateau, sur la route de Montigny-Lencoup, des pompes refoulent l'eau et assurent la régularité du débit. (Photo Fatoux)

(Entretien avec M. Thoret, président du Syndicat d'Initiative, administrateur de la société Archéologique de Provins, septembre 1985.)

336.

282

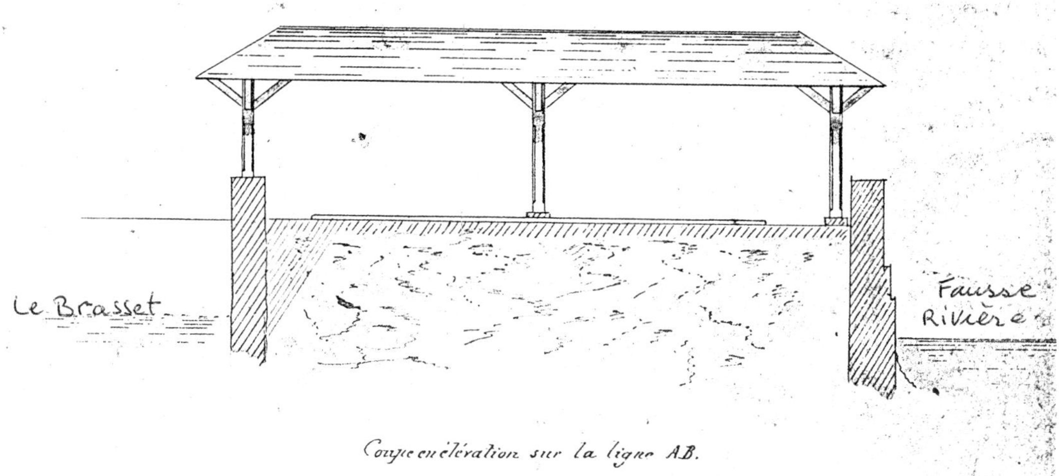

Photocopie extraite des archives municipales de la Ville.

338. *A la* ***ferme de Montgodefroy****, hameau de* ***Maisoncelles****, dans le même canton, le petit lavoir était composé d'un bassin rectangulaire de 2 m sur 1,50 m, profond de 40 cm, en ciment armé, alimenté par l'eau d'un puits élevée par une éolienne située tout près du lavoir. Un plan incliné permettait aux laveuses de frotter leur linge, l'eau était continuellement brassée et évacuée par un circuit continu. Pour les laveuses, la station était toujours aussi pénible car elles devaient se mettre à genoux dans leur coffre pour être à hauteur de la pierre à laver. Plus personne n'y vient maintenant et le lavoir est progressivement envahi par les herbes folles qui y croissent en toute quiétude !*

(Photo Fatoux)

337. *Le lavoir de la Halle aux veaux à* ***Coulommiers****, situé près du marché aux bœufs, était un bassin cimenté rectangulaire, qui fut couvert vers 1850, établi près de la "Fausse-Rivière", alimenté par le Brasset. Les travaux de réfection de la toiture furent décidés après adjudication ; la dépense totale de ces travaux de réfection y compris les frais d'architecture, se montèrent à 1 000 F. Cette adjudication est datée du 2 novembre 1888.*
Dans les archives municipales de la ville, j'ai trouvé un devis des réparations à effectuer à ce lavoir, daté du 30 août 1893, d'un montant de 2 815,25 F, par M.J. Chevalier, architecte.
Actuellement, il ne reste plus que le bassin, guère utilisé, l'on y accède par des marches car il fut établi en contrebas de la chaussée.

(Notes extraites des archives municipales de la ville de Coulommiers.)

Photocopie extraite des archives municipales de la Ville.

3 / Lavoirs pourvus d'un abri, toit à une ou deux pentes établies sur chaque longueur du bassin

339. ***A Coulommiers,*** *les archives de la municipalité nous apprennent qu'un lavoir public fut construit sur le* ***coteau de Montanglaust****, hameau, le 19 août 1883 par M.A. Blondel, entrepreneur, dont le devis s'éleva à 1 637,10 F.*

– En 1888, M. Eugène Blondel établit un devis s'élevant à 1 000 F pour l'agrandissement du lavoir.

– le 2 octobre 1888 la ville de Coulommiers mit par voie d'adjudication, les travaux d'agrandissement des lavoirs des hameaux de Montanglaust et du Theil, ainsi que la réfection partielle du lavoir de la Halle aux Veaux.

– En 1889, M. Eugène Blondel fit une offre qui fut retenue par la municipalité de 804,61 F pour les travaux d'agrandissement du lavoir du coteau de Montanglaust.

– Le 27 février 1890, le même entrepreneur consentit un rabais supplémentaire, les travaux furent exécutés pour la somme de 667,83 F.

En voici le plan-coupe :

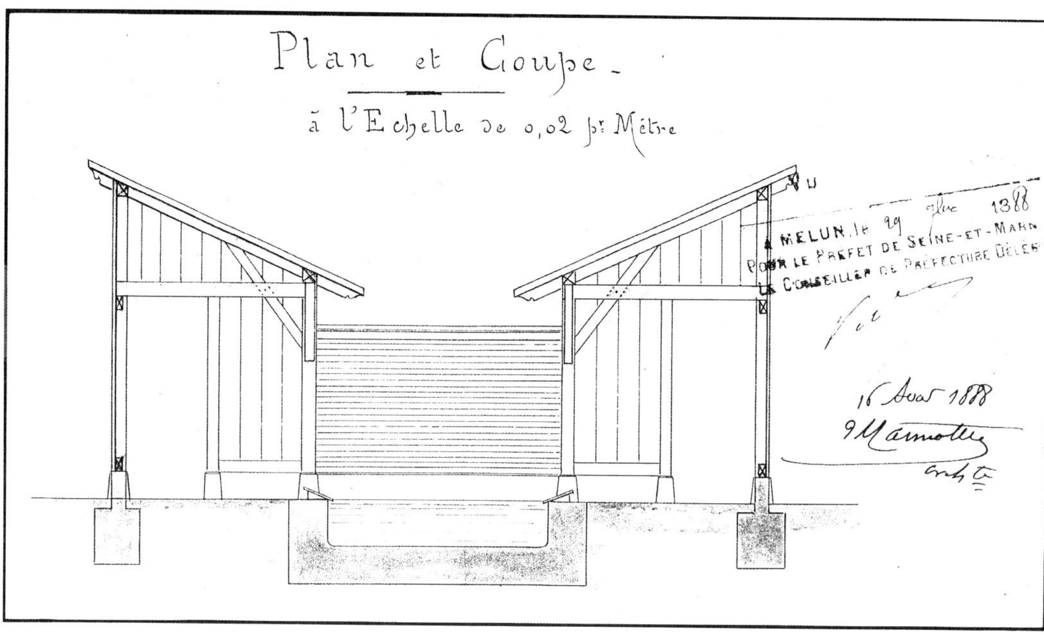

Le lavoir de Montanglaust *(extrait des archives municipales de Coulommiers).*

339 bis. ***Coulombs-en-Valois,*** *canton de Lizy-sur-Ourcq. Le vieux lavoir appelé "la fontaine du Puits d'Amour" est alimenté par la source "Bidamour". Il est protégé par la municipalité. Le bassin contient de l'eau claire où se reflète le toit de tuiles.*

"Le pays de Coulombs est rempli de sources" m'a conté Mme Sébastien : "Autrefois, on installa un abreuvoir alimenté par un puits actionné par une pompe à balancier qui existe toujours près de l'église, et où les habitants venaient avec leurs seaux chercher l'eau potable dont ils avaient besoin. Les sources descendent du plateau ; à Germigny-sous-Coulombs, l'eau jaillit si abondante qu'elle fut captée, une station de pompage y fut installée qui alimente les communes de Germigny, Montigny, Gandelu et Coulombs. Cette source se nomme "la source de Boulard".

Sur la route de Crouy, dans le bas du pays, une autre source abondante jaillit près de la route, appelée "la source du Vieux-Coulombs", il y avait un vieux lavoir alimenté par cette source autrefois. L'eau était toujours très pure et très froide, je dirais même glacée."

(Entretien avec Mme Sébastien, présidente du club du troisième âge de Coulombs, en mars 1986).

Monsieur François, Sénateur, maire de Coulombs me conta lors d'un entretien en décembre 1985, qu'il fut à l'origine de la création du Syndicat Intercommunal des Eaux en 1957, le premier dans la région, groupant les trois communes autour de Coulombs. (Photo Fatoux)

340. ***Coutevroult***, *canton de Crécy-la-Chapelle. Le lavoir de Bonnetin fut édifié au début du XXe siècle, à l'usage des habitants de Dainville, hameau de Coutevroult ; il était alimenté par les eaux d'écoulement du ru du Vivier ayant sa source au château du Vivier, ancienne "Maison Forte", qui appartenait en 1172 à Guillaume du Vivier et devint ainsi une seigneurie. Le lavoir n'est ici protégé que par un toit à une pente sur chaque longueur du bassin.* (Photo R. Martin)

341. *Dans la commune de* ***Verdelot***, *au hameau* ***Epinoche***, *sur le bord de la route, demeure ce joli lavoir, protégé par la municipalité. Les laveuses du hameau le fréquentaient pour tous leurs lavages.* (Photo Fatoux)

342. *Le lavoir de* ***Chalifert****, canton de Lagny, situé sur le haut du plateau, était aussi le lieu de rencontre et de rendez-vous de tous ceux qui avaient besoin de venir parler, échanger des propos, se divertir un peu, tout en regardant les lavandières rincer leurs pièces et donner du battoir sur le linge coulé la veille, chez elles. En été, les enfants accompagnaient leur mère et jouaient autour du lavoir.* (Coll. Chèvremont)

343. ***Nemours****. Le lavoir fut construit à la fontaine Saint-Jean, dont l'eau se jette dans le Loing ; il est sur la rive droite de la rivière. Les dimensions de la toiture de ce lavoir sont plus importantes, étant donné celles du bassin, où une vingtaine de laveuses pouvaient y laver. C'est un lavoir communal. Il y a, ce jour-là, une grande activité ; le linge lavé et rincé égoutte sur les tréteaux et sous le toit. Le lavoir fut construit à proximité de l'endroit où aboutissait l'ancien grand pont de Nemours. Le lieu est plutôt désert de nos jours, seuls quelques passants ou passantes viennent y rêver un instant, car, au-dessus, la route où vrombissent les automobiles, ne prête guère à la rêverie, elle !* (Coll. Picault)

343 bis. ***Dammarie-lès-Lys,*** *canton de Perthes-en-Gâtinais. Dans la première moitié du XVIII*[e] *siècle, Dammarie n'était encore qu'un petit village qui se groupait autour de trois rues principales :*
- *la rue de Melun (Foch et Fabien, aujourd'hui),*
- *la rue de Farcy (rue Poret, aujourd'hui)*
- *la rue de la Fontaine (rue Henri-Barbusse, aujourd'hui)*

C'est dans cette dernière que se trouvait le lavoir du Téton (il avait une toiture en forme de sein). De nombreuses sources alimentaient ce lavoir et allaient au ruisseau du Téton qui s'écoulait au milieu de la rue de la Fontaine. Un peu plus bas, il alimentait un deuxième lavoir situé derrière l'actuel magasin "La Parisienne", actionnait le moulin du Lys avant d'aller se jeter dans la Seine, derrière la propriété de Bellombre. Le ruisseau fut couvert il y a une vingtaine d'année et le moulin détruit en 1968.

Le ruisseau du Téton inspira le poète Jean-François Ducis, né et mort à Versailles (1733-1816), auteur de pièces, poèmes, lettres, qui refusa les faveurs de Napoléon 1er *disant : "Il vaut mieux porter des haillons que des chaînes". Voici le premier et le dernier quatrain de cette poésie :*

Au Ruisseau de Dammarie-lès-Lys,

"Ruisseau paisible, frais et charmant ruisseau,
Honneur soit à la nymphe antique
Qui sous sa voûte humble et rustique
Epanche mollement le trésor de son eau...

Appelant sur ses pas la douce rêverie,
Les romans de la bergerie
Et le plaisir plus doux d'y soupirer des vers,
Mais cesse de la voir, quand sur la triste arène,
Elle va pour jamais se perdre, dans la Seine."

Ce ruisseau était pur, paisible, ombragé par de grands peupliers et coulait au milieu des prés, dans un charmant paysage, où les enfants aimaient venir jouer et les troupeaux paissaient en toute tranquillité ! Quel contraste avec la ville de Dammarie-lès-Lys de nos jours ! *(Coll. Amatteis)*

(Note d'après l'ouvrage de René Housson : "Dammarie-lès-Lys à travers les âges, 1985.)

DAMMARIE-LES-LYS — LE LAVOIR ET LA FONTAINE

4 / Lavoirs ouverts ou fermés, un toit à quatre pentes protégeant le bassin

344. *Le lavoir au hameau d'***Echampeu,** *commune de* **Lizy-sur-Ourcq,** *est situé à mi-côte d'une des trois collines entourant la ville. Le lavoir fut autrefois construit près de la place du hameau et fut transféré à son endroit actuel, au lieu-dit "le Jardin de la Fontaine". En 1865, dans une délibération du conseil municipal en date du 21 novembre, il fut question de recueillir les nombreuses sources d'Echampeu pour alimenter Lizy, mais ce projet ne semble pas avoir eu de suites. Le lavoir, photographié de nos jours, est alimenté par l'eau de la fontaine située à gauche de la photo. Cette source importante, recouverte d'un tertre de terre assez volumineux, permettait de satisfaire les besoins des habitants du hameau et son excédent suffisait pour alimenter le lavoir.*

(D'après un courrier de M. Vincienne, maire adjoint de la commune.)

En consultant les archives municipales de la ville, j'ai retrouvé deux délibérations du conseil municipal à propos de ce lavoir :
"– 1881, un membre du conseil municipal propose de faire passer à travers le lavoir d'Echampeu l'excédent de l'eau de la fontaine. Chacun applaudit à cette mesure, c'est un excellent moyen d'assainir ce lavoir, qui laisse beaucoup à désirer,
"Et est réservé expressément, que cette destination des eaux ne saurait en rien préjudicier aux droits que la commune de Lizy pourrait être appelée à exercer sur le fonctionnement de l'eau."
"– 1883 - séance du 24 août.
Proposition du conseil municipal pour réparation du pavage à la rue d'Echampeu et travaux à faire au lavoir de la fontaine." (Photo Fatoux)

345. *Le lavoir de* ***Mauperthuis,*** *canton de Coulommiers, est un autre exemple de cette architecture. Il fut construit en 1760 et couvert d'un toit de chaume, puis des tuiles remplacèrent la première couverture ; le toit descendait très bas au-dessus du bassin ; l'usure des ans détériorant la charpente, la municipalité le fit démolir il y a une trentaine d'années. Il était situé un peu en retrait de la route, dans le bas de la commune, près du ru du Cornet, alimenté par la fontaine Saint-Nicolas, saint patron de la commune.*
A propos de la fontaine, M. Dosque me dit qu'autrefois, les femmes du village allaient y puiser de l'eau pour la cuisson des haricots, l'eau de la fontaine du village étant trop calcaire.
On se rendait au lavoir par une sente ; ce fut seulement en 1900 que la commune aménagea un chemin ; il fut payé par les habitants sous forme de dons ou de journées de travail. M. Dosque se souvient avoir entendu son grand-père dire qu'il avait fait un don de deux francs à la commune pour ce chemin. (Coll. Lauxerrois)

(Entretien avec M. Dosque, historien de Mauperthuis, mars 1986.)

347. *"Le lavoir de Villiers-sur-Morin, canton de Crécy-en-Brie, est en fait sur le territoire de la commune de* **Coutevroult***" m'a confié M. Martin, secrétaire de la Société Littéraire et Historique de la Brie. "Les rus de Misère, de Dainville, de Saint-Martin, le Petit Ru et celui du Pré Mulet traversent le territoire de la commune de Villiers. Le ru de Misère est sur la commune de Coutevroult. Il est alimenté par le ru de Cottray, puis passe sous la nationale 36. Lors de la construction de l'autoroute A4, la "Butte de Misère", fut en partie arasée et le lit du ru fort dérangé. La descente du ru depuis le plateau, autrefois un chemin creusé par l'érosion régressive des eaux, donnait un pittoresque plein de charme à ces lieux avec ses hautes lianes montant très haut dans les arbres. Le ru a beaucoup souffert des divers aménagements sur ce terrain et ne ressemble plus à ce qu'il était avant ; il descend à la perpendiculaire sur le Grand Morin où il se jette près du moulin Drevault.*
Le lavoir se trouve donc situé sur le parcours du ru, un peu avant qu'il ne rejoigne le Grand Morin ; s'il est bien conservé en cette fin du XXe siècle, ses abords ont été modifiés... Le jour de la photographie fut un jour sans lavandières... Peut-être un dimanche des années 1900 ?
Le moulin Drevault, précédemment appelé Orval, Ourvaux et Revault, est établi sur la rive gauche du Grand Morin, en face de celui du Saule. Il était moulin à blé en 1202 et appartenait aux Templiers de Montaigu. Il devint, après la Guerre de Cent Ans, moulin à draps, puis moulin à huile au XVIIe siècle. Au début du XXe siècle, il fut transformé en chamoiserie, puis, au cours des ans, en boutonnerie", me dit encore M. Martin. "De nos jours, c'est une scierie fabriquant des fermes de charpente. J'ajouterai que le moulin Drevault est situé près de l'endroit où le ru de Misère se jette dans la rivière." (Coll. M. R. Martin)

(Entretien avec M. Martin décembre 1985.)

Les archives municipales de la commune nous révèlent que la fontaine de Misère fut l'objet de travaux échelonnés sur plusieurs années, dès 1828. Très probablement le lavoir cimenté existait-il déjà ; nous trouvons la date de couverture dudit lavoir en 1866, ainsi que diverses délibérations concernant les aménagements des abords du lavoir en 1880. En 1902, ce fut l'installation d'une rampe en chêne, que nous voyons sur la carte postale.

348. ***Chalautre-la-Reposte,*** *commune de Gurcy-le-Châtel, canton de Donnemarie-Dontilly, est un ancien fief datant du XIe siècle. La commune de Chalautre est traversée par le ru de Chalautre, affluent de l'Auxence.*
Le lavoir est très ancien, couvert d'une magnifique charpente en bois chevillée et d'un toit de petites tuiles plates, autrefois fabriquées dans le département. Il est alimenté par l'eau de la fontaine Saint-Pancrace qui coule dans un petit bassin, puis par une conduite souterraine reliée au lavoir. Il fut restauré par la commune il y a quelques années. (Photo Amatteis)

5 / Lavoirs à architecture unique

☞

350. ***Bouleurs,*** *canton de Crécy, possède un lavoir unique quant à son architecture originale. Il est alimenté par le ru Bouton, qui se jette dans le ru du Mesnil, qui lui-même rejoint le Grand Morin à Couilly-Pont-aux-Dames.*
Lors d'une conversation avec Monsieur le maire de la commune, j'ai appris que la construction de ce lavoir fut mise en adjudication par la commune le 15 avril 1863. Ce fut M. Savard, architecte à Meaux, qui en obtint la construction pour le montant de 6 493,51 F, le 3 mai 1863. Le lavoir fut édifié dans la même année. Ce lavoir a extérieurement un certain cachet avec ses arcades cintrées soulignées par des briques rouges, qui furent sans doute fermées à cause des courants d'air ! Le toit à une pente s'incline très bas au-dessus de l'eau ; il est de forme semi-circulaire, reposant sur des piliers en fonte ; le bassin a la même forme semi-circulaire, une sorte de douve l'entoure, alimenté par le ru Bouton. Un mur le ferme à l'arrière ainsi que je l'ai déjà dit ; les barres à linge sont placées de l'autre côté du canal-douve, à l'extérieur du lavoir. (Coll. Chèvremont)

(Entretien avec M. le maire de la commune, oct. 85.)

349. ***Coupvray,*** *canton de Lagny, un petit ru descendant du bois traverse la route, dans une conduite souterraine et vient alimenter le lavoir par une borne-fontaine que l'on voit à gauche sur la photo. Le lavoir fut d'abord un bassin, couvert au milieu du XIXe siècle d'une toiture de tuiles, puis au cours des ans, celle-ci étant en mauvais état, fut remplacée par cette disgracieuse couverture en tôle ondulée...*
Coupvray, c'est aussi le village natal de Louis Braille, né en 1809 et mort en 1852, qui était fils d'un bourrelier ; il devint aveugle par accident à l'âge de trois ans, par suite d'une blessure qu'il se fit avec un tranchet. Admis en 1819 à l'Institution des Aveugles à Paris, il s'adonna à la musique et fut organiste dans plusieurs paroisses de Paris. Il créa un nouveau système d'écriture en points saillants, qu'il adapta aussi à la notation musicale pour les aveugles. À Coupvray, la vieille maison rurale qui termine la rue Braille, a été transformée en musée permanent du souvenir. On y trouve le panneau sur lequel son père créa, avec des clous tapissiers, les lettres de l'alphabet que Louis Braille déchiffrait avec ses mains ; préfiguration des points saillants de l'écriture braille. Le corps de Louis Braille fut, à sa mort, ramené à Coupvray. Un siècle plus tard, sur la proposition de M. Pleven, président du conseil, ses restes furent transférés au Panthéon, en hommage national.

(Photo Fatoux)

351. *Vu de face, le lavoir de Bouleurs ne laisse en rien deviner ses arcatures cintrées, côté prairie.* (Photo Fatoux)

352. ***Tilly,*** *hameau de la commune de* ***Saint-Fargeau****, canton de Melun-nord, se trouve sur les bords de la Seine. Le lavoir est tout à fait original dans son architecture ; de forme circulaire, il est coiffé d'un toit en zinc pentu qui descend au-dessus du bassin également de forme circulaire. Il est alimenté par une source souterraine qui sourd et disparaît aussitôt.* (Photo Patrick Loison)

6 / Les lavoirs dits en forme d'atrium romain

Le lavoir

Pousser la porte étroite
De ce vieux lavoir plein de grâce,
Niché au creux d'un vallon...

Un vieil air de violon
se glisse dans l'espace,
Vous enchante et vous tient coite...

Le passé, sur l'eau claire miroite :
Les laveuses rougies et efficaces
Tapent de leur battoir comme des pilons
Et sans flons-flons
jacassent et décrassent
le front et les cheveux moites,
Dans le lavoir au creux du vallon...

Chut ! Sortez à reculons,
Laissez maintenant la place
Au soleil qui se glisse à droite,
Danse sur l'eau et l'enlace
Dans un joyeux rigodon
Au son du violon...

Lentement, le lavoir vous chasse
Et sur ses secrets ferme la porte étroite...

Hélène Fatoux, mars 1985

353. **Chambry**, canton de Meaux, le lavoir de "la Fontaine-Reine".

J'ai relevé certains renseignements dans les registres des délibérations du conseil municipal de la commune :
– Le lavoir existait déjà depuis plusieurs décennies, mais seulement en tant que bassin cimenté rectangulaire, quand la municipalité décida de le reconstruire en 1899 et de le couvrir afin que les laveuses aient un abri pour laver en toute saison. Les travaux s'élevèrent à 3 385 F et purent être exécutés grâce à la vente par adjudication de 186, puis de 251 peupliers appartenant à la commune, plantés sur le bord des chemins vicinaux. Les travaux de construction du lavoir furent exécutés par M. François Charpentier, entrepreneur au village. Le lavoir continue d'être utilisé par certaines

femmes du village qui viennent y rincer leurs tapis ou leurs grosses pièces. La fontaine extérieure à laquelle on venait puiser de l'eau potable était actionnée par un balancier qui est maintenant désamorcé de la pompe.
– Le bassin du lavoir est sur son pourtour garni de gros madriers de chêne très inclinés vers l'eau, servant de planche à laver. L'eau de la source de "La Fontaine-Reine" s'écoule dans un premier bassin, puis se déverse par une petite vanne dans un autre qui est plus petit. L'eau s'écoule ensuite dans le ru de Mansigny et y mêle ses eaux, avant d'aller retrouver la Marne à quelques kilomètres de là. Le toit est à quatre pans recouverts d'ardoises qui laissent toute liberté au soleil de se refléter sur ses eaux claires. Il est soutenu par des demi-fermes de charpente, appuyées sur des colonnes en fonte portant sabot de pierre.. (Photo Fatoux)

Peu de choses différencient les lavoirs que nous allons voir dans divers villages du département

354. ***Chartronges**, dans le canton de la Ferté-Gaucher, situé sur le ru de Vannetin, affluent du Grand Morin, est un autre lavoir charmant, en bon état étant également protégé par la municipalité qui en assure l'entretien.* (Photo Fatoux)

355. *Le lavoir de* ***Neufmoutiers****, canton de Meaux, a disparu, seules quelques pierres subsistent ; il était établi sur le bord du ru de Rutel.* (Coll. Chevalier)

356. *Dans le canton de Rozay-en-Brie, à* ***Courpalay.*** *Le vieux lavoir fut couvert vers 1850 et était autrefois alimenté par l'eau d'une source captée au lieu-dit "Pandiarth". Au début du siècle, on fit amener l'eau de la commune par des canalisations souterraines, le débit de la source étant devenu trop faible. Le lavoir est extérieurement soutenu par de grands renforts en pierre ; on distingue à l'intérieur les fermes de charpente fort anciennes. Le lavoir est actuellement protégé par la commune qui l'entretient. Elle le laisse à la disposition du Cercle Hippique, qui en a fait un lieu de repos apprécié de tous.*
La photographie fut pris un jour de lavage, les lavandières sortirent pour figurer sur la photographie ; les brouettes attendaient leur charge, deux "anciens" posèrent avec elles, l'un des deux portait son petit-fils dans les bras.
La commune est traversée par le ru de l'Yvron. Son débit étant devenu trop capricieux, M. Chatriot fit, sous son mandat de maire il y a 20 ans, construire un barrage qui donna une retenue d'eau sur 1 km, transformant ainsi en un lieu de pêche très agréable, cette partie de la rivière.
(Coll. Amatteis)

(Entretien avec M. Chatriot, ancien maire de la commune, mai 1986.)

357. ***Voinsles**, petite commune du même canton, peut être fière de son petit lavoir si bien conservé. Il est alimenté par la source Saint-Martin ; celle-ci entre dans la légende du saint, ses eaux guérissent les fièvres. La source donne naissance au ru de Breton qui se jette dans la Visandre, traversant le territoire de la commune et confluant dans l'Yerres. Le quatrième côté du lavoir est ouvert sur un escalier double qui encadre la source. Maintenant déserté par les blanchisseuses, il reste le témoin muet de leur dur travail, mais aussi de leur bonne humeur. Le photographe a fixé sur sa pellicule le souvenir d'une famille, d'amis et d'une laveuse terminant sa lessive.* (Coll. Amatteis)

358. ***Vilbert**, dans le même canton. Sur la carte postale, nous voyons à gauche la fontaine, protégée par une construction recouverte de terre ; c'est la source qui alimente l'abreuvoir et le lavoir. Les lavandières se sont accordé un peu de détente en cette journée d'été, mais les brouettes attendent leur charge habituelle, aussi devront-elles retourner à leur tâche dès que la photographie sera prise. La commune est traversée par le ru de la Visandre. Le lavoir est couvert d'un toit à trois pentes, bien clos, il garde toute son intimité.* (Coll. Amatteis)

359. **Fontenay-Trésigny**, *canton de Rozay-en-Brie. Le petit lavoir fermé autour du bassin, dont le toit à trois pentes s'incline très bas au-dessus de l'eau, était alimenté par le ru de Bréon, qui traverse la commune. Il est situé rue Victor-Hugo. "Le cours d'eau qui sillonne la contrée et traverse le parc du château de Fontenay, est le ru de Bréjon ou de Bréon, affluent de l'Yerres. Ne semble-t-il pas porter un nom gaulois tiré de la présence d'un pont (brig, brige) sur le chemin de Châtres "Castrum". Les fervents des études celtiques pourraient bien trouver encore dans cette vallée de Bréjon, des lieux-dits rappelant des souvenirs druidiques, tels que Bellevue, la Talmouse, la mare aux prêtres... le nom de Fontenay se trouve dans les titres anciens sous les formes de "villa Fontanello", "Fontenain", "Fontenetum in Bria", il vient des sources et fontaines arrosant le territoire et qui alimentaient plusieurs étangs et viviers". (D'après Almanach historique, topographique et statistique du département de Seine-et-Marne, année 1900).* (Photo Fatoux)

360. **Verdelot**, *canton de Rebais. Le vieux lavoir est perdu au fond d'une ruelle dans le bas du pays. Il est alimenté par une source donnant naissance à un ru non identifié, qui disparaît dans un dédale de lianes, d'herbes et rejoint les marais. Sur le fond du bassin, deux lavettes sont toujours là, témoins muets du passé ; le quatrième côté s'ouvre sur les marais.* (Photo Fatoux)

361. *Dans le même canton,* ***Vaudoy*** *est traversé par le ru de la Visandre. Le lavoir est sur la route de Touquin. Une femme revient du lavoir chargée d'un panier de linge sur le bras.* (Coll. Amatteis)

362. ***Soignolles****, canton de Brie-Comte-Robert, sur la route de Coubert. Le lavoir fut construit au début du XX*[e] *siècle mais il offre de nos jours un spectacle assez triste. La partie du toit ouverte au-dessus du bassin fut, à une certaine époque, couverte d'une verrière renforcée par des poutrelles de fer, très inesthétiques. Plus de vanne, seule la goulotte laisse l'eau de la source s'écouler mélancoliquement dans le bassin ! Le lavoir est en cours de restauration.* (Coll. Amatteis)

363. *Dans le hameau de* ***Rebours****, commune de* ***Villemer****, canton de Moret-sur-Loing. Le grand lavoir fut construit à la fin du XIXe siècle. A l'extérieur, l'abreuvoir est protégé par un muret. Tous deux sont alimentés par une des nombreuses sources qui naissent sur le plateau dont la plus importante alimente l'étang de Villeron, peuplé d'oiseaux et de poissons.* (Coll. Fatoux)

364. ***Penchard****, canton de Meaux. Le lavoir, photographié de nos jours, présente un air d'abandon assez triste ! La municipalité souhaiterait le remettre en état, le transformer en un but de promenade et lieu de repos pour les villageois, mais tout dépend du coût des travaux de réfection de la toiture et des abords intérieurs et extérieurs.* (Photo Fatoux)

365. *Le lavoir public Saint-Paul à* **Lagny** *est bien caché, entre les numéros 19 et 21 de la rue Saint-Paul. D'une étude de M. Georges Harm, publiée dans le journal "La Marne", édition de Lagny-Chelles, en date du 31 juillet 1975, nous avons extrait :*

*"... après 40 ans d'existence, il rend toujours service, malgré les progrès de la vie moderne.
C'est le 20 mai 1833 que le conseil municipal de la ville, décida la suppression des deux petits lavoirs se trouvant depuis fort longtemps près de la fontaine Saint-Fursy, qui les alimentait de son eau. Deux raisons motivèrent cette décision : améliorer la circulation lors des marchés et de la foire, supprimer une humidité constante qui rendait la place malpropre les jours pluvieux et impraticable dans les temps de gelées.
Le 3 juin 1833, un petit jardin fut acheté par la Ville, rue de la Planchette. M. Félix Bourgeois établit un devis pour la construction d'un lavoir à cet emplacement. La rue changea de nom et devint la rue Saint-Paul, du nom du lavoir en 1851.
Adjugés en 1834, le 29 juin, les travaux furent exécutés par M. Antoine Armendies, pour la plomberie et M. Jacques Vergniaud pour la maçonnerie. L'alimentation en eau vint du trop-plein de la fontaine Saint-Fursy par une canalisation souterraine traversant une propriété particulière.
Autrefois la borne-fontaine était ornée d'un mufle de lion en fonte ; elle porte, gravée, la date de 1834 et les indications suivantes : F.P."*

Le lavoir est bien conservé, la municipalité l'entretient ; les demi-fermes et les fermes de charpente sont en bon état. Il fut, à une certaine époque, fermé sur son quatrième côté, mais heureusement ceci fut supprimé sur la demande des habitants. (Photo Fatoux)

365-1. ***Bussy-Saint-Georges,*** *canton de Torcy. Le lavoir, situé à mi-pente dans la rue du Lavoir, fut construit vers 1850 ; il est fermé sur ses quatre côtés, les quatre pentes du toit de tuiles descendent très bas au-dessus du bassin, deux ouvertures cintrées ont été murées, des tuiles manquent à la toiture... Il n'est plus utilisé depuis une dizaine d'années mais la municipalité envisage de le restaurer prochainement. Il est alimenté par une des nombreuses sources qui descendent du plateau.* (Photo Fatoux)

365-2. ***Sainte-Aulde,*** *canton de la Ferté-sous-Jouarre. Son lavoir très ancien est alimenté par une des sources qui descendent de "la montagne". A gauche de la photo, la source. On y accède par trois marches en venant par la sente à droite du lavoir. Il est fort probable que le bassin construit en contrebas de la source fut tout d'abord un bassin à ciel ouvert, puis fut couvert pour abriter les lavandières. Le toit est formé de trois pentes inclinées au-dessus de l'eau, les pierres du mur séparant la source du lavoir sont couvertes de mousse mais l'eau coule claire dans le bassin.*
Sainte-Aulde est en bordure de la Marne, séparée par la ligne de chemin de fer et les marais qui, dans le bas du pays, continuent d'exister au lieu-dit "Les marais". La route, à cet endroit là, est submersible ; quand il pleut, l'eau afflue sur la chaussée et la transforme en lac. Les sources près des marais sont ferrugineuses. Les habitants de Sainte-Aulde ont souvent une source qui émerge sur leurs terres ; l'un d'eux, ayant des infiltrations dans sa maison, fit faire des recherches. On trouva une source déviée dans sa course qui passe maintenant sous sa maison. (Photo Fatoux)

(Entretien avec M. Page, maire de la commune, mars 1986.)

Le **canton de Coulommiers** est riche en lavoirs de toutes architectures, entre autres, les lavoirs en forme d'atrium romain ; en voici quelques exemples :

366. *La source de* ***Sainte-Aubierge,*** *commune de* ***Saint-Augustin*** *alimente ce vieux lavoir pittoresque, où les femmes des environs ne dédaignent pas venir y rincer leur lessive même de nos jours, ainsi qu'en témoigne la mousse visible sur l'eau du bassin. Il est certain que ce bassin existe depuis de nombreux siècles, il a vu des générations de lavandières faire leurs lavages et leurs rinçages dans la bonne eau de la source qui donne au linge un éclat non égalé par l'eau distribuée par la commune.*
(Photo Fatoux)

366 bis. ***Coulombs-en-Valois,*** *canton de Lizy-sur-Ourcq. Le lavoir de la Pissotte, rue de la Pissotte (une des plus vieilles rues de la commune), est un lavoir bien entretenu par la municipalité. Près du lavoir jaillissent quatre sources se groupant en un petit ru qui coule vers l'ouest du pays et semble rejoindre le ru de la Croix-Sainte-Hélène qui conflue avec l'Ourcq aux environs de Crouy-sur-Ourcq. Madame Sébastien, présidente du Club du Troisième Age de Coulombs, se souvient y avoir souvent lavé avant que l'eau ne soit installée dans les maisons. Il était très fréquenté par les lavandières : celles qui faisaient leur propre lessive et celles qui avaient une clientèle règulière. Le samedi était un jour particulier : en effet, elles pouvaient y laver et rincer leur lessive le matin mais l'après-midi était réservé aux lavages des choses sales, telles que les sacs ayant contenu des engrais, des pommes de terre ou des pommes. Les autres jours, le rinçage se faisait dans le grand bassin, le petit étant pour le rinçage des pièces très sales. De nos jours, le lavoir continue d'être utilisé par deux villageoises qui, malgré leur machine à laver, viennent y effectuer leurs rinçages. Les vieilles habitudes ne se perdent pas facilement. Le cantonnier est chargé par la commune de laver avec un grand balai le fond du bassin, une fois par semaine.* (Photo Fatoux)

VILLE DE COULOMMIERS

TRAVAUX

1° D'agrandissement du lavoir public sur le coteau de Montanglaust. — 2° D'agrandissement du lavoir public au hameau du Theil. — 3° De réfection partielle de la toiture de la Halle aux veaux.

ADJUDICATION

AU RABAIS, PAR VOIE DE SOUMISSIONS CACHETÉES

Le Maire de la ville de Coulommiers fait savoir que, le MERCREDI 17 OCTOBRE 1888, à 1 heure après midi, il procédera, à l'Hôtel de Ville, en présence de deux Conseillers municipaux, du Receveur municipal et de l'architecte de la commune, à l'adjudication au rabais et sur soumissions cachetées, des travaux à exécuter en 3 lots distincts, savoir :

1° Agrandissement du lavoir public sur le coteau de Montanglaust, dont la dépense, y compris les honoraires de l'architecte et les dépenses imprévues, est évaluée à la somme de. 1.000 fr.

2° Agrandissement du lavoir public du Theil, dont la dépense, y compris les honoraires de l'architecte et les dépenses imprévues, est évaluée à la somme de. . . . . 2.600 fr.

3° Réfection partielle de la toiture de la Halle aux veaux, dont la dépense, y compris les honoraires de l'architecte et les dépenses imprévues, est évaluée à la somme de . . . 1.000 fr.

Le cautionnement à fournir, pour le 1er lot, est fixé à 50 francs; celui du 2e lot, à 120 francs; celui du 3e lot, à 50 francs.

Les pièces du projet sont déposées au secrétariat de la Mairie, où l'on pourra en prendre connaissance tous les jours, les dimanches exceptés, de 9 heures du matin à 4 heures du soir.

L'entrepreneur produira un certificat de capacité délivré par l'architecte de la ville.

MODÈLE DE SOUMISSION

Je soussigné (nom, prénoms, profession et demeure), après avoir pris connaissance des dévis et détail estimatif des travaux à exécuter : 1° Agrandissement du lavoir public sur le coteau de Montanglaust. — 2° Agrandissement du lavoir public au hameau du Theil. — 3° Réfection partielle de la toiture de la Halle aux veaux, — m'engage à les exécuter moyennant un rabais de centimes par franc, sur les prix de la série du détail estimatif.

A Coulommiers, le *1888.* (Signature).

MODÈLE DE PROMESSE DE CAUTIONNEMENT

Je soussigné (nom, prénoms, profession et demeure), déclare affecter au cautionnement des travaux du 1er lot, du 2e lot, du 3e lot, dans le cas où je serais déclaré adjudicataire, une somme de 50 francs pour le 1er lot, 120 francs pour le 2e lot, et 50 francs pour le 3e lot; que je m'engage à verser à la première réquisition.

A Coulommiers, le *1888.* (Signature).

Coulommiers, le 2 Octobre 1888.

Le Maire : MIE.

Coulommiers. — Imp. P. BRODARD et GALLOIS.

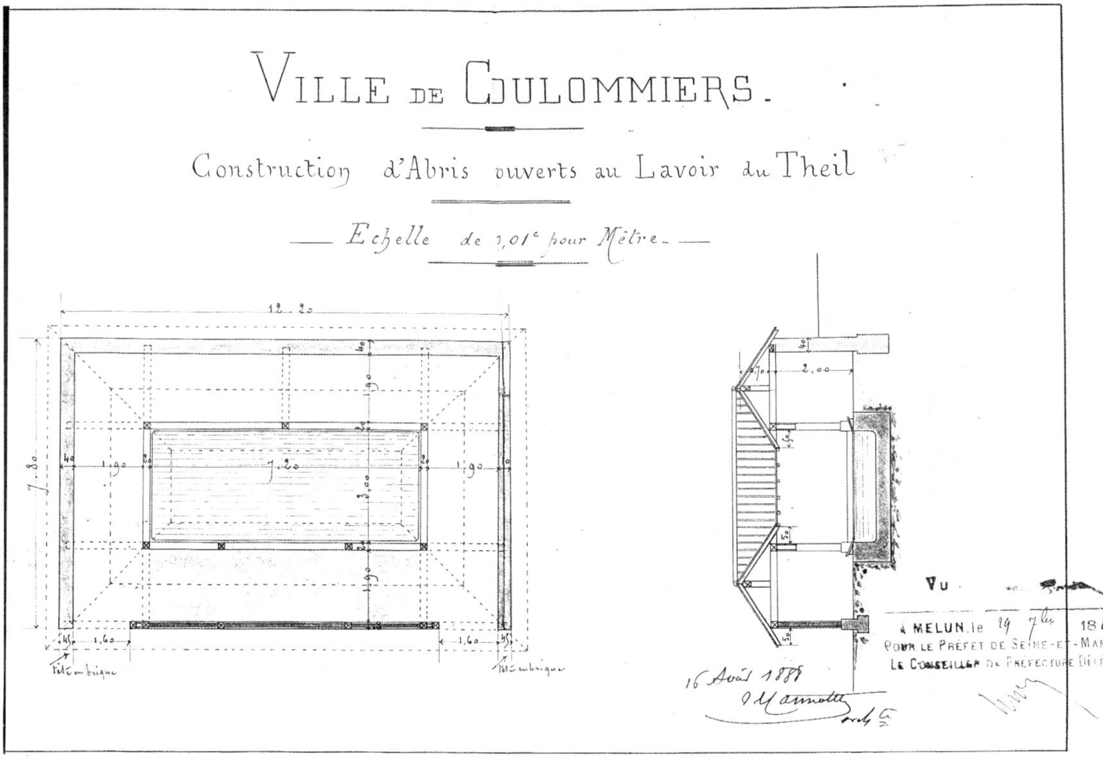

*Dans la ville de **Coulommiers,** la municipalité mit par voie d'adjudication, l'agrandissement du lavoir public au hameau du Theil (la dépense évaluée à 2.600 F), le mercredi 17 octobre 1888, d'après les archives municipales consultées sur place :*

– Le lavoir était situé rue du Theil, près de la place "Ile-de-France" aujourd'hui.

– Vu les pièces justificatives citant la construction "d'un lavoir au hameau du Theil, avec un devis estimatif de 640 F, le 22 août 1872".

– Une construction supplémentaire eut lieu en 1882, exécutée par les soins de MM. Cordoin frères, pour le montant de 1 990,10 F.

– En 1923, des travaux divers eurent lieu par M. Canard, entrepreneur, le 4 décembre 1923 : aménagement de la descente au lavoir.

– C'était un lavoir avec un toit à trois pentes inclinées vers le bassin, fermé sur le quatrième côté, où débouchait la source alimentant ce lavoir.

Le lavoir du hameau de Vaux. *Extrait des archives municipales de Coulommiers*

"Il date des années 1890, est alimenté par les eaux de la ville au moyen d'une canalisation en tuyau de fonte du modèle adapté par la ville pour la distribution des eaux à domicile ; ce travail devra être exécuté par le chaudronnier municipal,
– la vidange du lavoir se fera au moyen d'une bonde et d'un tuyau en grès vernissé, conduisant au souterrain les eaux sales, à un fossé à ciel ouvert que l'on rencontre à une distance de 40 m environ, pour, de là, s'écouler à la Fausse Rivière ; la pente donnée au tuyau sera entre 0,015 et 0,018 par mètre.
Ce devis fut accepté par M. le Préfet de Seine-et-Marne, à Melun le 24 mai 1890.
– Le montant des travaux et honoraires de M. Marmottan, architecte, fut de 3 039,12 F. Ils furent exécutés pår M. Blondel Anatole, entrepreneur à Coulommiers.
– Ce lavoir, ainsi que nous le montre le plan, a son toit à quatre pentes inclinées vers le bassin ; il est fermé sur les quatre côtés.
– Il est situé chemin des Parrichets au hameau de Vaux.
Ce lavoir fut d'abord un lavoir privé. Il devint lavoir communal en 1903, d'après les archives :
– le 7 avril 1903 : donation par M. Lot à la ville de Coulommiers d'une parcelle de terrain située en bordure du chemin vicinal de Vaux à Saint-Pierre, d'une contenance de 1,42 are. Un lavoir avec abri y a été établi par le propriétaire.
Le tout peut valoir une cinquantaine de francs."
(Expertise du géomètre le 10 avril 1903.)

Les annés passent, nous trouvons des travaux de clôture et de couverture au lavoir Saint-Pierre ***à Vaux*** *estimés à 4 000 F et mis en adjudication.*
Ils furent exécutés par M. Fayette, entrepreneur, pour 3 140 F le 20 décembre 1923.

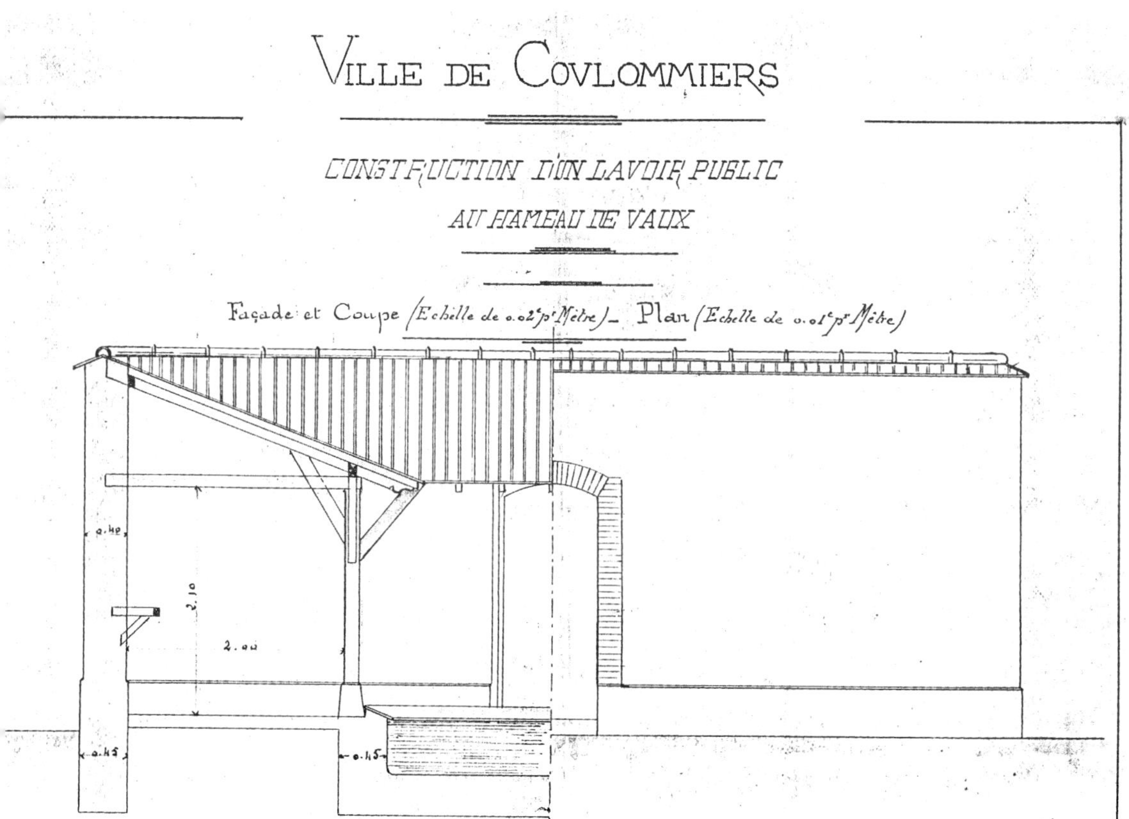

COULOMMIERS — Le Lavoir du Theil

7 / Les lavoirs à bac flottant

On trouve ces lavoirs sur les cours d'eau subissant fortement les crues ; ils avaient deux sortes de mécanisme :

– l'un était fixé par une glissière à deux montants placés sur chaque mur opposé du lavoir,

– l'autre fixé par deux chaînes s'enroulant autour d'un treuil placé sur les murs de chaque côté du lavoir.

367. *Ainsi, à* **Dormelles,** *canton de Moret-sur-Loing, situé sur son piton rocheux au bas duquel coule, sage et claire en été, l'Orvanne, rivière aux crues soudaines ; son parcours est des plus charmeurs entre ses berges verdoyantes et encaissées.*
Sur cette carte postale ancienne, prise en été, on distingue les lavandières au lavoir, un promeneur sur le vieux pont, un villageois pêchant sur la berge, non loin du lavoir et, sur la rive opposée, une lavandière jeune et charmante, avec son grand tablier blanc par-dessus sa robe noire, coiffée les cheveux relevés d'un petit chignon sur le haut de la tête ainsi que le voulait la mode.
Le plancher du lavoir de Dormelles est un bac-flottant à la surface de l'eau. Il est fixé par une glissière à deux montants en bois latéraux qui permettaient au bac (ou plate-forme) d'être au niveau de la rivière, lorsque celle-ci amorçait des crues ou des décrues. (Coll. Amatteis)

368. *La photographie prise durant l'été 1985 nous révèle mieux les glissières, mais aussi l'état de délabrement du vieux lavoir. Il n'y a plus que deux bacs-flottants sur quatre. J'ai pu constater que la partie du lavoir sur la berge était pavée de larges dalles de pierre. Tout autour du lavoir, la végétation a repris ses droits et croît dans toute sa luxuriance.* (Photo Fatoux)

369. ***Chaintréaux,*** *canton de Château-Landon. Son lavoir à bac-flottant est hissé ou abaissé par des chaînes qui s'enroulent autour du treuil placé sous le toit ; c'est un petit lavoir où trois, quatre laveuses seulement peuvent laver. La descente au lavoir se trouve située côté église, à peine visible sur la carte postale. Au premier plan, les vaches sont venues à l'abreuvoir qui est en amont du lavoir.* (Coll. Amatteis)

370. *Grande crue à **Chaintréaux,** pas de possibilité de descente au lavoir, ni à l'abreuvoir !* (Coll. Fatoux)

371. ***Provins** : dans la ville basse où la Voulzie serpente à plaisir, les lavoirs privés et communaux sont nombreux. Ils sont, pour la plupart, à bac-flottant sur glissière ou sur treuil.* (Coll. Amatteis)

372. ***Grez-sur-Loing*** *a également ses lavoirs à bac-flottant qui sont souvent des lavoirs privés ; celui du milieu a des chaînes qui s'enroulent autour des treuils ; la lavandière frotte et rince ses pièces de linge, son cuveau de bois près d'elle ; derrière, le linge rincé, s'égoutte sur le tréteau.*
(Coll. Amatteis)

373. ***Mauperthuis****, canton de Coulommiers. Sur la jolie rivière de l'Aubetin, un vieux lavoir, caché sous les frondaisons des arbres, nous offre deux plans de lavage à des niveaux différents en cas de crue.*
(Coll. Lauxerrois)

374. *C'est le lavoir du hameau* ***des Loges****, commune de* ***Quiers****, canton de Mormant. Ce plan d'eau est alimenté par le ru d'Yvron qui est en partie souterrain. Le lavoir est en assez bon état, mais la planche à laver n'existe plus.* (Photo Fatoux)

375. *Le sol du lavoir est une plate-forme fabriquée avec des madriers, elle pouvait être hissée ou abaissée suivant le niveau des eaux. Une chaîne à chaque extrémité de la plate-forme (bac), enroulée autour d'un long treuil en bois, retenu aux murs par une ferrure dans laquelle il pouvait se mouvoir et que l'on actionnait par une manivelle, compose l'ensemble de ce bac-flottant, photographié durant l'été 1985.* (Photo Fatoux)

*377. Toujours à **Crécy,** nous trouvons des petits lavoirs à bac-flottant entre les ponts-levis. Lorsque les vestiges des tours et remparts longeant "le Nouveau Brasset", furent concédés à des particuliers, ceux-ci firent établir de pittoresques petits ponts-levis, leur permettant d'accéder à "la Promenade". Ils ont été, depuis, transformés en passerelles en bois ou en ciment, fixes, perdant ainsi leur charme désuet. Les grands arbres de la promenade ont, eux aussi, subi l'usure des ans, coupés pour la plupart à cause de la maladie, m'a conté la responsable du Syndicat d'Initiative, Madame Jouan, en juillet 1985.* (Coll. Fatoux)

*376. **Crécy-la-Chapelle,** autrefois Crécy-en-Brie. Lavoir à bac-flottant, que les "gens du coin" appellent "bateau-lavoir", situé sur le Brasset du Moulin, dans la rue Dam'Gilles ; une ruelle descend vers l'ancien abreuvoir, presque en face du moulin. Ce lavoir vient d'être restauré par la Caisse des Cadres du Bâtiment qui possède une maison de retraite de part et d'autre de ce lavoir. Un arrangement entre la commune de Crécy et la Caisse des Cadres eut lieu, afin de laisser un accès au lavoir.*

Un passage sous la voûte de l'immeuble donne accès à la ruelle ; ce lavoir est fermé au public depuis quelques années car il servait de terrain de jeux aux enfants et aux jeunes qui le détérioraient.

Le toit du lavoir descend très bas au-dessus de l'eau, le bac est composé d'un cadre avec armature en fer sur laquelle sont posés de gros madriers. Il était hissé ou abaissé par des chaînes, le long d'une glissière fixée au mur sur laquelle courait une butée.

Un deuxième "bateau-lavoir" est situé dans la rue de la Halle ; il est toujours utilisé par "les dames laveuses" qui préfèrent l'eau du Morin à toute autre pour rincer leurs lainages, tapis et autres pièces. Seules les personnes qui l'utilisent actuellement possèdent la clef du lavoir. (Photo Fatoux)

378. ***Coulommiers**, "Le Brasset des Tanneurs" et ses lavoirs à bac-flottant, fixés par des mécanismes à glissières pour certains, ou à treuils pour d'autres sont, sur cette carte postale des années 1900, témoins d'une profession à jamais disparue.*

(Coll. Lauxerrois)

8 / Lavoir-public et salle de mairie, commune de Noisiel-sur-Marne

Coupe Longitudinale

Les archives municipales de la ville de Noisiel-sur-Marne, nous révèlent des documents bien précieux, témoin, ce plan établi le 12 juin 1860 pour la construction d'une "mairie-lavoir", qui fut conçue et réalisée sous le second Empire.
Une correspondance entre le duc François, héritier du duc Levis-Ventadour (1720-1787), propriétaire du château de Noisiel, émigré en Italie à Venise et M. Carteron, maire de la commune, eut lieu en 1860 à propos d'un échange de terrains et nous renseigne à ce sujet.
M. Carteron propose que "la fontaine de Noisiel" et le lavoir établis sur le ru de Maubuée (avant son confluent avec la rivière Marne), que Monsieur le duc avait fait établir pour le bien des habitants, soient déplacés et installés dans les établissements Menier.
Le duc Levis-Ventadour donna son accord total à la proposition ; il ajouta qu'il serait opportun de suggérer à M. Menier de faire construire au-dessus du lavoir, une salle de réunion communale, pour "le bien des habitants". Ce projet fut retenu, cette salle de réunion fut construite au-dessus du lavoir communal et inaugurée en 1861. Elle était située rue de Noisiel, à côté de l'usine, face au château ; un chemin à droite descendait vers l'abreuvoir sur la berge de la Marne, en aval des grands moulins.
En 1893, une deuxième mairie fut construite et inaugurée "Place Publique", de nos jours "Place Gaston Menier" ; la première mairie-lavoir fut démolie en 1899. On peut penser que le lavoir continua de recevoir les laveuses jusqu'à cette date.
En 1966, la troisième mairie de Noisiel, fut installée dans les bâtiments des écoles primaires de la commune "Place Emile Menier".

379. *La mairie et le lavoir communal de Noisiel-sur-Marne, 1861-1899.*

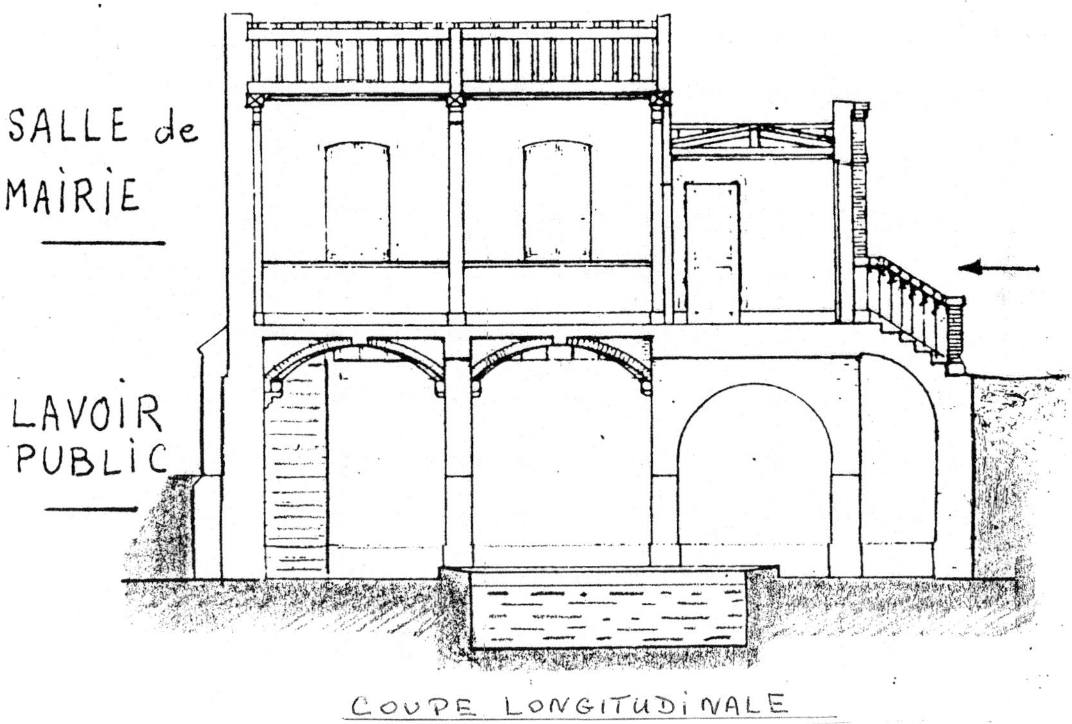

Fin du Tome I

Nous avons déjà au cours de cet ouvrage, beaucoup parlé de lavandières, de lavoirs, mais cette recherche serait bien incomplète si nous ne la poursuivions pas. Il nous faut maintenant découvrir l'évolution de la lessive au XVIIIe et au XIXe siècle, les grands lavoirs, les bateaux-lavoirs, essentiellement fréquentés par les blanchisseuses de métier. Il nous faut également redécouvrir les légendes sacrées se rattachant aux sources et aux fontaines, ainsi que les eaux minérales, les thermes, les bateaux-bains, précurseurs des piscines ; parler des cours d'eau, sans évoquer le halage ni les inondations, serait aussi manquer au développement de cet ouvrage. En fait, tout ceci sera rappelé et illustré dans le IIe tome.

Notes

La mesnie : ensemble de ceux qui habitent la maison : famille, obligés, serviteurs, au Xe siècle.

Cuveau, cuvier : il était l'œuvre du tonnelier et mesurait de 1 m à 1,20 m de diamètre d'ouverture, d'environ 1,25 m de profondeur ; les dimensions varient suivant l'importance de la mesnie ; ce grand baquet ventru en bois cerclé de fer avait un orifice à la base appelé "la coulotte" que l'on obstruait avec un bouchon de paille.

Bliaud : longue tunique de couleur blanche portée par les hommes et les femmes dès le Xe siècle.

Définitions de quelques termes d'après le Dictionnaire d'Histoire Naturelle :

Travertin : nom donné à une modification du tuf, qui est presque compact quoique tubuleux. C'est à cette variété du tuf calcaire que les monuments de Rome doivent toute leur magnificence.

Tuf : calcaire formé par voie de concrétion, dont la texture est très variée et au centre duquel on trouve souvent des feuilles, des tiges, des coquilles et autres corps organisés. Sa couleur est ordinairement jaunâtre.

Marne : mélange de calcaire, d'argile et de sable, dans des proportions non déterminées.
On distingue la marne calcaire et la marne argileuse. La première est recherchée par les agriculteurs. Les couleurs assez variées de ces substances, telles que le jaune, le vert, le gris, le brun, sont dues aux oxydes de fer et de manganèse. La marne argileuse est employée aux mêmes usages que l'argile plastique. La marne verte couvre les gypses des environs de Paris. *Les marnes ou argiles vertes retiennent les eaux.*

Affleurements d'une couche paraissent à tous les points où elle vient se montrer à la surface du sol.

Argile plastique, celle qui est propre à la fabrication de la poterie ; elle repose ordinairement sur la craie.

Calcaire : espèce minérale, il est composé d'oxyde du métal appelé *calcium* et d'acide carbonique, c'est-à-dire de carbonate de chaux.

Roche calcaire se trouve en 9 catégories différentes :
1 / calcaire lamellaire
2 / calcaire grenu
3 / calcaire compact
4 / calcaire sublamellaire
5 / calcaire otolithique (réunion de grains arrondis ou gros)
6 / calcaire crayeux
7 / calcaire marneux (tendre, friable, propre à l'amendement des terres)
8 / calcaire grossier (pierre à bâtir des environs de Paris)
9 / calcaire siliceux, contient de la silice soit en noyaux, soit disséminée dans la pâte.

Gypse : pierre à plâtre.

Silice : cette substance est regardée comme un acide ; à l'état plus pur, on la trouve dans le quartz et dans le cristal de roche. C'est elle qui constitue la calcédoine, l'agate, le silex, le jaspe, l'opale...

L'oligocène : époque tertiaire 60 millions d'années.

Siliceux : qui contient du silex, pierre que le feu peut changer en chaux, mais qui participant de la silice est vitrifiable et quartzeuse, c'est-à-dire dure, fort pesante, ne se dissolvant pas dans les acides et donnant des étincelles.

Glaise : terre argileuse dont on se sert en poterie et en tuilerie.

Une ferme de charpente : assemblage de pièces de bois qui portent le faîte d'un comble.

Lustration : sacrifices, cérémonies par lesquelles les païens purifiaient une personne, un champ, une ville.

Eau lustrale : eau sacrée des anciens, eau de baptême.

Le narthex : mot grec, portique construit en avant de la nef des basiliques chrétiennes où se tenaient les catéchumènes. Certaines églises de notre département en possèdent de très beaux, dont celui de Saint-Loup-de-Naud.

BIBLIOGRAPHIE

- Bailly Paul "Légendes au cours des siècles en Seine-et-Marne", 1978
- Bazin Alexandre "Etudes sur la rivière et la vallée du Grand Morin", 1905
- Béaud Augustin "Situation dramatique dans le bassin parisien. A-t-on tout prévu ?", mars 1955
- Blondeleau Gérard "L'eau à Lagny" - Bulletin 1968 - Cercle d'études archéologiques et historiques du pays de Lagny
- Bonno Abbé "Notice historique de Fontaine-les-Nonnes, Arcis-sur-Aube", 1888
- Boudon Victor "Avec Charles Péguy, de la Lorraine à la Marne" - Hachette, 1916
- Carro Antoine-Etienne "Histoire de Meaux et du Pays Meldois", Meaux, 1865
- Caron B. "Saint-Germain-Laxis, un village qui m'a vu naître" - Amatteis, 1984
- Cochet-Cochet, Ch. "Notes historiques sur la Brie ancienne", Melun, 1933
- Dalmon Henri "Fontainebleau, antique forêt de Bière", Stock, 1931
- Darvillé Will, ingénieur, "L'eau à la ville, à la campagne, à la maison" - Paris, 1909
- Delettre F.A. "Histoire de la province du Montois", Tomes 1 et 2, 1849, Réédition Amatteis 1983
- Desbordes J.M. "Mémoires IV"
- Dommanget Maurice "La rivière Ourcq", 1906
- Dosque Pierre et Richard-Yves "Mauperthuis", Amatteis, 1982
- Duplessis Dom Toussaint "Histoire de l'église de Meaux", 1731
- Dussard René "Introduction à l'histoire des religions", Paris 1919
- Englebert Omer "La fleur des saints" - Albin Michel, 1959
- Fontaine Louis "Les saints et chevaliers oubliés de la Brie" - Vincennes 1978, Edit. Orme Rond
- Fontaine Louis "En Brie Champenoise", GEP 1974, Tome 1
- Fontaine Louis "La Brie Champenoise ancienne, aujourd'hui", cent localités, tome III, Edit. Orme Rond, 1983
- Franklin Alfred "La vie privée d'autrefois", Paris, Plon 1898
- Gallois L. "Etudes sur la région parisienne", Paris 1908, Edit. Armand Collin
- Gassies G. "Histoire de Meaux", tomes 1 & 2, 1982 - Edit. Société Littéraire et Historique de la Brie à Meaux
- Gassies G. "Ponts et moulins de Meaux", 1927, Réédition 1984, Presses du Village.

- "Géologie de la région parisienne" - PUF, 1960
- Ghéon Henri ,"Saint-Martin, Evêque des Païens", Edit. Lecoffre, Paris, 1907
- Grenier Jules, "La Brie d'autrefois", 1883, Rééditions 1979 et 1985, Amatteis.
- Herbin Pierre "Mémoire du pays de Lagny" - Edit. de la Gourdine, 1976
- Hottée Adolphe "Le culte des sources", 1956
- Housson René "Dammarie-lès-Lys à travers les âges"
- Huguenin Albert "Chansons melunaises", Melun 1895 - Réédition Amatteis 1980
- Jumeau Jacques "Histoire de Trilbardou", 1984
- Lauxerrois Paulette "Coulommiers, souvenirs perdus et retrouvés" - Edit. Hovarth, 1964, Réédition 1984
- Lebœuf Louis "Précis d'Histoire de Seine-et-Marne" - 1888 - Réédition 1984 - Amatteis
- Lecotté Roger "Recherches sur les cultes populaires de l'actuel diocèse de Meaux", 1953
- Lhuillier Th. "Crécy-en-Brie", 1867, Réédition 1983 Amatteis
- Loiry Alfred "Les mystères païens et les mystères chrétiens", Paris 1930
- Marrey B. "Menier, un capitalisme idéal", Edit. Clancier Guénaud, 1984
- Martin Roger : "Brève histoire de Coutevroult", Edit. Amatteis, 1984
- Maury A. "Les fées au moyen âge"
- Ménon P.L. et Lecotté R. "Au village de France", Tomes 1 et 2, éd. J. Lafitte, Marseille 1978
- Michelin L., "Essais historiques sur le département de Seine-et-Marne" - Melun, 1829 Réédition Amatteis, 1981.
- Morot Gaspard "Histoire contemporaine de la ville de Meaux", 1893
- "Nemours et sa région" - Edit. Maury 1976 - Commission Municipale chargée des affaires culturelles
- Paramelle Abbé "L'art de découvrir les sources", 1856, Paris
- Péguy Charles "Prose et œuvres poétiques" - Gallimard, 1960
- Pernoud Régine "Les saints du moyen âge" - A. Michel, 1959
- Pouzol M. "Les foires de Champagne à Lagny au moyen âge", 1968
- "Promenade en Gâtinais" - AHVOL Edit., 1983
- "Provins, livre de pierres", ensemble d'auteurs - EDITEC, 1983
- Regnier Adolphe "Les saints", Ed. Victor Lecoffre, Paris 1907

– Rops Daniel "Histoire de l'Eglise", Tomes 1,2,3 - Edit. Grasset, 1962
– Paul Sébillot "Le folklore de France" - Paris G. Maisonneuve et Larose, 1968
– Theuriot André "La vie rustique" - Illustrations Léon Lhermitte, Paris Laurette et Cie Edit., 1888
– Vaillat C. "Le culte des sources de la Gaule antique", Edit. G. Montfort, 1982
– Vincent Michel "Maisons de Brie et d'Ile-de-France" - Noisy-le-Sec, 1981
– Wolf Philippe et Mauro Frédéric "Histoire générale du Travail", tome 2, 1962.

Almanachs - Annuaires - Brochures - Bulletins

– Almanach historique et géographique du diocèse de Meaux, années 1775-1778-1781-1789
– Almanach de Meaux 1780
– Almanach du département de Seine-et-Marne 1848 à 1867
– Almanach historique, topographique et statistique du département de Seine-et-Marne, 1862 à 1867
– Annuaire commercial, administratif, agricole et industriel de Seine-et-Marne, années 1900 et 1913
– Archéologia - 1982 et octobre-novembre 1979
– Les canaux parisiens "Guide du plaisancier", édité par la Mairie de Paris, 1984, cartographie publiée dans le Guide de la Navigation Intérieure, dressée par les soins de l'Office National de la Navigation - Ed. Berger-Levrault - 5 rue Auguste Courte, 75006 Paris
– Brochure "La Marne", Edit. Service de la Navigation de la Seine - Subdivision de Meaux M. Pierre - T.P.E.
– Brochure éditée par les Services Techniques de la Dhuis "Services Techniques des Eaux" - Service des Dérivations et Canaux de la Ville de Paris à Meaux
– Brochure Service Géologique du Bassin de Paris - B.R.G.M. - Brie Comte Robert 1985
– "L'eau à travers notre patrimoine" - Edité par le Comité Départemental du Patrimoine, Centre Départemental de Documentation Pédagogique, Melun, 1984
– Histoire et Art de la Brie et du Pays de Meaux : "Les origines de Trilport" de Louis Bardon
– "L'eau à Provins et en Brie" - Guide exposition Provins, août 1985
– La Revue "Moret et sa région", 1978
– Brochure "Crécy-en-Brie", texte de Sabine Gervais, 1939
– Revue de Goële, 1879 - 1880 - 1889

– Revue "Brie et Gâtinais", 1909 - 1910 - 1911
– G. de Chavaudon "Vie de saint Fiacre, patron de Brie", Troyes 1717, Réédition Amatteis, 1980
– Bulletin folklorique d'Ile-de-France de 1947 à 1957
– Bulletin Société Historique de Paris, année 1892
– Bulletin Société Littéraire et Historique de la Brie à Meaux nos 16, 25, 37
– Bulletin du Comité du Folklore Champenois, no 72, année 1957
– Bulletin des Archives Départementales de Seine-et-Marne, 1868-1872
– Bulletin Société d'Histoire et d'Art de Provins - Années 1956-1957
– Bulletin municipal de la ville de Lagny-sur-Marne, 1978

Archives

– Départementales de Seine-et-Marne à Melun - Série S Navigation
– Municipales de : Chambry, Coulommiers, Crégy-lès-Meaux, La Ferté-sous-Jouarre, Lagny, Meaux, Melun, Noisiel, Sablonnières, Saint-Ouen-sur-Morin
– Monographie de la commune de Verdelot, Archives de Meaux

Dictionnaires

– Encyclopédie générale 1890
– Stein H. et J. Hubert : "Dictionnaire topographique du département de Seine-et-Marne", Imprimerie Nationale, Paris 1954

Journaux

– "Le Briard", année 1877
– "La Marne", années 1979-1985-1986. Articles signés Rousseau Marc "Les Ravetons" et Husson J.P. "La Marne propre", "Le canal de l'Ourcq"

Cartes

– Cartes Michelin de l'I.G.N.
– Carte Jaillot 1704, Meaux
– Atlas des nappes aquifères - B.R.G.M. 1985

INDEX DES COMMUNES ILLUSTRANT LE TEXTE
(Nom de la commune, numéro de l'illustration)

TABLE DES MATIERES

ILLUSTRATIONS : dessins de Robert Frühauf

Couverture du livre : "La lavandière", aquarelle de Robert Frühauf

R.C. PLANCKE

HISTOIRE de SEINE-et-MARNE
La Vie Paysanne

Même conception que le livre de la VIE RURALE, cet ouvrage possède une très abondante illustration, avec des commentaires et un texte historique sur la Vie Paysanne et la Vie Quotidienne au Village dans notre département depuis le Moyen-Age, jusqu'au début du XXe siècle.

1ère Partie : Petite Histoire de l'Agriculture et de la Paysannerie

LE MOYEN-AGE

- Les origines des villages
- L'agriculture au XIe siècle
- Les améliorations au XIIe siècle
- Quelques mesures agraires
- L'importance des exploitations
- Le régime féodal
- La Jacquerie
- La vie quotidienne au XIIe siècle
- La guerre de Cent ans
- La vie rurale à la fin du XVe siècle
- La condition paysanne à la fin du Moyen-Age
- Les foires

LES XVIe, XVIIe et XVIIIe siècles

- Coup d'œil sur le Montois au XVIe
- Vie Rurale aux XVII et XVIIIe siècles
- Les marchés au blé de la Brie
- Les causes de la Disette

1750 - 1800

- Un peu de géographie
- La guerre des farines
- Nouvelles cultures
- L'élevage
- Les Capitaineries
- Les paysans à la veille de la Révolution
- La Brie à la veille de la Révolution
- Les voyages d'Arthur Young
- Les cahiers de doléances
- La disette de 1789
- La grande peur
- La propriété change de main
- L'insécurité dans les campagnes

LE XIXe SIÈCLE

- La vie rurale au XIXe siècle
- La ferme du Bois Saint-Père en 1815
- Les débuts du modernisme agricole
- Faits divers et méfaits d'hier
- La main d'œuvre étrangère
- L'agriculture en 1862
- Un cultivateur briard : Parfait Giot

LE XXe SIÈCLE

- Une ferme pendant la Grande Guerre

2e Partie : La Vie Quotidienne

- Saint-Fiacre, patron de la Brie
- Superstitions et croyances populaires
- Les prédictions du temps
- Du berceau à la tombe

PRÉSENTATION de L'OUVRAGE

Format 160 X 240, 432 pages,
365 illustrations, cartes postales anciennes, photos, gravures, cartes géographiques.

Environ 280 communes sont représentées par l'image.

Couverture couleur pelliculée de 350 g
Papier luxe 150 g couché
Poids de l'ouvrage : 1 200 g

Prix public . . . . 150 F
2e édition – 12e mille

PROMENADES DANS LE PASSÉ

Série d'ouvrages nous témoignant de la vie d'autrefois d'une ville et toutes ses communes environnantes. Illustration par de très nombreuses photographies et cartes postales anciennes se situant entre 1900 et 1930 ; toutes ces photos sont très largement commentées.

- CLAYE-SOUILLY et ses environs ; 272 p. 325 photos — 120 F
- LA FERTÉ-SOUS-JOUARRE et ses environs. — 120 F
- BAZIN – *Notice historique de Guerard*, 1891,
  réédition 1984, 16 × 24, 130 p., 3 cartes géo, plus de 50 photos anciennes.
  Historique de la commune de Guerard et ses hameaux. Tirage 500 exemplaires numérotés. — 100 F
- CARON Bernard – *Histoire de Saint-Germain-Laxis (près Melun)*, 1984,
  16 × 24, 200 p., 110 illustrations.
  L'origine du nom, son présent, son passé, ses anciens seigneurs, son hameau de Pouilly-Gallerand. Tirage 600 exemplaires numérotés. — 150 F
- CHAUVET Ernest – *Recherches historiques sur Nangis*,
  1910. Réédition intégrale de cette édition, augmentée de 57 *reproductions de cartes postales* anciennes, sur papier 110 g bouffant, 16 × 24, 194 p. — 120 F
- CLEMENT – *Saint-Mammès, le village et l'ancien prieuré 1900*, réédition, 1985, 16 × 24, 200 p., 75 illustrations
  Histoire du village des temps les plus anciens jusqu'à la fin du XIXe siècle. Tirage 700 exemplaires tous numérotés — 110 F
- DE LAVAL (abbé) – *Esquisse historique sur le château de Vincennes*, 1985, 16 × 24, 208 p.
  Réédition de l'ouvrage de 1891, augmentée de nombreuses photos et gravures. — 80 F
- DELETTRE – *Histoire de la province du Montois*
  (comprise dans les cantons de Bray, Donnemarie, Provins et Nangis) en deux tomes, 1849-1850, réédition 1983. Tome 1 : 460 p. Tome 2 : 530 p. Tirage limité. 16 × 24. Les deux volumes — 240 F
- FATOUX Hélène – *Si Chambry m'était conté*,
  1984, 16 × 24, 192 p., plus de 100 illustrations.
  Histoire d'un village du Multien (près de Meaux) à travers les siècles. Tirage 400 exemplaires numérotés. — 150 F
- FIEVET Paule – *Chemin faisant... un regard sur Montereau*, 1983.
  Promenade historique dans Montereau à travers 26 dessins originaux de Neumann et texte de Fievet. Tirage 1 000 exemplaires numérotés. — 130 F
- FOURTIER A. – *Les dictons de Seine-et-Marne*, 1872.
  réédition 1984, 16 × 24, 130 p., sans illustrations.
  Réunion de dictons et proverbes de la Brie par localités. Pèlerinages légendaires. — 60 F
- GRENIER Jules – *La Brie d'autrefois*, 1883.
  in-16, 238 p., nombreuses illustrations, broché, réédition 1979.
  Etudes des mœurs briardes et coutumes villageoises dans le département au début du XIXe siècle - Les noces de nos grands-parents - Le baptême du nouveau-né - La « Veille » au village - Le vin des morts - Les O de l'Avent - La Rinette - Le gaufrier ensorcelé - La fête des vignerons - Le réveillon - Le carnaval - Les enfants de chœur et le Tartellage -L'eau bénite du maître d'école -Une journée de vendange - Le Marc - Payer à la dragonne - Battre la charrée - Le congé - Les Feux de Saint-Jean. — 110 F
- HOUSSON René – *Histoire du Tramway-Sud de Seine-et-Marne. Melun-Barbizon-Milly*, 1985, 16 × 24, 120 pages, 70 photos + plans des gares et stations.
  Cet ouvrage permet de revivre les 40 années de service du Tacot de Barbizon qui a vite fait d'être dépassé par des moyens de transport plus propres et plus modernes, mais les anciens l'ont encore en mémoire. — 80 F
- HUET A.F. – *Thomery Ancien et Moderne. Etude géologique, historique et statistique, avec notice sur les environs.*
  Réédition de l'ouvrage de 1892 augmentée de 50 photos et reproduction de cartes postales. 1987, 16 × 24, 320 pages. Tirage 500 exemplaires tous numérotés. — 180 F
- HUGENIN Albert – *Chansons Melunaises*, 1895.
  réédition 1980, 14 × 20, 128 p., nombreuses illustrations.
  Chansons sur les usages, chroniques de Melun à la fin de ce siécle.Tirage 700 exemplaires. — 50 F
- HUSSON Georges – *Promenades à travers la Vallée du Grand Morin, d'Esbly à Mortcerf.*
  – Promenades sous forme d'excursions avec historique et anecdotes sur hameaux et localités traversés.
  Réédition de l'ouvrage de 1893, illustré de 144 gravures, 2 cartes dépliantes (plan de Crécy, vallée du Grand Morin), 1983, 16 × 23, 286 p. Tirage 500 exemplaires. — 110 F
- LEBOEÙF Louis. – *Précis d'histoire de Seine-et-Marne.*
  Réédition de l'ouvrage de 1888 (3e réédition), 17 × 24, 384 p., agrémenté de gravures.
  La Seine-et-Marne depuis les temps préhistoriques jusqu'à la fin du XIXe siècle. Divisions politique, administrative. Instruction, éducation, monuments, antiquités, usages, coutumes, poids et mesures, biographies et un dictionnaire des communes. — 95 F

– LOGRE Bernard. – *Jozon - Menier – Récit d'une campagne électorale..*
Les élections législatives de 1876 dans l'arrondissement de Meaux
1968, 20 × 22, 120 pages, 46 illustrations, affiches
2.000 exemplaires numérotés. 80 F

– LOTH Yan. – *Tracés d'itinéraires en Gaule Romaine (milieu Ve siècle).*
Parcours moderne et aspect antique (noms latins). Les énoncés et les dessins de parcours se complètent mutuellement.
1986, 21 × 27, 120 pages + cahier de 24 cartes, illustrations. 110 F

– MARTIN – *Brève histoire de Coutevroult*, 1984.
16 × 24, 74 p., plus de 50 photos et cartes postales anciennes retraçant la vie dans la commune et à Dainville au début de ce siècle. Tirage 400 exemplaires numérotés. 80 F

– NAUCHE Marcel – *Fontainebleau, ses rues, son commerce de 1895 à 1925.*
15 promenades dans le Fontainebleau du début du siècle, à travers 280 photos et cartes postales anciennes. Un ouvrage qui fait connaître la ville elle-même.
1985, 16 × 24, 200 p., 280 illustrations, préface de Seramy.
Tirage 2 000 exemplaires tous numérotés. 120 F

– PANNIER – *Histoire du protestantisme à Fontainebleau, l'Eglise réformée de Bois-le-Roi.*
1985, 16 × 24, 128 p., Tirage 800 exemplaires numérotés. 60 F

– PLANCKE René-Charles – *La vie rurale en Seine-et-Marne de 1853 à 1953.*
Les travaux agricoles, la maison, la femme briarde, le blé, la moisson, le battage, les marchés, les moulins, les sucreries, les distilleries, l'horticulture, jardins, vigne, l'élevage, le charretier, le cheval, les bovins, le fromage de Brie, bergers, aviculture, apiculture, enseignement agricole, dictons briards d'autrefois. Ouvrage reproduisant 317 cartes postales et photos, 52 documents et publicités.
17 × 24, 256 p., 3e édition revue et corrigée. 10e mille 120 F

– PLANCKE René-Charles – *La Seine-et-Marne, 1939-1945.*

Tome I : *De l'avant-guerre à l'occupation allemande*
– l'avant-guerre, les garnisons de Seine-et-Marne, mobilisation, l'exode, la déroute, l'arrivée des Allemands, les prisonniers de guerre, la défense passive, les parlementaires de Seine-et-Marne, le maréchal, les préfets, nouvelles municipalités, poids de la présence allemande.
1984, 16 × 24, 278 p., 160 illustrations. 95 F

Tome II : *La vie quotidienne en Seine-et-Marne sous l 'occupation*
– persécutions raciales, la collaboration, le parti communiste, le S.T.O., les restrictions, succédanés, le marché noir, l'agriculture, protection des récoltes, jardinage, travail, transports, secours national, vie religieuse, loisirs, jeunesse, mode.
1985, 16 × 24.,288 p., 340 illustrations et documents. 110 F

Tome III : *De la Résistance à l'après-guerre*
– les attaques aériennes, la Résistance, la Libération.
1985, 16 × 24. 120 F

– RICHARD Yves – *Beautheil, Histoire d'un village au cœur de la Brie.*
Après Mauperthuis, Saints, voici l'histoire d'une troisième commune sur les bords de l'Aubetin.
Très nombreuses illustrations, 1986, 21 × 29, 200 p., Tirage 700 exemplaires. 250 F

– RIOUSSET Michel – *Les Bords de Marne.*
1984, 16 × 24, 300 p., 300 illustrations, carte géo. *Promenades sur les bords de Marne évoquant la Belle Epoque*, de Lagny à Charenton, en canoë, à pied, en bicyclette. 150 F

– RIOUSSET Michel – *Les environs de la Marne et leurs peintres.*
1986, 240 × 320, 232 p., 250 tableaux couleurs, promenade historique et artistique. Soixante-cinq tableaux du bois de Vincennes à Neuilly-sur-Marne, avec 65 peintres. 390 F

– SADLER Fernande – *Grès-sur-Loing*, 1906.
réédition 1986, 16 × 24, 520 p., illustrations. 290 F

– SARAZIN Denis – *Boissy-le-Châtel.*
1985, 16 × 24, 256 p., nombreuses reproductions de cartes postales anciennes, broché.
Petit tirage très limité, retraçant l'histoire d'un village de la Brie, dans la vallée du Grand-Morin. 170 F

– TAILLANDIER – *Histoire du château et du bourg de Blandy-en-Brie.*
1854, réédition 1984, 16 × 24, 224 p., nombreuses illustrations.
Aujourd'hui Blandy-les-Tours (près Château Vaux-le-Vicomte). Aspects du village et du château du Moyen-Age au 17e siècle. Tirage 500 exemplaires numérotés. 110 F

– *Vaires à la Belle Epoque.*
Travail de groupe d'une classe de troisième et de trois professeurs, Mme ARNOUD, MM. BRIGOT et PEROT du C.E.S. Goscinny de Vaires.
1985, 16 × 24, 360 p., 150 illustrations, 6 planches dépliantes.
Evolution d'un petit village du XIXe siècle et début XIXe, qui en quelques années grandira grâce à des personnages dynamiques. Tirage 1 500 exemplaires tous numérotés. 180 F

MISE EN PAGE : AMATTEIS

ACHEVÉ D'IMPRIMER SUR LES PRESSES LIENHART ET Cie A AUBENAS D'ARDÈCHE
EN MARS 1987 DE L'IMPRIMERIE

N° 3230. *Imprimé en France*

DÉPÔT LÉGAL : MARS 1987

19. CHEI
et la Fonta